한권으로 끝내는

공기업 전공
기출 키워드
KEYWORD

경영 / 경제 / 행정

시대에듀

시대에듀 한권으로 끝내는
공기업 전공 기출 키워드(경영/경제/행정) + 무료NCS특강

Always with you

사람의 인연은 길에서 우연하게 만나거나 함께 살아가는 것만을 의미하지는 않습니다.
책을 펴내는 출판사와 그 책을 읽는 독자의 만남도 소중한 인연입니다.
시대에듀는 항상 독자의 마음을 헤아리기 위해 노력하고 있습니다. 늘 독자와 함께하겠습니다.

머리말 PREFACE

막막한 취업의 길 속에서 다들 한 번쯤 꿈의 직장이라 불리는 공기업 취업을 희망하리라 생각한다. 최근 많은 기업들이 수시채용으로 전환하면서 공채 시즌은 옛말이 되었고, 취업난도 더욱 극심해진 가운데 공기업 취업에 대한 열망은 더더욱 뜨거워져 가고 있다. 공기업들은 신입사원 채용에서 NCS를 필두로 하여 각 직렬과 관련된 전공과목, 한국사, 일반상식 등을 선택적으로 추가하여 시험을 실시한다. 그중에서도 전공과목의 출제 범위는 굉장히 포괄적이며 공기업마다 제각각이다. 때문에 각 기관에 적합한 공부를 하는 데에는 전략이 필요하며, 전공 지식에 대해 폭넓게 관심을 갖고 꾸준히 학습하는 것이 중요하다.

이에 시대에듀에서는 NCS 도서 시리즈 누적 판매량 1위의 출간 경험을 토대로 다음과 같은 특징을 가진 도서를 출간하였다.

도서의 특징

❶ 기출복원문제를 통한 출제유형 파악!
- 2024~2023년 주요 공기업 전공(경영/경제/행정) 기출복원문제를 수록하여 공기업별 출제경향을 파악할 수 있도록 하였다.

❷ 공기업 기출 문제를 바탕으로 정리한 키워드!
- 최근 주요 공기업에서 출제한 문제들을 통해 빈출 키워드 위주로 정의 및 자세한 설명을 수록하여 전반적인 이해를 돕도록 하였다.
- 핵심 키워드뿐 아니라 이와 연계되어 문제에 등장할 수 있는 Add 키워드들을 추가 수록하여 전공에 대해 더 넓고 다양한 내용을 학습할 수 있도록 하였다.

❸ 키워드와 연계된 문제를 통한 완벽한 실전 대비!
- 키워드를 통해 이해한 내용을 바로 문제에 적용할 수 있도록 기출 유형 맛보기 문제를 수록하였다.
- 적중예상문제를 통해 앞서 학습한 내용을 점검하고 보다 효과적으로 실전에 대비할 수 있도록 하였다.

❹ 다양한 콘텐츠로 최종합격까지!
- 전공 유형별 온라인 모의고사를 통해 실제 시험처럼 문제를 풀어볼 수 있도록 하였다.
- 무료NCS특강을 제공하여 NCS 영역에 대한 학습도 가능하도록 하였다.

끝으로 본 도서를 통해 공기업 채용을 준비하는 모든 수험생 여러분이 합격의 기쁨을 누리기를 진심으로 기원한다.

SDC(Sidae Data Center) 씀

주요 공기업 전공 출제 영역 ANALYSIS

기업명	경영학	경제학	행정학
코레일 한국철도공사	○		
서울교통공사	○	○	○
건강보험심사평가원	○	○	○
국민연금공단	○	○	○
근로복지공단	○	○	○
LH 한국토지주택공사	○	○	○
한국에너지공단	○	○	○
신용보증기금	○	○	
기술보증기금	○	○	
한국도로공사	○	○	○
한국수자원공사	○	○	○
TS한국교통안전공단	○	○	
한국가스공사	○	○	
한국가스안전공사	○	○	○
한국가스기술공사	○	○	○
한국주택금융공사	○	○	
한국농어촌공사	○	○	○
한국산업안전보건공단	○	○	
한국서부발전	○	○	○
한국중부발전	○	○	○
한국도로교통공단	○		○

한국마사회	○	○	○
한국수력원자력	○	○	○
SH 서울주택도시공사	○	○	○
한국관광공사	○	○	
인천국제공항공사	○	○	○
LX 한국국토정보공사	○	○	○
HUG 주택도시보증공사	○	○	
금융감독원	○	○	
예금보험공사	○	○	
한국자산관리공사	○	○	
한국지역난방공사	○	○	○
한전KDN	○	○	○
한전KPS	○		
국가철도공단	○	○	○
경기평택항만공사	○	○	
부산항만공사	○	○	
인천항만공사	○	○	
울산항만공사	○	○	
여수광양항만공사	○	○	
인천교통공사	○	○	○
부산교통공사	○	○	○
대구교통공사	○		○

주요 공기업 적중 문제 TEST CHECK

경영학

코레일 한국철도공사 ▶ 테일러의 과학적 관리법

04 다음 중 과학적 경영 전략에 대한 설명으로 옳지 않은 것은?

① 테일러의 과학적 관리법은 시간연구와 동작연구를 통해 노동자의 심리상태와 보상심리를 적용한 효과적인 과학적 경영 전략을 제시하였다.

② 포드 시스템은 노동자의 이동경로를 최소화하며 물품을 생산하거나 고정된 생산라인에서 노동자가 계속해서 생산하는 방식을 통하여 불필요한 절차와 행동 요소들을 없애 생산성을 향상시켰다.

③ 호손실험은 생산성에 비공식적 조직이 영향을 미친다는 사실을 밝혀낸 연구이다.

④ 목표설정이론은 인간이 합리적으로 행동한다는 기본적인 가정에 기초하여 개인이 의식적으로 얻으려고 설정한 목표가 동기와 행동에 영향을 미친다는 이론이다.

⑤ 직무특성이론은 기술된 핵심 직무 특성이 종업원의 주요 심리 상태에 영향을 미치며, 이것이 다시 종업원의 직무 성과에 영향을 미친다고 주장한다.

서울교통공사 ▶ MBO

05 다음 중 목표설정이론 및 목표관리(MBO)에 대한 설명으로 옳지 않은 것은?

① 목표는 구체적이고 도전적으로 설정하는 것이 바람직하다.

② 목표는 지시적 목표, 자기설정 목표, 참여적 목표로 구분된다.

③ 목표를 설정하는 과정에 부하직원이 함께 참여한다.

④ 조직의 목표를 구체적인 부서별 목표로 전환하게 된다.

⑤ 성과는 경영진이 평가하여 부하직원 개개인에게 통보한다.

건강보험심사평가원 ▶ 주식회사

17 다음 〈보기〉의 주식회사 설립 절차를 순서대로 바르게 나열한 것은?

보기

㉠ 발기인이 정관을 작성
㉡ 발기설립 또는 모집설립의 과정
㉢ 법인설립등기, 법인설립신고 및 사업자등록
㉣ 발기인을 구성
㉤ 주식발행사항을 결정
㉥ 회사상호와 사업목적을 정함

① ㉣-㉠-㉢-㉥-㉡-㉤ ② ㉣-㉥-㉠-㉤-㉡-㉢
③ ㉤-㉣-㉠-㉡-㉢-㉥ ④ ㉤-㉥-㉣-㉠-㉢-㉡
⑤ ㉥-㉠-㉣-㉤-㉡-㉢

경제학

서울교통공사 ▶ 엥겔지수

02 다음 자료를 참고할 때, 엥겔지수는 얼마인가?

> • 독립적인 소비지출 : 100만 원
> • 한계소비성향 : 0.6
> • 가처분소득 : 300만 원
> • 식비지출 : 70만 원

① 0.2 ② 0.25
③ 0.3 ④ 0.35
⑤ 0.4

근로복지공단 ▶ 실업률

91 다음 중 실업률이 상승하는 상황을 〈보기〉에서 모두 고르면?

> 보기
> 가. 취업준비생 A씨가 구직을 포기하였다.
> 나. 직장인 B씨가 은퇴 후 전업주부가 되었다.
> 다. 직장인 C씨가 2주간의 휴가를 떠났다.
> 라. 대학생 D씨가 부모님이 운영하는 식당에서 주당 18시간의 아르바이트를 시작하였다.

① 가 ② 나
③ 가, 나 ④ 나, 다
⑤ 다, 라

국민연금공단 ▶ 독점기업

10 다음 중 여러 형태의 시장 또는 기업에 대한 설명으로 옳지 않은 것은?

① 독점기업이 직면한 수요곡선은 시장수요곡선 그 자체이다.
② 독점시장의 균형에서 가격과 한계수입의 차이가 클수록 독점도는 커진다.
③ 독점적 경쟁시장에서 제품의 차별화가 클수록 수요의 가격탄력성이 커진다.
④ 모든 기업의 이윤극대화 필요조건은 한계수입과 한계비용이 같아지는 것이다.
⑤ 독점기업은 수요의 가격탄력성이 서로 다른 두 소비자 집단이 있을 때 가격차별로 이윤극대화를 꾀할 수 있다.

주요 공기업 적중 문제 TEST CHECK

행정학

한국마사회 ▶ 정책결정모형

02 다음 중 헨리(N. Henry)의 정책결정모형 유형론에 대한 설명 중 옳은 것은?

① 점증주의적 패러다임은 지식·정보의 완전성과 미래예측의 확실성을 전제한다.

② 체제모형, 제도모형, 집단모형은 합리주의적 패러다임의 범주에 포함되는 정책결정모형의 예이다.

③ 신제도모형은 정책유형과 조직 내외의 상황적 조건을 결부시켜 정부개입의 성격을 규명하려 한다.

④ 기술평가·예측모형은 전략적 계획 패러다임의 범주에 포함된다.

한국마사회 ▶ 정부실패

17 다음 중 정부실패의 요인에 대한 설명으로 적절하지 않은 것은?

① 공공조직의 내부성(Internality)

② 비경합적이고 비배타적인 성격의 재화

③ 정부개입으로 인해 의도하지 않은 파생적 외부효과

④ 독점적 특혜로 인한 지대추구 행위

한국수자원공사 ▶ 엽관주의

07 다음 중 엽관주의와 실적주의의 발전 과정에 대한 설명으로 옳지 않은 것은?

① 엽관주의는 민주정치의 발달과 불가분의 관계가 있다.

② 직업공무원제는 직위분류제와 일반행정가주의를 지향하고 있다.

③ 엽관주의는 관료기구와 국민의 동질성을 확보하기 위한 수단으로 발전했다.

④ 대표관료제는 실적주의를 훼손하고 행정능률을 저하시킬 수 있다.

행정학

근로복지공단 ▶ 뉴거버넌스

82 다음 중 피터스(Peters)가 제시한 뉴거버넌스 정부개혁모형별 문제의 진단 기준과 해결 방안으로 적절하지 않은 것은?

① 전통적 정부모형의 문제 진단 기준은 전근대적인 권위에 있으며, 구조 개혁 방안으로 계층제를 제안한다.

② 탈내부규제 정부모형의 문제 진단 기준은 내부규제에 있으며, 관리 개혁 방안으로 관리 재량권 확대를 제안한다.

③ 시장적 정부모형의 문제 진단 기준은 공공서비스에 대한 정부의 독점적 공급에 있으며, 구조 개혁 방안으로 분권화를 제안한다.

④ 참여적 정부모형의 문제 진단 기준은 관료적 계층제에 있으며, 구조 개혁 방안으로 가상조직을 제안한다.

⑤ 신축적 정부모형의 문제 진단 기준은 영속성에 있으며, 관리 개혁 방안으로 가변적 인사관리를 제안한다.

한국도로공사 ▶ 성과주의

10 다음 중 성과주의 예산제도에 대한 설명으로 옳지 않은 것은?

① 정부가 무슨 일을 하느냐에 중점을 두는 제도이다.

② 기능별 예산제도 또는 활동별 예산제도라고 부르기도 한다.

③ 관리지향성을 지니며 예산관리를 포함하는 행정관리작용의 능률화를 지향한다.

④ 예산관리기능의 집권화를 추구한다.

⑤ 정부사업에 대한 회계책임을 묻는 데 유용하다.

부산교통공사 ▶ 공공선택론

36 다음 중 공공선택론에 대한 설명으로 옳지 않은 것은?

① 정부를 공공재의 생산자로 규정하며, 시민들을 공공재의 소비자로 규정한다.

② 자유시장의 논리를 공공부문에 도입함으로써 시장실패라는 한계를 안고 있다.

③ 시민 개개인의 선호와 선택을 존중하며 경쟁을 통해 서비스를 생산하고 공급함으로써 행정의 대응성이 높아진다.

④ 뷰캐넌(J. Buchanan)이 창시하고 오스트롬(V. Ostrom)이 발전시킨 이론으로 정치학적인 분석도구를 중시한다.

도서 200% 활용하기 STRUCTURES

1 기출복원문제로 출제경향 파악

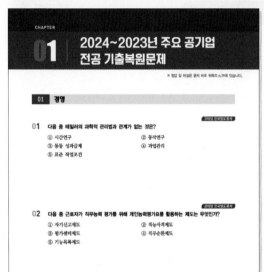

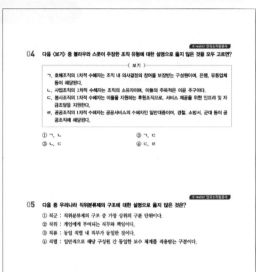

▶ 2024~2023년 주요 공기업 전공(경영/경제/행정) 기출문제를 복원하여 공기업별 출제경향을 파악할 수 있도록 하였다.

2 선별한 키워드로 폭넓은 학습

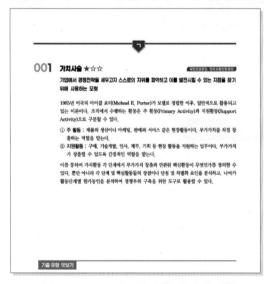

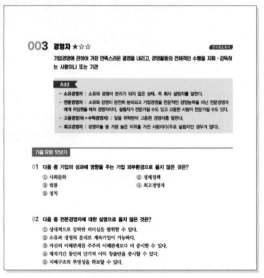

▶ 최근 주요 공기업에서 출제한 문제들을 통해 빈출 키워드 위주로 정의 및 자세한 설명을 수록하여 전반적인 이해를 돕도록 하였다.

▶ 핵심 키워드뿐 아니라 이와 연계되어 문제에 등장할 수 있는 Add 키워드들을 추가 수록하여 전공에 대해 더 넓고 다양한 내용을 학습할 수 있도록 하였다.

3 연계 문제 + 적중예상문제로 실전 연습

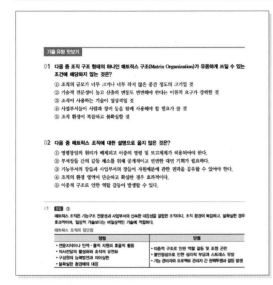

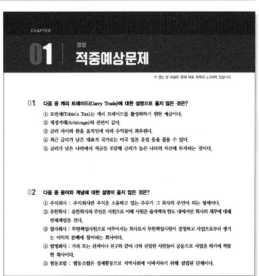

▶ 키워드를 통해 이해한 내용을 바로 문제에 적용할 수 있도록 기출 유형 맛보기 문제를 수록하였다.

▶ 적중예상문제를 통해 앞서 학습한 내용을 점검하고 보다 효과적으로 실전에 대비할 수 있도록 하였다.

4 상세한 해설로 정답과 오답을 완벽하게 이해

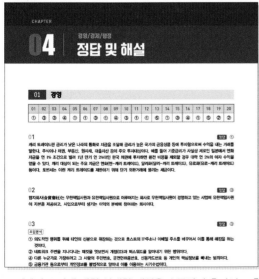

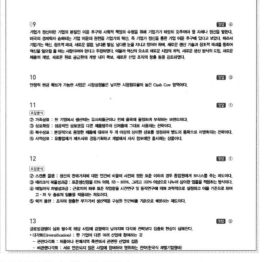

▶ 정답과 오답에 대한 상세한 해설을 수록하여 혼자서도 충분히 학습할 수 있도록 하였다.

이 책의 차례 CONTENTS

Add+

특별부록

2024 ~ 2023년 주요 공기업
전공 기출복원문제

2024 ~ 2023년 주요 공기업
전공 기출복원문제 정답 및 해설

01 | 2024~2023년 주요 공기업 전공 기출복원문제

※ 정답 및 해설은 문제 바로 뒤쪽의 p.31에 있습니다.

01 경영

코레일 한국철도공사

01 다음 중 테일러의 과학적 관리법과 관계가 없는 것은?

① 시간연구
② 동작연구
③ 동등 성과급제
④ 과업관리
⑤ 표준 작업조건

코레일 한국철도공사

02 다음 중 근로자가 직무능력 평가를 위해 개인능력평가표를 활용하는 제도는 무엇인가?

① 자기신고제도
② 직능자격제도
③ 평가센터제도
④ 직무순환제도
⑤ 기능목록제도

코레일 한국철도공사

03 다음 중 데이터베이스 마케팅에 대한 설명으로 옳지 않은 것은?

① 기업 규모와 관계없이 모든 기업에서 활용이 가능하다.
② 기존 고객의 재구매를 유도하며, 장기적인 마케팅 전략 수립이 가능하다.
③ 인구통계, 심리적 특성, 지리적 특성 등을 파악하여 고객별 맞춤 서비스가 가능하다.
④ 고객자료를 바탕으로 고객 및 매출 증대에 대한 마케팅 전략을 실행하는 데 목적이 있다.
⑤ 단방향 의사소통으로 고객과 1:1 관계를 구축하여 즉각적으로 반응을 확인할 수 있다.

04 다음 중 공정성 이론에서 절차적 공정성에 해당하지 않는 것은?

① 접근성
② 반응속도
③ 형평성
④ 유연성
⑤ 적정성

05 다음 중 e-비즈니스 기업의 장점으로 옳지 않은 것은?

① 빠른 의사결정을 진행할 수 있다.
② 양질의 고객서비스를 제공할 수 있다.
③ 배송, 물류비 등 각종 비용을 절감할 수 있다.
④ 기업이 더 높은 가격으로 제품을 판매할 수 있다.
⑤ 소비자에게 더 많은 선택권을 부여할 수 있다.

06 다음 중 조직시민행동에 대한 설명으로 옳지 않은 것은?

① 조직 구성원이 수행하는 행동에 대해 의무나 보상이 존재하지 않는다.
② 조직 구성원의 자발적인 참여가 바탕이 되며, 대부분 강제적이지 않다.
③ 조직 구성원의 처우가 좋지 않을수록 조직시민행동은 자발적으로 일어난다.
④ 조직 내 바람직한 행동을 유도하고, 구성원의 조직 참여도를 제고한다.
⑤ 조직의 리더가 구성원으로부터 신뢰를 받을 때 구성원의 조직시민행동이 크게 증가한다.

07 다음 중 분배적 협상의 특징으로 옳지 않은 것은?

① 상호 목표 배치 시 자기의 입장을 명확히 주장한다.
② 협상을 통해 공동의 이익을 확대(Win – Win)한다.
③ 정보를 숨겨 필요한 정보만 선택적으로 활용한다.
④ 협상에 따른 이익을 정해진 비율로 분배한다.
⑤ 간부회의, 밀실회의 등을 통한 의사결정을 주로 진행한다.

08 다음 글에서 설명하는 직무분석방법은?

> • 여러 직무활동을 동시에 기록할 수 있다.
> • 직무활동 전체의 모습을 파악할 수 있다.
> • 직무성과가 외형적일 때 적용이 가능하다.

① 관찰법   ② 면접법
③ 워크 샘플링법   ④ 질문지법
⑤ 연구법

09 다음 중 전문품에 대한 설명으로 옳지 않은 것은?

① 가구, 가전제품 등이 해당된다.
② 제품의 가격이 상대적으로 비싼 편이다.
③ 특정 브랜드에 대한 충성심이 높다.
④ 충분한 정보 제공 및 차별화가 중요한 요소로 작용한다.
⑤ 소비자가 해당 브랜드에 대한 충분한 지식이 없는 경우가 많다.

10 다음 중 연속생산에 대한 설명으로 옳은 것은?

① 단위당 생산원가가 낮다.
② 운반비용이 많이 소요된다.
③ 제품의 수명이 짧은 경우에 적합한 방식이다.
④ 제품의 수요가 다양한 경우에 적합한 방식이다.
⑤ 작업자의 숙련도가 떨어질 경우 작업에 참여시키지 않는다.

11 다음 중 자본, 자산, 부채의 계정항목이 바르게 연결되지 않은 것은?

① 당좌자산 : 현금 및 현금성자산, 매출채권

② 투자자산 : 만기보유금융자산, 투자부동산

③ 유동부채 : 단기차입금, 퇴직급여충당부채

④ 자본잉여금 : 주식발행초과금, 자기주식처분이익

12 다음 중 기업잉여현금흐름(FCFF)에 대한 설명으로 옳지 않은 것은?

① 기업잉여현금흐름은 주주, 채권자 모두에게 귀속되는 현금흐름이다.

② 기업의 자본구조를 반영하지 않아 레버리지가 없는 잉여현금흐름이다.

③ 회사의 배당금 지급, 채무자의 상환 능력 등을 나타낸다.

④ 급격하게 성장하는 사업 초기 기업일수록 FCFF는 양수로 나타난다.

13 다음 중 해외시장 진출방법에 대한 설명으로 옳지 않은 것은?

① 라이센싱 : 특허, 상표, 디자인 등의 사용권을 해외에 판매하여 진출하는 방식이다.

② 생산계약 : 현지 기업이 일정한 수준의 품질과 가격으로 제품을 납품하게 하는 방식이다.

③ 프랜차이징 : 표준화된 제품, 시스템 등을 제공하고, 현지에서는 인력, 자본 등을 제공하는 방식이다.

④ 합작투자 : 2개 이상의 기업이 공동의 목표를 달성하기 위해 공동사업체를 설립하여 진출하는 간접투자 방식이다.

14 다음 중 주식 관련 상품에 대한 설명으로 옳지 않은 것은?

① ELS : 주가지수 또는 종목의 주가 움직임에 따라 수익률이 결정되며, 만기가 없는 증권이다.

② ELB : 채권, 양도성 예금증서 등 안전자산에 주로 투자하며, 원리금이 보장된다.

③ ELD : 수익률이 코스피200지수에 연동되는 예금으로, 주로 정기예금 형태로 판매한다.

④ ELT : ELS를 특정금전신탁 계좌에 편입하는 신탁상품으로, 투자자의 의사에 따라 운영한다.

⑤ ELF : ELS와 ELD의 중간 형태로, ELS를 기초 자산으로 하는 펀드를 말한다.

15 다음 중 인사와 관련된 이론에 대한 설명으로 옳지 않은 것은?

① 로크는 인간이 합리적으로 행동한다는 가정하에 개인이 의식적으로 얻으려고 설정한 목표가 동기와 행동에 영향을 미친다고 주장하였다.

② 브룸은 동기 부여에 대해 기대이론을 적용하여 기대감, 적합성, 신뢰성을 통해 구성원의 직무에 대한 동기 부여를 결정한다고 주장하였다.

③ 매슬로는 욕구의 위계를 생리적 욕구, 안전의 욕구, 애정과 공감의 욕구, 존경의 욕구, 자아실현의 욕구로 나누어 단계별로 욕구가 작용한다고 설명하였다.

④ 맥그리거는 인간의 본성에 대해 부정적인 관점인 X이론과 긍정적인 관점인 Y이론이 있으며, 경영자는 조직목표 달성을 위해 근로자의 본성(X, Y)을 파악해야 한다고 주장하였다.

⑤ 허즈버그는 욕구를 동기요인과 위생요인으로 나누었으며, 동기요인에는 인정감, 성취, 성장 가능성, 승진, 책임감, 직무 자체가 해당되고, 위생요인에는 보수, 대인관계, 감독, 직무안정성, 근무환경, 회사의 정책 및 관리가 해당된다.

16 다음 글에 해당하는 마케팅 STP 단계는 무엇인가?

> • 서로 다른 욕구를 가지고 있는 다양한 고객들을 하나의 동질적인 고객집단으로 나눈다.
> • 인구, 지역, 사회, 심리 등을 기준으로 활용한다.
> • 전체시장을 동질적인 몇 개의 하위시장으로 구분하여 시장별로 차별화된 마케팅을 실행한다.

① 시장세분화   ② 시장매력도 평가
③ 표적시장 선정   ④ 포지셔닝
⑤ 재포지셔닝

17 다음 K기업 재무회계 자료를 참고할 때, 기초부채를 계산하면 얼마인가?

> • 기초자산 : 100억 원
> • 기말자본 : 65억 원
> • 총수익 : 35억 원
> • 총비용 : 20억 원

① 30억 원 ② 40억 원
③ 50억 원 ④ 60억 원

18 다음 중 ERG 이론에 대한 설명으로 옳지 않은 것은?

① 매슬로의 욕구 5단계설을 발전시켜 주장한 이론이다.
② 인간의 욕구를 중요도 순으로 계층화하여 정의하였다.
③ 인간의 욕구를 존재욕구, 관계욕구, 성장욕구의 3단계로 나누었다.
④ 상위에 있는 욕구를 충족시키지 못하면 하위에 있는 욕구는 더욱 크게 감소한다.

19 다음 중 기업이 사업 다각화를 추진하는 목적으로 볼 수 없는 것은?

① 기업의 지속적인 성장 추구 ② 사업위험 분산
③ 유휴자원의 활용 ④ 기업의 수익성 강화

20 다음 중 종단분석과 횡단분석의 비교가 옳지 않은 것은?

구분	종단분석	횡단분석
방법	시간적	공간적
목표	특성이나 현상의 변화	집단의 특성 또는 차이
표본 규모	큼	작음
횟수	반복	1회

① 방법 ② 목표
③ 표본 규모 ④ 횟수

21 다음 중 향후 채권이자율이 시장이자율보다 높아질 것으로 예상될 때 나타날 수 있는 현상으로 옳은 것은?

① 별도의 이자 지급 없이 채권발행 시 이자금액을 공제하는 방식을 선호하게 된다.

② 1년 만기 은행채, 장기신용채 등의 발행이 늘어난다.

③ 만기에 가까워질수록 채권가격 상승에 따른 이익을 얻을 수 있다.

④ 채권가격이 액면가보다 높은 가격에 거래되는 할증채 발행이 증가한다.

22 다음 중 BCG 매트릭스에 대한 설명으로 옳은 것은?

① 스타(Star) 사업 : 높은 시장점유율로 현금창출은 양호하나, 성장 가능성은 낮은 사업이다.

② 현금젖소(Cash Cow) 사업 : 성장 가능성과 시장점유율이 모두 낮아 철수가 필요한 사업이다.

③ 개(Dog) 사업 : 성장 가능성과 시장점유율이 모두 높아서 계속 투자가 필요한 유망 사업이다.

④ 물음표(Question Mark) 사업 : 신규 사업 또는 현재 시장점유율은 낮으나, 향후 성장 가능성이 높은 사업이다.

23 다음 중 테일러의 과학적 관리법의 특징에 대한 설명으로 옳지 않은 것은?

① 작업능률을 최대로 높이기 위하여 노동의 표준량을 정한다.

② 작업에 사용하는 도구 등을 개별 용도에 따라 다양하게 제작하여 성과를 높인다.

③ 작업량에 따라 임금을 차등하여 지급한다.

④ 관리에 대한 전문화를 통해 노동자의 태업을 사전에 방지한다.

24 다음 중 맥그리거의 X – Y이론 중, X이론에 해당하지 않는 것은?

① 조직구조   ② 조직문화

③ 조직규모   ④ 리더십

⑤ 인간관계

25 다음 중 기업의 임금체계에 대한 설명으로 옳지 않은 것은?

① 연공급 : 호봉급이라고도 하며, 근속연수에 의해 임금이 결정된다.

② 직무급 : 직무의 특성에 따라 임금이 결정되며, 누가 직무를 수행하는지에 따라 임금이 차별화되어 결정된다.

③ 직능급 : 직무능력 또는 숙련도에 따라 임금이 결정되며, 대체적으로 근속연수가 올라감에 따라 임금이 늘어나는 모습을 나타낸다.

④ 역할급 : 근로자의 역할등급별 임금을 설정하여 역할수행 정도에 따라 임금이 결정된다.

⑤ 성과급 : 상여금이라고도 하며, 업무성과에 따라 임금이 결정된다.

26 다음 수요예측 방법 중, 정량적 방법에 해당하지 않는 것은?

① 시계열 예측법
② 인과형 예측법
③ 시장 조사법
④ 추세 분석법
⑤ 시계열 분해법

27 다음 중 대기업과 중소기업을 나누는 기준에 해당하지 않는 것은?

① 중소기업기본법에서 규정하는 중소기업보다 규모가 큰 기업

② 중견기업 성장 촉진에 관한 법률에 해당하지 않는 기업

③ 일정 규모 이상의 공기업

④ 자산규모 10조 원 이상의 공정위 지정 상호출자제한기업집단

⑤ 금융, 보험, 보험 서비스업을 영위하며, 중소기업기본법에서 규정하는 중소기업보다 규모가 큰 기업

28 다음 중 기업의 경영전략을 평가할 때 BSC를 통해 평가하는 관점으로 볼 수 없는 것은?

① 재무적 관점   ② 고객 관점

③ 업무프로세스 관점   ④ 성공요인 관점

⑤ 학습 및 성장 관점

29 다음 중 경영정보시스템 관련 용어에 대한 설명으로 옳은 것은?

① 데이터베이스관리시스템은 비즈니스 수행에 필요한 일상적인 거래를 처리하는 정보시스템이다.

② 전문가시스템은 일반적인 업무를 지원하는 정보시스템이다.

③ 전사적 자원관리시스템은 공급자와 공급기업을 연계하여 활용하는 정보시스템이다.

④ 의사결정지원시스템은 데이터를 저장하고 관리하는 정보시스템이다.

⑤ 중역정보시스템은 최고경영자층이 전략적인 의사결정을 하도록 도와주는 정보시스템이다.

30 다음 중 균형성과표(BSC)에 대한 설명으로 옳지 않은 것은?

① 균형성과표에서 균형이란 재무적지표와 비재무적지표, 단기적지표와 장기적지표, 후속지표와 선행지표간의 균형을 의미한다.

② 재무적 관점에서 사업조직별 재무 성과지표 설정 시 사업조직의 전략에 대한 고려가 필수적이다.

③ 고객 관점에서 회사는 재무적 목표에서 수익의 원천이 되는 고객 및 시장을 파악해야한 다.

④ 내부프로세스 관점은 고객 관점을 만족시키기 위하여 경영관리 측면에서 필요한 프로세스 의사결정 및 조직을 통한 지표들로 구성되어 있다.

⑤ 학습과 성장 관점에서는 기존의 관점들과 관련 없이 조직의 현재 역량을 파악하고 필요한 역량을 개발하는데 집중하여야 한다.

서울교통공사

01 다음 중 수요의 가격탄력성에 대한 설명으로 옳지 않은 것은?

① 수요의 가격탄력성은 가격의 변화에 따른 수요의 변화를 의미한다.

② 분모는 상품 가격의 변화량을 상품 가격으로 나눈 값이다.

③ 대체재가 많을수록 수요의 가격탄력성은 탄력적이다.

④ 가격이 1% 상승할 때 수요가 2% 감소하였으면 수요의 가격탄력성은 2이다.

⑤ 가격탄력성이 0보다 크면 탄력적이라고 할 수 있다.

서울교통공사

02 다음 중 대표적인 물가지수인 GDP 디플레이터를 구하는 계산식으로 옳은 것은?

① (실질 GDP)÷(명목 GDP)×100

② (명목 GDP)÷(실질 GDP)×100

③ (실질 GDP)+(명목 GDP)÷2

④ (명목 GDP)-(실질 GDP)÷2

⑤ (실질 GDP)÷(명목 GDP)×2

서울교통공사

03 다음 〈조건〉을 참고할 때, 한계소비성향(MPC) 변화에 따른 현재 소비자들의 소비 변화폭은?

> ── 〈 조 건 〉 ──
>
> • 기존 소비자들의 연간 소득은 3,000만 원이며, 한계소비성향은 0.6을 나타내었다.
> • 현재 소비자들의 연간 소득은 4,000만 원이며, 한계소비성향은 0.7을 나타내었다.

① 700   ② 1,100

③ 1,800   ④ 2,500

⑤ 3,700

04 다음 중 수요공급의 가격탄력성에 대한 설명으로 옳지 않은 것은?

① 수요가 탄력적일수록 수요의 가격탄력성은 1보다 커진다.
② 수요곡선이 비탄력적일수록 기울기는 더 가파르게 된다.
③ 대체재가 존재하는 경우 수요의 가격탄력성이 커지게 된다.
④ 장기공급의 가격탄력성이 단기공급의 가격탄력성보다 작다.

05 다음 중 국내 총수요를 계산하는 산식으로 옳은 것은?

① (소비)+(투자)-(정부지출)-(수출)-(수입)
② (소비)+(투자)-(정부지출)-(수출)+(수입)
③ (소비)+(투자)+(정부지출)+(수출)+(수입)
④ (소비)+(투자)+(정부지출)+(수출)-(수입)

06 다음 〈조건〉을 참고하여 최적생산량을 구하면 얼마인가?

―――――〈 조건 〉―――――
- 총비용 : $50+Q^2$
- 총수입 : $60Q-Q^2$

① 10   ② 15
③ 20   ④ 25

07 다음 중 장기적인 경제성장을 위해 필요한 전략으로 옳지 않은 것은?

① 장기적 성장을 위해서는 자본투자와 생산가능인구 확대를 통해 잠재성장률을 끌어올려야 한다.
② 노동, 자본 등의 양적 생산요소 및 기술, 지식 등의 질적 생산요소의 경쟁력을 강화하여야 한다.
③ 제조업 제품뿐만 아니라 고부가 서비스제품의 수출 확대를 통해 글로벌 산업구조에 대응하여야 한다.
④ 경제의 외부충격에 대비하기 위해 내수시장을 집중하여 키우고, 이후 수출주도 경제성장 전략을 도입하여야 한다.

08 다음 글의 빈칸에 들어갈 단어가 바르게 나열된 것은?

> - 환율이 ___㉠___ 하면 순수출이 증가한다.
> - 국내이자율이 높아지면 환율은 ___㉡___ 한다.
> - 국내물가가 오르면 환율은 ___㉢___ 한다.

	㉠	㉡	㉢
①	하락	상승	하락
②	하락	상승	상승
③	하락	하락	하락
④	상승	하락	상승
⑤	상승	하락	하락

09 다음 중 독점적 경쟁시장에 대한 설명으로 옳지 않은 것은?

① 독점적 경쟁시장은 완전경쟁시장과 독점시장의 중간 형태이다.
② 대체성이 높은 제품의 공급자가 시장에 다수 존재한다.
③ 시장진입과 퇴출이 자유롭다.
④ 독점적 경쟁기업의 수요곡선은 우하향하는 형태를 나타낸다.
⑤ 가격경쟁이 비가격경쟁보다 활발히 진행된다.

10 다음 중 고전학파와 케인스학파에 대한 설명으로 옳지 않은 것은?

① 케인스학파는 경기가 침체할 경우, 정부의 적극적 개입이 바람직하지 않다고 주장하였다.
② 고전학파는 임금이 매우 신축적이어서 노동시장이 항상 균형상태에 이르게 된다고 주장하였다.
③ 케인스학파는 저축과 투자가 국민총생산의 변화를 통해 같아지게 된다고 주장하였다.
④ 고전학파는 실물경제와 화폐를 분리하여 설명한다.
⑤ 케인스학파는 단기적으로 화폐의 중립성이 성립하지 않는다고 주장하였다.

11 다음 사례에서 나타나는 현상으로 옳은 것은?

- 물은 사용 가치가 크지만 교환 가치가 작은 반면, 다이아몬드는 사용 가치가 작지만 교환 가치는 크게 나타난다.
- 한계효용이 작을수록 교환 가치가 작으며, 한계효용이 클수록 교환 가치가 크다.

① 매몰비용의 오류　　　　　　　　② 감각적 소비
③ 보이지 않는 손　　　　　　　　　④ 가치의 역설
⑤ 희소성

12 다음 자료를 참고하여 실업률을 구하면 얼마인가?

- 생산가능인구 : 50,000명
- 취업자 : 20,000명
- 실업자 : 5,000명

① 10%　　　　　　　　　　　　　② 15%
③ 20%　　　　　　　　　　　　　④ 25%
⑤ 30%

13 J기업이 다음 〈조건〉과 같이 생산량을 늘린다고 할 때, 한계비용은 얼마인가?

〈 조건 〉
- J기업의 제품 1단위당 노동가격은 4, 자본가격은 6이다.
- J기업은 제품 생산량을 50개에서 100개로 늘리려고 한다.
- 평균비용 $P=2L+K+\dfrac{100}{Q}$ (L : 노동가격, K : 자본가격, Q : 생산량)

① 10　　　　　　　　　　　　　　② 12
③ 14　　　　　　　　　　　　　　④ 16

14 다음은 A국과 B국이 노트북 1대와 TV 1대를 생산하는 데 필요한 작업 시간을 나타낸 자료이다. A국과 B국의 비교우위에 대한 설명으로 옳은 것은?

구분	노트북	TV
A국	6시간	8시간
B국	10시간	8시간

① A국이 노트북, TV 생산 모두 비교우위에 있다.
② B국이 노트북, TV 생산 모두 비교우위에 있다.
③ A국은 노트북 생산, B국은 TV 생산에 비교우위가 있다.
④ A국은 TV 생산, B국은 노트북 생산에 비교우위가 있다.

15 다음 중 다이내믹 프라이싱에 대한 설명으로 옳지 않은 것은?

① 동일한 제품과 서비스에 대한 가격을 시장 상황에 따라 변화시켜 적용하는 전략이다.
② 호텔, 항공 등의 가격을 성수기 때 인상하고, 비수기 때 인하하는 것이 대표적인 예이다.
③ 기업은 소비자별 맞춤형 가격을 통해 수익을 극대화할 수 있다.
④ 소비자 후생이 증가해 소비자의 만족도가 높아진다.

16 다음 〈보기〉 중 빅맥 지수에 대한 설명으로 옳은 것을 모두 고르면?

〈 보기 〉

㉠ 빅맥 지수를 최초로 고안한 나라는 미국이다.
㉡ 각 나라의 물가수준을 비교하기 위해 고안된 지수로, 구매력 평가설을 근거로 한다.
㉢ 맥도날드 빅맥 가격을 기준으로 한 이유는 전 세계에서 가장 동질적으로 판매되고 있는 상품이기 때문이다.
㉣ 빅맥 지수를 구할 때 빅맥 가격은 제품 가격과 서비스 가격의 합으로 계산한다.

① ㉠, ㉡
② ㉠, ㉢
③ ㉡, ㉢
④ ㉡, ㉣

17 다음 중 확장적 통화정책의 영향으로 옳은 것은?

① 건강보험료가 인상되어 정부의 세금 수입이 늘어난다.

② 이자율이 하락하고, 소비 및 투자가 감소한다.

③ 이자율이 상승하고, 환율이 하락한다.

④ 은행이 채무불이행 위험을 줄이기 위해 더 높은 이자율과 담보 비율을 요구한다.

18 다음 중 노동의 수요공급곡선에 대한 설명으로 옳지 않은 것은?

① 노동 수요는 파생수요라는 점에서 재화시장의 수요와 차이가 있다.

② 상품 가격이 상승하면 노동 수요곡선은 오른쪽으로 이동한다.

③ 토지, 설비 등이 부족하면 노동 수요곡선은 오른쪽으로 이동한다.

④ 노동에 대한 인식이 긍정적으로 변화하면 노동 공급곡선은 오른쪽으로 이동한다.

19 다음 〈조건〉에 따라 S씨가 할 수 있는 최선의 선택은?

〈 조건 〉

• S씨는 퇴근 후 운동을 할 계획으로 헬스, 수영, 자전거, 달리기 중 하나를 고르려고 한다.
• 각 운동이 주는 만족도(이득)는 헬스 5만 원, 수영 7만 원, 자전거 8만 원, 달리기 4만 원이다.
• 각 운동에 소요되는 비용은 헬스 3만 원, 수영 2만 원, 자전거 5만 원, 달리기 3만 원이다.

① 헬스　　　　　　　　　　② 수영
③ 자전거　　　　　　　　　④ 달리기

20 다음 중 통화승수에 대한 설명으로 옳지 않은 것은?

① 통화승수는 법정지급준비율을 낮추면 커진다.

② 통화승수는 이자율 상승으로 요구불예금이 증가하면 작아진다.

③ 통화승수는 대출을 받은 개인과 기업들이 더 많은 현금을 보유할수록 작아진다.

④ 통화승수는 은행들이 지급준비금을 더 많이 보유할수록 작아진다.

⑤ 화폐공급에 내생성이 없다면 화폐공급곡선은 수직선의 모양을 갖는다.

21 다음 중 물가지수에 대한 설명으로 옳지 않은 것은?

① 소비자물가지수는 소비재를 기준으로 측정하고, 생산자물가지수는 원자재 혹은 자본재 등을 기준으로 측정하기 때문에 두 물가지수는 일치하지 않을 수 있다.

② 소비자물가지수는 상품가격 변화에 대한 소비자의 반응을 고려하지 않는다.

③ GDP 디플레이터는 국내에서 생산된 상품만을 조사 대상으로 하기 때문에 수입상품의 가격동향을 반영하지 못한다.

④ 물가수준 그 자체가 높다는 것과 물가상승률이 높다는 것은 다른 의미를 가진다.

⑤ 물가지수를 구할 때 모든 상품의 가중치를 동일하게 반영한다.

22 다음 중 인플레이션에 대한 설명으로 옳은 것은?

① 피셔가설은 '(명목이자율)=(실질이자율)+(물가상승률)'이라는 명제로, 예상된 인플레이션이 금융거래에 미리 반영됨을 의미한다.

② 새케인스학파에 의하면 예상된 인플레이션의 경우에는 어떤 형태의 사회적 비용도 발생하지 않는다.

③ 실제 물가상승률이 예상된 물가상승률보다 더 큰 경우, 채권자는 이득을 보고 채무자는 손해를 본다.

④ 실제 물가상승률이 예상된 물가상승률보다 더 큰 경우, 고정된 명목임금을 받는 노동자와 기업 사이의 관계에서 노동자는 이득을 보고 기업은 손해를 보게 된다.

⑤ 예상하지 못한 인플레이션 발생의 불확실성이 커지면 장기계약이 활성화되고 단기계약이 위축된다.

23 다음 중 불완전경쟁 시장구조에 대한 설명으로 옳지 않은 것은?

① 독점적 경쟁시장은 장기적으로 기업의 진입과 퇴출이 자유롭다.

② 시장수요곡선이 우하향하는 독점시장에서 독점가격은 한계수입보다 크다.

③ 쿠르노(Cournot) 모형에서 각 기업은 경쟁기업이 현 산출량을 그대로 유지할 것이라는 전제하에 행동한다.

④ 베르트랑(Bertrand) 모형에서 각 기업은 경쟁기업이 현 가격을 그대로 유지할 것이라는 전제하에 행동한다.

⑤ 슈타켈버그(Stackelberg) 모형에서 두 기업 중 하나 또는 둘 모두가 가격에 관해 추종자 역할을 한다.

24 다음 글에서 빈칸에 들어갈 용어를 순서대로 바르게 나열한 것은?

> 여가가 정상재인 상황에서 임금이 상승할 경우 ___ㄱ___효과보다 ___ㄴ___효과가 더 크다면 노동공급은 임금상승에도 불구하고 감소하게 된다. 또한 만약 ___ㄷ___의 기회비용 상승에 반응하여 ___ㄷ___의 총사용량을 줄인다면, 노동공급곡선은 정(+)의 기울기를 가지게 된다.

	ㄱ	ㄴ	ㄷ
①	대체	소득	여가
②	대체	소득	노동
③	소득	대체	여가
④	소득	대체	노동
⑤	가격	소득	여가

25 다음 중 국내통화 가치를 하락시키는 요인으로 옳은 것은?(단, 다른 조건은 일정하다)

① 해외여행에 대한 수요가 급감한다.

② 한국은행이 기준금리 인상을 실시한다.

③ 외국 투자자들이 국내 주식을 매수한다.

④ 수입 가전제품에 대한 관세가 인상된다.

⑤ 국내 A기업이 해외에 생산 공장을 건설한다.

26 다음 중 파레토효율성에 대한 설명으로 옳지 않은 것은?

① 파레토효율적인 자원배분은 일반적으로 무수히 많이 존재한다.

② 파레토효율적인 자원배분하에서는 항상 사회후생이 극대화된다.

③ 파레토효율적인 자원배분이 평등한 소득분배를 보장해주는 것은 아니다.

④ 일정한 조건이 충족될 때 완전경쟁시장에서의 일반균형은 파레토효율적이다.

⑤ 어느 한 사람의 효용을 감소시키지 않고서는 다른 사람의 효용을 증가시킬 수 없는 상태를 파레토 효율적이라고 한다.

27 다음 중 효율적 자원배분 및 후생에 대한 설명으로 옳은 것은?

① 후생경제학 제1정리는 효율적 자원배분이 독점시장인 경우에도 달성될 수 있음을 보여준다.

② 후생경제학 제2정리는 소비와 생산에 있어 규모의 경제가 있으면 완전경쟁을 통해 효율적 자원배분을 달성할 수 있음을 보여준다.

③ 차선의 이론에 따르면 효율적 자원배분을 위해 필요한 조건을 모두 충족하지 못한 경우, 더 많은 조건을 충족하면 할수록 더 효율적인 자원배분이다.

④ 롤스의 주장에 따르면 사회가 2인(A와 B)으로 구성되고 각각의 효용을 U_A, U_B라 할 경우 사회후생함수(SW)는 $SW = min[U_A, U_B]$로 표현된다.

⑤ 공리주의 주장에 따르면 사회가 2인(A와 B)으로 구성되고 각각의 효용을 U_A, U_B라 할 경우 사회후생함수(SW)는 $SW = U_A \cdot U_B$로 표현된다.

28 노동(L)과 자본(K)을 생산요소로 투입하여 비용을 최소화하는 기업의 생산함수는 $Q = L^{0.5}K$ 이다. 다음 중 이에 대한 설명으로 옳지 않은 것은?(단, Q는 생산량이다)

① 규모에 대한 수익이 체증한다.

② 노동투입량이 증가할수록 노동의 한계생산은 감소한다.

③ 노동투입량이 증가할수록 자본의 한계생산은 증가한다.

④ 노동과 자본의 단위당 가격이 동일할 때 자본투입량은 노동투입량의 2배이다.

⑤ 자본투입량이 증가할수록 자본의 한계생산은 증가한다.

29 다음 〈보기〉 중 펀더멘털(Fundamental)에 해당하는 것을 모두 고르면?

〈 보기 〉

ㄱ. 금융기관 매출액
ㄴ. 경제성장률
ㄷ. 물가상승률
ㄹ. 경상수지

① ㄱ, ㄴ   ② ㄴ, ㄷ

③ ㄷ, ㄹ   ④ ㄱ, ㄴ, ㄷ

⑤ ㄴ, ㄷ, ㄹ

30 다음 중 리카도 대등정리(Ricardian Equivalence Theorem)에 대한 설명으로 옳은 것은?

① 국채 발행이 증가하면 이자율이 하락한다.

② 소비이론 중 절대소득가설에 기초를 두고 있다.

③ 국채 발행을 통해 재원이 조달된 조세삭감은 소비에 영향을 미치지 않는다.

④ 소비자들이 유동성제약에 직면해 있는 경우 이 이론의 설명력이 더 커진다.

⑤ 경기침체 시에는 조세 대신 국채 발행을 통한 확대재정정책이 더 효과적이다.

K-water 한국수자원공사

01 다음 중 정책참여자에 대한 설명으로 옳지 않은 것은?

① 의회와 지방자치단체는 모두 공식적 참여자에 해당된다.
② 정당과 NGO는 비공식적 참여자에 해당된다.
③ 사회구조가 복잡해진 현대에는 공식적 참여자의 중요도가 상승하였다.
④ 사회적 의사결정에서 정부의 역할이 줄어들수록 비공식적 참여자의 중요도가 높아진다.

K-water 한국수자원공사

02 다음 중 정책문제에 대한 설명으로 옳지 않은 것은?

① 정책문제는 정책결정의 대상으로, 공적인 성격이 강하고 공익성을 추구하는 성향을 갖는다.
② 주로 가치판단의 문제를 포함하고 있어 계량화가 난해하다.
③ 정책문제 해결의 주요 주체는 정부이다.
④ 기업경영에서의 의사결정에 비해 고려사항이 단순하다.

K-water 한국수자원공사

03 다음 중 회사모형의 특징에 대한 설명으로 옳은 것은?

① 사이어트와 드로어가 주장한 모형으로, 조직의 의사결정 방식에 대해 설명하는 이론이다.
② 합리적 결정과 점증적 결정이 누적 및 혼합되어 의사결정이 이루어진다고 본다.
③ 조직들 간의 연결성이 강하지 않은 경우를 전제로 하고 있다.
④ 정책결정 단계를 초정책결정 단계, 정책결정 단계, 후정책결정 단계로 구분하여 설명한다.

04 다음 〈보기〉 중 블라우와 스콧이 주장한 조직 유형에 대한 설명으로 옳지 않은 것을 모두 고르면?

─────〈 보기 〉─────

ㄱ. 호혜조직의 1차적 수혜자는 조직 내 의사결정의 참여를 보장받는 구성원이며, 은행, 유통업체 등이 해당된다.
ㄴ. 사업조직의 1차적 수혜자는 조직의 소유자이며, 이들의 주목적은 이윤 추구이다.
ㄷ. 봉사조직의 1차적 수혜자는 이들을 지원하는 후원조직으로, 서비스 제공을 위한 인프라 및 자금조달을 지원한다.
ㄹ. 공공조직의 1차적 수혜자는 공공서비스의 수혜자인 일반대중이며, 경찰, 소방서, 군대 등이 공공조직에 해당된다.

① ㄱ, ㄴ   ② ㄱ, ㄷ
③ ㄴ, ㄷ   ④ ㄷ, ㄹ

05 다음 중 우리나라 직위분류제의 구조에 대한 설명으로 옳지 않은 것은?

① 직군 : 직위분류제의 구조 중 가장 상위의 구분 단위이다.
② 직위 : 개인에게 부여되는 직무와 책임이다.
③ 직류 : 동일 직렬 내 직무가 동일한 것이다.
④ 직렬 : 일반적으로 해당 구성원 간 동일한 보수 체계를 적용받는 구분이다.

06 다음 중 엽관주의와 실적주의에 대한 설명으로 옳지 않은 것은?

① 민주주의적 평등 이념의 실현을 위해서는 엽관주의보다 실적주의가 유리하다.
② 엽관주의와 실적주의 모두 조직 수반에 대한 정치적 정합성보다 정치적 중립성 확보가 강조된다.
③ 공공조직에서 엽관주의적 인사가 이루어질 시 조직 구성원들의 신분이 불안정해진다는 단점이 있다.
④ 미국의 경우, 엽관주의의 폐단에 대한 대안으로 펜들턴법의 제정에 따라 인사행정에 실적주의가 도입되었다.

07 다음 중 발생주의 회계의 특징으로 옳은 것은?

① 현금의 유출입 발생 시 회계 장부에 기록하는 방법을 의미한다.
② 실질적 거래의 발생을 회계처리에 정확히 반영할 수 있다는 장점이 있다.
③ 회계연도 내 경영활동과 성과에 대해 정확히 측정하기 어렵다는 한계가 있다.
④ 재화나 용역의 인수 및 인도 시점을 기준으로 장부에 기입한다.
⑤ 수익과 비용이 대응되지 않는다는 한계가 있다.

08 다음 〈보기〉 중 맥그리거(D. McGregor)의 인간관에 대한 설명으로 옳지 않은 것을 모두 고르면?

─〈 보기 〉─

ㄱ. X이론은 부정적이고 수동적인 인간관에 근거하고 있고, Y이론은 긍정적이고 적극적인 인간관에 근거하고 있다.
ㄴ. X이론에서는 보상과 처벌을 통한 통제보다는 직원들에 대한 조언과 격려에 의한 경영전략을 강조하였다.
ㄷ. Y이론에서는 자율적 통제를 강조하는 경영전략을 제시하였다.
ㄹ. X이론의 적용을 위한 대안으로 권한의 위임 및 분권화, 직무 확대 등을 제시했다.

① ㄱ, ㄴ
② ㄱ, ㄷ
③ ㄴ, ㄷ
④ ㄴ, ㄹ
⑤ ㄷ, ㄹ

09 다음 중 대한민국 중앙정부의 인사조직형태에 대한 설명으로 옳지 않은 것은?

① 실적주의의 인사행정을 위해서는 독립합의형보다 비독립단독형 인사조직이 적절하다.
② 비독립단독형 인사기관은 독립합의형 인사기관에 비해 의사결정이 신속하다는 특징이 있다.
③ 독립합의형 인사기관의 경우 비독립단독형 인사기관에 비해 책임소재가 불분명하다는 특징이 있다.
④ 독립합의형 인사기관은 일반적으로 일반행정부처에서 분리되어 있으며, 독립적 지위를 가진 합의체의 형태를 갖는다.

10 다음 〈보기〉 중 정부실패의 원인으로 옳지 않은 것을 모두 고르면?

〈 보기 〉

㉠ 정부가 민간주체보다 정보에 대한 접근성이 높아서 발생한다.
㉡ 공공부문의 불완전경쟁으로 인해 발생한다.
㉢ 정부행정이 사회적 필요에 비해 장기적 관점에서 추진되어 발생한다.
㉣ 정부의 공급은 공공재라는 성격을 가지기 때문에 발생한다.

① ㉠, ㉡   ② ㉠, ㉢
③ ㉡, ㉢   ④ ㉡, ㉣

11 다음 〈보기〉의 행정의 가치 중 수단적 가치가 아닌 것을 모두 고르면?

〈 보기 〉

㉠ 공익   ㉡ 자유
㉢ 합법성   ㉣ 민주성
㉤ 복지

① ㉠, ㉡, ㉣   ② ㉠, ㉡, ㉤
③ ㉠, ㉢, ㉣   ④ ㉠, ㉣, ㉤

12 다음 중 신공공관리론과 뉴거버넌스에 대한 설명으로 옳은 것은?

① 뉴거버넌스는 민영화, 민간위탁을 통한 서비스의 공급을 지향한다.
② 영국의 대처주의, 미국의 레이거노믹스는 모두 신공공관리론에 토대를 둔 정치기조이다.
③ 뉴거버넌스는 정부가 사회의 문제해결을 주도하여 민간 주체들의 적극적 참여를 유도하는 것을
   추구한다.
④ 신공공관리론은 정부실패를 지적하며 등장한 이론으로, 민간에 대한 충분한 정보력을 갖춘 크고
   완전한 정부를 추구한다.

13 다음 중 사물인터넷을 사용하지 않은 경우는?

① 스마트 팜 시스템을 도입하여 작물 재배의 과정을 최적화, 효율화한다.
② 비상전력체계를 이용하여 재난 및 재해 등 위기상황으로 전력 차단 시 동력을 복원한다.
③ 커넥티드 카를 이용하여 차량 관리 및 운행 현황 모니터링을 자동화한다.
④ 스마트홈 기술을 이용하여 가정 내 조명, 에어컨 등을 원격 제어한다.

14 다음 〈보기〉 중 수평적 인사이동에 해당하지 않는 것을 모두 고르면?

〈 보기 〉

ㄱ. 강임 ㄴ. 승진
ㄷ. 전보 ㄹ. 전직

① ㄱ, ㄴ ② ㄱ, ㄷ
③ ㄴ, ㄷ ④ ㄷ, ㄹ

15 다음 〈보기〉 중 유료 요금제에 해당하지 않는 것을 모두 고르면?

〈 보기 〉

ㄱ. 국가지정문화재 관람료
ㄴ. 상하수도 요금
ㄷ. 국립공원 입장료

① ㄱ ② ㄷ
③ ㄱ, ㄴ ④ ㄴ, ㄷ

16 다음 중 행정의 본질적 가치로 옳지 않은 것은?

① 정의   ② 자유
③ 능률성   ④ 복지

17 다음 중 공공선택론에 대한 설명으로 옳지 않은 것은?

① 공공선택론은 정부의 비효율적 의사결정에 대한 문제의식으로 인해 등장하였다.
② 시민을 공공재의 공급자로 보고, 이들의 선택을 존중하여 자원배분이 이루어져야 한다고 본다.
③ 관료들은 이해관계를 가진 개인이므로 자신의 이익을 위해 권력을 남용할 수 있는 존재로 보았다.
④ 정부 관료들이 조직의 거시적 목표보다 부서의 예산확보에 집중하여 예산극대화가 발생한다고 보았다.

18 다음 중 신공공관리론에 대한 설명으로 옳지 않은 것은?

① 정부운영에 기업경영방식을 도입하고자 하였다.
② 행정서비스의 공급에 대한 성과지향적 관리를 추구한다.
③ 시민에 대한 공공서비스 제공 시 거래비용 감축 및 의사결정의 투명성을 강조한다.
④ 행정서비스의 고객인 시민 개인의 이익보다 시민 전체의 요구에 대한 대응성을 중시한다.

19 다음 중 도슨과 로빈슨이 주장한 정책결정요인론에 대한 설명으로 옳은 것은?

① 정책에 대한 의사결정은 소수의 이해관계를 고려하여 결정된다.
② 정치적 변수는 정책의 세부 결정과정에 가장 큰 영향을 미친다.
③ 정책결정과정에서 의사결정자의 개인적 배경이 가장 큰 영향을 미친다고 본다.
④ 국가의 소득, 인구 등 사회경제적 요인이 정책의 결정에 중요한 영향을 미친다.

20 다음 중 포스트모더니즘 행정이론에 대한 설명으로 옳은 것을 〈보기〉에서 모두 고르면?

─〈 보기 〉─

ㄱ. 파머는 전통적 관료제의 탈피를 통한 유기적인 조직구조를 강조하였다.
ㄴ. 파머는 시민의 요구를 충족시키기 위해 정부의 권위 강화가 불가피함을 주장하였다.
ㄷ. 담론이론에서는 소수의 이해관계에 따른 의사결정보다 심의 민주주의를 강조한다.

① ㄱ
② ㄴ
③ ㄱ, ㄷ
④ ㄴ, ㄷ

21 다음 글에서 설명하는 행정심판 용어로 옳은 것은?

청구사건에 대한 심리결과, 청구인의 심판청구가 이유 없다고 인정하여 청구를 배척하고 당초의 처분이 적법하고 타당함을 인정하는 재결이다.

① 각하재결
② 인용재결
③ 기각재결
④ 부작위

22 다음 중 행정의 특성에 대한 설명으로 옳지 않은 것은?

① 행정은 합리적 기준과 절차에 따라 이루어져야 한다.
② 행정은 특정 집단의 사익이 아닌 공공의 이익을 추구해야 한다.
③ 행정은 국민의 요구와 필요를 충족시키기 위한 고객 지향적 성격을 지닌다.
④ 윌슨의 정치행정이원론에 따르면 행정은 법과 규제에 기반을 두어야 한다는 점에서 비정치성을 갖는다.

23 다음 중 예산원칙에 대한 설명으로 옳지 않은 것을 〈보기〉에서 모두 고르면?

〈 보기 〉

ㄱ. 예산총계주의 원칙이란 회계연도의 모든 수입은 세입으로 하고, 모든 지출은 세출로 하며, 세입 과 세출은 예외 없이 모두 예산에 편입되어야 한다는 것을 의미한다.
ㄴ. 예산사전결의 원칙이란, 예산은 예정적 계획이기 때문에 회계연도가 개시되기 전에 지방의회의 의결을 거쳐야 한다는 것을 의미한다.
ㄷ. 회계연도 독립의 원칙은 지방재정법에서 규정하고 있으며, 예외사항으로 계속비만을 규정한다.
ㄹ. 예산의 목적 외 사용금지 원칙의 예외사항으로는 예산의 이용·전용·이체 등이 있다.

① ㄱ, ㄴ
② ㄱ, ㄷ
③ ㄴ, ㄷ
④ ㄷ, ㄹ

24 다음 글에 해당하는 용어가 바르게 연결된 것은?

㉠ 공직을 분류함에 있어서 직무의 종류, 곤란도, 책임도가 상당히 비슷한 직위를 한데 모아놓은 개념이며, 원칙적으로 이것이 동일한 직위에 대해서는 임용자격, 시험, 보수, 기타 인사행정에 있어서 동일하게 취급한다.
㉡ 공직분류에 있어서 직무의 종류나 성질은 유사하나 직무 수행상의 책임도와 곤란도가 다른 직급 의 무리이며, 이것이 동일한 직급의 직무분야는 서로 같고, 승진계통도 이에 따라 정해진다.

	㉠	㉡
①	직군	직류
②	직급	직군
③	직급	직렬
④	직류	직렬

25 다음 중 우리나라 공공기관에 대한 설명으로 옳은 것은?

① 정부기업은 정부가 소유권을 가지고 운영하는 공기업으로서 정부 조직에 해당되지 않는다.

② 국가공기업과 지방공기업은 공공기관의 운영에 관한 법률의 적용을 받는다.

③ 준정부기관은 총수입 중 자체수입의 비율이 50% 이상인 공공기관을 의미한다.

④ 위탁집행형 준정부기관은 기금관리형 준정부기관이 아닌 준정부기관을 의미한다.

⑤ 공기업의 기관장은 인사 및 조직운영의 자율성이 없으며 관할 행정부처의 통제를 받는다.

26 다음 중 우리나라 행정조직에 대한 설명으로 옳지 않은 것은?

① 책임운영기관은 정부조직법에 의하여 설치되고 운영된다.

② 행정기관 소속 위원회의 설치·운영에 관한 법률 상 위원회 소속 위원 중 공무원이 아닌 위원의 임기는 대통령령으로 정하는 특별한 경우를 제외하고는 3년을 넘지 아니하도록 하여야 한다.

③ 특별지방행정기관으로는 서울지방국세청, 중부지방고용노동청이 있다.

④ 실, 국, 과는 부처 장관을 보조하는 기관으로 계선 기능을 담당하고, 참모 기능은 차관보, 심의관 또는 담당관 등의 조직에서 담당한다.

⑤ 중앙선거관리위원회와 공정거래위원회는 행정위원회에 속한다.

27 다음 중 규제피라미드에 대한 설명으로 옳은 것은?

① 새로운 위험만 규제하다 보면 사회의 전체 위험 수준은 증가하는 상황이다.

② 규제가 또 다른 규제를 낳은 결과 피규제자의 비용 부담이 점점 늘어나게 되는 상황이다.

③ 기업체에게 상품 정보에 대한 공개 의무를 강화할수록 소비자들의 실질적인 정보량은 줄어들게 되는 상황이다.

④ 과도한 규제를 무리하게 설정하다 보면 실제로는 규제가 거의 이루어지지 않게 되는 상황이다.

⑤ 소득재분배를 위한 규제가 오히려 사회적으로 가장 어려운 사람들에게 해를 끼치게 되는 상황이다.

28 다음 중 행태주의와 제도주의에 대한 기술로 옳은 것은?

① 행태주의에서는 인간의 자유와 존엄과 같은 가치를 강조한다.

② 제도주의에서는 사회과학도 엄격한 자연과학의 방법을 따라야 한다고 본다.

③ 행태주의에서는 시대적 상황에 적합한 학문의 실천력을 중시한다.

④ 각국에서 채택된 정책의 상이성과 효과를 역사적으로 형성된 제도에서 찾으려는 것은 제도주의 접근의 한 방식이다.

⑤ 제도의 변화와 개혁을 지향한다는 점에서 행태주의와 제도주의는 같다.

29 다음 중 예산총계주의에 대한 설명으로 옳은 것을 〈보기〉에서 모두 고르면?

─〈 보기 〉─

ㄱ. 예산총계주의는 수입과 지출 내역, 용도를 명확히 하고 예산을 합리적으로 분류하여 명료하게 관리해야 한다는 원칙이다.

ㄴ. 한 회계연도의 모든 수입을 세입으로 하고, 모든 지출은 세출로 한다.

ㄷ. 지방자치단체가 현물로 출자하는 경우는 예외사항에 해당된다.

① ㄱ ② ㄴ

③ ㄱ, ㄷ ④ ㄴ, ㄷ

⑤ ㄱ, ㄴ, ㄷ

30 다음 글의 빈칸 ㉠에 해당하는 것은?

___㉠___은/는 정부업무, 업무수행에 필요한 데이터, 업무를 지원하는 응용서비스 요소, 데이터와 응용시스템의 실행에 필요한 정보기술, 보안 등의 관계를 구조적으로 연계한 체계로서 정보자원관리의 핵심수단이다.

___㉠___은/는 정부의 정보시스템 간의 상호운용성 강화, 정보자원 중복투자 방지, 정보화 예산의 투자효율성 제고 등에 기여한다.

① 블록체인 네트워크 ② 정보기술아키텍처

③ 제3의 플랫폼 ④ 클라우드 – 클라이언트 아키텍처

⑤ 스마트워크센터

01 경영

01	02	03	04	05	06	07	08	09	10	11	12	13	14	15	16	17	18	19	20
③	⑤	⑤	③	④	③	②	③	①	①	③	④	④	①	②	①	③	④	④	③
21	22	23	24	25	26	27	28	29	30										
④	④	②	⑤	②	③	③	④	⑤	⑤										

01
정답 ③

테일러의 과학적 관리법은 하루 작업량을 과학적으로 설정하고 과업 수행에 따른 임금을 차별적으로 설정하는 차별적 성과급제를 시행한다.

오답분석

① · ② 시간연구와 동작연구를 통해 표준 노동량을 정하고 해당 노동량에 따라 임금을 지급하여 생산성을 향상시킨다.
④ 각 과업을 전문화하여 관리한다.
⑤ 근로자가 노동을 하는 데 필요한 최적의 작업조건을 유지한다.

02
정답 ⑤

기능목록제도는 종업원별로 기능보유색인을 작성하여 데이터베이스에 저장하여 인적자원관리 및 경력개발에 활용하는 제도이며, 근로자의 직무능력 평가에 있어 필요한 정보를 파악하기 위해 개인능력평가표를 활용한다.

오답분석

① 자기신고제도 : 근로자에게 본인의 직무내용, 능력수준, 취득자격 등에 대한 정보를 직접 자기신고서에 작성하여 신고하게 하는 제도이다.
② 직능자격제도 : 직무능력을 자격에 따라 등급화하고 해당 자격을 취득하는 경우 직위를 부여하는 제도이다.
③ 평가센터제도 : 근로자의 직무능력을 객관적으로 발굴 및 육성하기 위한 제도이다.
④ 직무순환제도 : 담당직무를 주기적으로 교체함으로써 직무 전반에 대한 이해도를 높이는 제도이다.

03
정답 ⑤

데이터베이스 마케팅(DB 마케팅)은 고객별로 맞춤화된 서비스를 제공하기 위해 정보 기술을 이용하여 고객의 정보를 데이터베이스로 구축하여 관리하는 마케팅 전략이다. 이를 위해 고객의 성향, 이력 등 관련 정보가 필요하므로 기업과 고객 간 양방향 의사소통을 통해 1 : 1 관계를 구축하게 된다.

04

정답 ③

공정성 이론에 따르면 공정성 유형은 크게 절차적 공정성, 상호작용적 공정성, 분배적 공정성으로 나누어진다.
- 절차적 공정성 : 과정통제, 접근성, 반응속도, 유연성, 적정성
- 상호작용적 공정성 : 정직성, 노력, 감정이입
- 분배적 공정성 : 형평성, 공평성

05

정답 ④

e-비즈니스 기업은 비용절감 등을 통해 더 낮은 가격으로 우수한 품질의 상품 및 서비스를 제공할 수 있다는 장점이 있다.

06

정답 ③

조직시민행동은 조직 구성원의 내재적 만족으로 인해 촉발되므로 구성원에 대한 처우가 합리적일수록 자발적으로 일어난다.

07

정답 ②

협상을 통해 공동의 이익을 확대(Win – Win)하는 것은 통합적 협상에 대한 설명이다.

분배적 협상과 통합적 협상의 비교
- 분배적 협상
  - 고정된 자원을 대상으로 합리적인 분배를 위해 진행하는 협상이다.
  - 한정된 자원량으로 인해 제로섬 원칙이 적용되어 갈등이 발생할 가능성이 많다.
  - 당사자 간 이익 확보를 목적으로 하며, 협상 참여자 간 관계는 단기적인 성격을 나타낸다.
- 통합적 협상
  - 당사자 간 이해관계를 조율하여 더 큰 이익을 추구하기 위해 진행하는 협상이다.
  - 협상을 통해 확보할 수 있는 자원량이 변동될 수 있어 갈등보다는 문제해결을 위해 노력한다.
  - 협상 참여자의 이해관계, 우선순위 등이 달라 장기적인 관계를 가지고 통합적인 문제해결을 추구한다.

08

정답 ③

워크 샘플링법은 전체 작업과정에서 무작위로 많은 관찰을 실시하여 직무활동에 대한 정보를 얻는 방법으로, 여러 직무활동을 동시에 기록하기 때문에 전체 직무의 모습을 파악할 수 있다.

[오답분석]
① 관찰법 : 조사자가 직접 조사대상과 생활하면서 관찰을 통해 자료를 수집하는 방법이다.
② 면접법 : 조사자가 조사대상과 직접 대화를 통해 자료를 수집하는 방법이다.
④ 질문지법 : 설문지로 조사내용을 작성하고 자료를 수집하는 방법이다.
⑤ 연구법 : 기록물, 통계자료 등을 토대로 자료를 수집하는 방법이다.

09

정답 ①

가구, 가전제품 등은 선매품에 해당한다. 전문품에는 명품제품, 자동차, 아파트 등이 해당한다.

10

정답 ①

연속생산은 동일제품을 대량생산하기 때문에 규모의 경제가 적용되어 여러 가지 제품을 소량생산하는 단속생산에 비해 단위당 생산원가가 낮다.

오답분석

② 연속생산의 경우, 표준화된 상품을 대량으로 생산함에 따라 운반에 따른 자동화 비율이 매우 높고, 속도가 빨라 운반비용이 적게 소요된다.

③ · ④ 제품의 수요가 다양하거나 제품의 수명이 짧은 경우 단속생산 방식이 적합하다.

⑤ 연속생산은 작업자의 숙련도와 관계없이 작업에 참여가 가능하다.

11

정답 ③

퇴직급여충당부채는 비유동부채에 해당한다. 유동부채에는 단기차입금, 매입채무, 미지급법인세 등이 해당된다.

오답분석

① 당좌자산(유동자산) : 현금 및 현금성자산, 매출채권, 단기매매금융자산 등

② 투자자산(비유동자산) : 만기보유금융자산, 투자부동산, 매도가능금융자산 등

④ 자본잉여금(자본) : 주식발행초과금, 자기주식처분이익, 감자차익 등

12

정답 ④

급격하게 성장하는 사업 초기 기업일수록 FCFF는 음수로 나타난다. 일반적으로 급격하게 성장하는 초기 기업의 경우 외부 자금조달 등을 통해 성장을 지속하는 경우가 많아 잉여현금흐름이 안정기에 도달할 때까지는 음수로 나타난다.

13

정답 ④

합작투자는 2개 이상의 기업이 공동의 목표를 달성하기 위해 공동사업체를 설립하여 진출하는 직접투자 방식이다.

14

정답 ①

ELS는 주가연계증권으로, 사전에 정해진 조건에 따라 수익률이 결정되며 만기가 있다.

오답분석

② 주가연계파생결합사채(ELB)에 대한 설명이다.

③ 주가지수연동예금(ELD)에 대한 설명이다.

④ 주가연계신탁(ELT)에 대한 설명이다.

⑤ 주가연계펀드(ELF)에 대한 설명이다.

15

정답 ②

브룸은 동기 부여에 대해 기대이론을 적용하여 기대감, 수단성, 유의성을 통해 구성원의 직무에 대한 동기 부여를 결정한다고 주장하였다.

오답분석

① 로크의 목표설정이론에 대한 설명이다.

③ 매슬로의 욕구 5단계이론에 대한 설명이다.

④ 맥그리거의 XY이론에 대한 설명이다.

⑤ 허즈버그의 2요인이론에 대한 설명이다.

16

시장세분화 단계에서는 시장을 기준에 따라 세분화하고, 각 세분시장의 고객 프로필을 개발하여 차별화된 마케팅을 실행한다.

오답분석

②·③ 표적시장 선정 단계에서는 각 세분시장의 매력도를 평가하여 표적시장을 선정한다.

④ 포지셔닝 단계에서는 각각의 시장에 대응하는 포지셔닝을 개발하고 전달한다.

⑤ 재포지셔닝 단계에서는 자사와 경쟁사의 경쟁위치를 분석하여 포지셔닝을 조정한다.

17

정답 ③

- (당기순이익)=(총수익)-(총비용)=35억-20억=15억 원
- (기초자본)=(기말자본)-(당기순이익)=65억-15억=50억 원
- (기초부채)=(기초자산)-(기초자본)=100억-50억=50억 원

18

정답 ④

상위에 있는 욕구를 충족시키지 못하면 하위에 있는 욕구는 더욱 크게 증가하여, 하위욕구를 충족시키기 위해 훨씬 더 많은 노력이 필요하게 된다.

오답분석

① 심리학자 앨더퍼가 인간의 욕구에 대해 매슬로의 욕구 5단계설을 발전시켜 주장한 이론이다.

②·③ 존재욕구를 기본적 욕구로 정의하며, 관계욕구, 성장욕구로 계층화하였다.

19

정답 ④

사업 다각화는 무리하게 추진할 경우 수익성에 악영향을 줄 수 있다는 단점이 있다.

오답분석

① 지속적인 성장을 추구하여 미래 유망산업에 참여하고, 구성원에게 더 많은 기회를 줄 수 있다.

② 기업이 한 가지 사업만 영위하는 데 따르는 위험에 대비할 수 있다.

③ 보유자원 중 남는 자원을 활용하여 범위의 경제를 실현할 수 있다.

20

정답 ③

종단분석은 시간과 비용의 제약으로 인해 표본 규모가 작을수록 좋으며, 횡단분석은 집단의 특성 또는 차이를 분석해야 하므로 표본이 일정 규모 이상일수록 정확하다.

21

정답 ④

채권이자율이 시장이자율보다 높아지면 채권가격은 액면가보다 높은 가격에 거래된다. 단, 만기에 가까워질수록 채권가격이 하락하여 가격위험에 노출된다.

오답분석

①·②·③ 채권이자율이 시장이자율보다 낮은 할인채에 대한 설명이다.

22

정답 ④

물음표(Question Mark) 사업은 신규 사업 또는 현재 시장점유율은 낮으나, 향후 성장 가능성이 높은 사업이다. 기업 경영 결과에 따라 개(Dog) 사업 또는 스타(Star) 사업으로 바뀔 수 있다.

오답분석

① 스타(Star) 사업 : 성장 가능성과 시장점유율이 모두 높아서 계속 투자가 필요한 유망 사업이다.
② 현금젖소(Cash Cow) 사업 : 높은 시장점유율로 현금창출은 양호하나, 성장 가능성은 낮은 사업이다.
③ 개(Dog) 사업 : 성장 가능성과 시장점유율이 모두 낮아 철수가 필요한 사업이다.

23

정답 ②

테일러의 과학적 관리법에서는 작업에 사용하는 도구 등을 표준화하여 관리 비용을 낮추고 효율성을 높이는 것을 추구한다.

오답분석

① 과학적 관리법의 특징 중 표준화에 대한 설명이다.
③ 과학적 관리법의 특징 중 동기부여에 대한 설명이다.
④ 과학적 관리법의 특징 중 통제에 대한 설명이다.

24

정답 ⑤

Y이론은 구성원의 자유로운 참여를 기반으로 하는 인간관계론의 관점을 갖는다.

오답분석

①·②·③·④ 맥그리거의 X-Y이론 중 X이론은 지시와 통제를 기반으로 하는 전통적인 관리이론의 관점을 갖는다.

25

정답 ②

직무급은 직무의 특성에 따라 임금이 결정되는 것으로, 직무 수행주체는 임금에 아무런 영향이 없다.

오답분석

① 연공급은 근속연수에 따라 임금이 결정되기 때문에 근로자의 성과 등이 임금에 제대로 반영되지 못하는 문제점이 발생할 수 있다.
③ 직능급은 근속연수가 올라감에 따라 임금이 늘어나는 모습을 나타내는 것은 연공급과 비슷하나, 숙련도 향상을 전제로 한다는 점에서 차이가 있다.
④·⑤ 역할급과 성과급은 성과에 따른 임금체계로 볼 수 있다.

26

정답 ③

시장 조사법은 정성적 방법에 해당하는 것으로 소비자로부터 직접 수요에 관한 정보를 얻고자 하는 객관적인 방법이다.

27

정답 ③

이전에는 일정 규모 이상의 공기업도 대기업으로 분류하였으나, 2016년부터 제외되었다.

오답분석

①·②·④·⑤ 해당 기준에 해당하는 기업은 대기업으로 분류한다.

28

정답 ④

성공요인은 기업의 경영전략을 평가하고 이를 통해 정의하는 것으로 평가 관점에 해당하지 않는다.

> **균형성과평가제도(BSC; Balanced ScoreCard)**
> 조직의 목표 실현을 위해 기존 전략에 대해 재무, 고객, 업무프로세스, 학습 및 성장 관점으로 평가하고, 이를 통해 전략
> 목표 달성을 위한 성공요인을 정의하는 성과관리 시스템

29

정답 ⑤

[오답분석]
① 데이터베이스관리시스템은 데이터의 중복성을 최소화하면서 조직에서의 다양한 정보요구를 충족시킬 수 있도록 상호 관련된
   데이터를 모아놓은 데이터의 통합된 집합체이다.
② 전문가시스템은 특정 전문분야에서 전문가의 축적된 경험과 전문지식을 시스템화하여 의사결정을 지원하거나 자동화하는 정보
   시스템이다.
③ 전사적 자원관리시스템은 구매, 생산, 판매, 회계, 인사 등 기업의 모든 인적·물적 자원을 효율적으로 관리하여 기업의 경쟁력
   을 강화시켜주는 통합정보시스템이다.
④ 의사결정지원시스템은 경영관리자의 의사결정을 도와주는 시스템이다.

30

정답 ⑤

학습과 성장 관점에서는 기존의 재무 고객 프로세스 측면의 관점과 연관하여 조직의 현재 역량을 파악하고, 필요한 역량을 끌어올리
는 데 집중하여야 한다.

02　경제

01	02	03	04	05	06	07	08	09	10	11	12	13	14	15	16	17	18	19	20
⑤	②	①	④	④	②	④	④	⑤	①	④	③	③	④	④	③	①	③	④	②

21	22	23	24	25	26	27	28	29	30										
⑤	①	⑤	①	⑤	②	④	⑤	⑤	③										

01　정답 ⑤

가격탄력성이 1보다 크면 탄력적이라고 할 수 있다.

[오답분석]

①·② 수요의 가격탄력성은 가격의 변화에 따른 수요의 변화를 의미하는 것으로, 분모는 상품 가격의 변화량을 상품 가격으로 나눈 값이고, 분자는 수요량의 변화량을 수요량으로 나눈 값이다.

③ 대체재가 많을수록 해당 상품 가격 변동에 따른 수요의 변화는 더 크게 반응하게 된다.

02　정답 ②

GDP 디플레이터는 명목 GDP를 실질 GDP로 나누어 물가상승 수준을 예측할 수 있는 물가지수로, 국내에서 생산된 모든 재화와 서비스 가격을 반영한다. 따라서 GDP 디플레이터를 구하는 계산식은 (명목 GDP)÷(실질 GDP)×100이다.

03　정답 ①

한계소비성향은 소비의 증가분을 소득의 증가분으로 나눈 값으로, 소득이 1,000만 원 늘었을 때 현재 소비자들의 한계소비성향이 0.7이므로 소비는 700만 원이 늘었다고 할 수 있다. 따라서 소비의 변화폭은 700이다.

04　정답 ④

공급은 수요에 비해 가격변화에 대응하는 데 더 많은 시간이 소요되며 장기일수록 시설구축, 신규기업 진입 등 변수가 많아지기 때문에 가격 탄력성이 단기보다 더 크게 나타난다.

[오답분석]

① 가격탄력성은 1을 기준으로 1보다 크면 탄력적, 1보다 작으면 비탄력적이라고 한다.

② 수요곡선이 비탄력적이라는 것은 가격(Y축)이 크게 변동해도 수요(X축)의 변동폭이 작다는 의미이므로 기울기는 더 가파르게 나타난다.

③ 대체재가 존재하는 경우 가격변화에 대해 수요는 더 민감하게 반응하게 되므로 수요의 가격탄력성이 더 커지게 된다.

05　정답 ④

국내 총수요는 가계, 기업, 정부의 지출인 소비, 투자, 정부지출, 수출을 모두 더한 값에서 해외로부터의 수입분을 차감하여 계산한다.

06　정답 ②

최적생산량은 한계비용과 한계수입이 일치하는 지점에서 구할 수 있다. 한계비용과 한계수입은 각각 총비용과 총수입을 미분하여 구할 수 있으며, $50+Q^2$를 Q에 대하여 미분하면 $2Q$이고, $60Q-Q^2$를 Q에 대하여 미분하면 $60-2Q$이다. 따라서 $2Q=60-2Q$이므로 $Q=15$이다.

07

경제의 외부충격에 대비하기 위해 내수시장을 키우는 것은 바람직하나, 내수시장에 치우칠 경우 글로벌 경쟁력을 잃어 오히려 성장률이 둔화될 수 있다.

08

정답 ④

㉠ 환율이 상승하면 제품을 수입하기 위해 더 많은 원화를 필요로 하고, 이에 따라 수입이 감소하게 되므로 순수출이 증가한다.
㉡ 국내이자율이 높아지면 국내자산 투자수익률이 좋아져 해외로부터 자본유입이 확대되고, 이에 따라 환율은 하락한다.
㉢ 국내물가가 상승하면 상대적으로 가격이 저렴한 수입품에 대한 수요가 늘어나 환율은 상승한다.

09

정답 ⑤

독점적 경쟁시장은 광고, 서비스 등 비가격경쟁이 가격경쟁보다 더 활발히 진행된다.

10

정답 ①

케인스학파는 경기침체 시 정부가 적극적으로 개입하여 총수요의 증대를 이끌어야 한다고 주장하였다.

[오답분석]
② 고전학파의 거시경제론에 대한 설명이다.
③ 케인스학파의 거시경제론에 대한 설명이다.
④ 고전학파의 이분법에 대한 설명이다.
⑤ 케인스학파의 화폐중립성에 대한 설명이다.

11

정답 ④

[오답분석]
① 매몰비용의 오류 : 이미 투입한 비용과 노력 때문에 경제성이 없는 사업을 지속하여 손실을 키우는 것을 의미한다.
② 감각적 소비 : 제품을 구입할 때, 품질, 가격, 기능보다 디자인, 색상, 패션 등을 중시하는 소비 패턴을 의미힌다.
③ 보이지 않는 손 : 개인의 사적 영리활동이 사회 전체의 공적 이익을 증진시키는 것을 의미한다.
⑤ 희소성 : 사람들의 욕망에 비해 그 욕망을 충족시켜 주는 재화나 서비스가 부족한 현상을 의미한다.

12

정답 ③

• (실업률)＝(실업자)÷(경제활동인구)×100
• (경제활동인구)＝(취업자)＋(실업자)
∴ 5,000÷(20,000＋5,000)×100＝20%

13

정답 ③

(한계비용)＝(총비용 변화분)÷(생산량 변화분)
• 생산량이 50일 때 총비용 : 16(평균비용)×50(생산량)＝800
• 생산량이 100일 때 총비용 : 15(평균비용)×100(생산량)＝1,500
따라서 한계비용은 700÷50＝14이다.

14

A국은 노트북을 생산할 때 기회비용이 더 크기 때문에 TV 생산에 비교우위가 있고, B국은 TV를 생산할 때 기회비용이 더 크기 때문에 노트북 생산에 비교우위가 있다.

구분	노트북 1대	TV 1대
A국	TV 0.75	노트북 1.33
B국	TV 1.25	노트북 0.8

15

다이내믹 프라이싱의 단점은 소비자 후생이 감소해 소비자의 만족도가 낮아진다는 것이다. 이로 인해 기업이 소비자의 불만에 직면할 수 있다는 리스크가 발생한다.

16

ⓛ 빅맥 지수는 동질적으로 판매되는 상품의 가치는 동일하다는 가정하에 나라별 화폐로 해당 제품의 가격을 평가하여 구매력을 비교하는 것이다.

ⓒ 맥도날드의 대표적 햄버거인 빅맥 가격을 기준으로 한 이유는 전 세계에서 가장 동질적으로 판매되고 있기 때문이며, 이처럼 품질, 크기, 재료가 같은 물건이 세계 여러 나라에서 팔릴 때 나라별 물가를 비교하기 수월하다.

오답분석

ⓐ 빅맥 지수는 영국 경제지인 이코노미스트에서 최초로 고안하였다.

ⓔ 빅맥 지수에 사용하는 빅맥 가격은 제품 가격만 반영하고 서비스 가격은 포함하지 않기 때문에 나라별 환율에 대한 상대적 구매력 평가 외에 다른 목적으로 사용하기에는 측정값이 정확하지 않다.

17

확장적 통화정책은 국민소득을 증가시켜 이에 따른 보험료 인상 등 세수확대 요인으로 작용한다.

오답분석

② 이자율이 하락하고, 소비 및 투자가 증가한다.

③·④ 긴축적 통화정책이 미치는 영향이다.

18

토지, 설비 등이 부족하면 한계 생산가치가 떨어지기 때문에 노동자를 많이 고용하는 게 오히려 손해이다. 따라서 노동 수요곡선은 왼쪽으로 이동한다.

오답분석

① 노동 수요는 재화에 대한 수요가 아닌 재화를 생산하기 위해 파생되는 수요이다.

② 상품 가격이 상승하면 기업은 더 많은 제품을 생산하기 위해 노동자를 더 많이 고용한다.

④ 노동에 대한 인식이 긍정적으로 변화하면 노동시장에 더 많은 노동력이 공급된다.

19

정답 ④

S씨가 달리기를 선택할 경우 (기회비용)=1(순편익)+8(암묵적 기회비용)=9로 기회비용이 가장 작다.

오답분석
① 헬스를 선택할 경우
  (기회비용)=2(순편익)+8(암묵적 기회비용)=10
② 수영을 선택할 경우
  (기회비용)=5(순편익)+8(암묵적 기회비용)=13
③ 자전거를 선택할 경우
  (기회비용)=3(순편익)+7(암묵적 기회비용)=10

20

정답 ②

이자율 상승으로 요구불예금이 증가하면 시장에 있는 현금들이 예금 쪽으로 들어와서 민간 화폐보유성향이 낮아져 통화승수가 증가한다.

21

정답 ⑤

물가지수를 구할 때 상품에 대해 각각의 가중치를 부여한 후 합계를 내어 계산한다.

22

정답 ①

오답분석
② 새케인스학파는 비용인상 인플레이션을 긍정하였다.
③ 예상한 것보다 높은 인플레이션이 발생했을 경우에는 그만큼 실질이자율이 하락하게 되어, 채무자가 이득을 보고 채권자가 손해를 보게 된다.
④ 예상치 못한 인플레이션이 발생했을 경우 실질임금이 하락하므로 노동자는 불리해지며, 고정된 임금을 지급하는 기업은 유리해진다.
⑤ 예상하지 못한 인플레이션 발생의 불확실성이 커지면 단기계약이 활성화되고 장기계약이 위축된다.

23

정답 ⑤

슈타켈버그(Stackelberg) 모형에서는 두 기업 중 하나 또는 둘 모두가 '생산량'에 관해 추종자가 아닌 선도자의 역할을 한다.

24

정답 ①

임금이 일정수준 이상으로 상승으로 실질소득이 증가하여 여가는 늘리고 근로시간을 줄이려는 소득효과가 대체효과보다 커지면 노동공급은 감소한다. 임금이 상승함에 따라 여가의 기회비용이 증가하여 여가는 줄이고 근로시간을 늘리려는 대체효과가 소득효과보다 커지게 되면 노동공급이 증가하여 노동공급곡선은 정(+)의 기울기를 가지게 된다.

25

정답 ⑤

국내기업이 해외에 생산 공장을 건설하기 위해서는 해외에 필요한 자금을 가지고 나가야 하므로 외환에 대한 수요가 증가한다. 외환의 수요가 증가하면 환율이 상승하게 되므로 국내통화의 가치가 하락한다.

오답분석
①·④ 수입 가전제품에 대한 관세가 인상되고 해외여행에 대한 수요가 급감하면 외환 수요가 감소한다. 따라서 환율이 하락한다.
②·③ 외국 투자자들이 국내 주식을 매수하거나 기준금리가 인상이 되면 자본유입이 많아져서 외환의 공급이 증가하고, 이에 따라 환율이 하락한다.

26

정답 ②

사회후생의 극대화는 자원배분의 파레토효율성이 달성되는 효용가능경계와 사회무차별곡선이 접하는 점에서 이루어진다. 그러므로 파레토효율적인 자원배분하에서 항상 사회후생이 극대화되는 것은 아니며, 사회후생 극대화는 무수히 많은 파레토효율적인 점들 중의 한 점에서 달성된다.

27

정답 ④

오답분석

① 후생경제학 제1정리는 효율적 자원배분은 시장구조가 완전경쟁적인 경우에 달성될 수 있음을 보여준다.
② 후생경제학 제2정리는 효율적 자원배분은 정부가 초기부존자원을 적절히 재분배할 때 시장기구에 의해 달성될 수 있음을 보여준다.
③ 차선의 이론에 따르면 모든 효율성이 충족되지 못하는 상태에서 더 많은 효율성 조건이 충족된다고 해서 효율적인 자원배분을 보장할 수 없다.
⑤ 공리주의 주장에 따르면 사회후생함수(SW)는 각 개인의 효용의 합으로 나타난다. 즉, 사회가 2인(A와 B)으로 구성되고 각각의 효용을 U_A, U_B라 할 경우 사회후생함수(SW)는 $SW = U_A + U_B$로 표현된다.

28

정답 ⑤

오답분석

① 콥 - 더글라스 생산함수 $Q = AL^\alpha K^\beta$ 에서 $\alpha + \beta > 1$인 경우 규모에 대한 수익은 체증한다. 문제의 경우 1.5이므로 규모에 대한 수익 체증이다.
② 노동의 한계생산 $MP_L = \dfrac{\partial Q}{\partial L} = 0.5L^{-0.5}K$가 된다. 이때 노동을 늘릴수록 노동의 한계생산은 감소한다.
③ 자본의 한계생산 $MP_K = \dfrac{\partial Q}{\partial K} = L^{0.5}$ 가 된다. 이때, 노동을 늘릴수록 자본의 한계생산은 증가한다.
④ • 최적상태의 도출 : $\min C = wL + rK$, $s.t$ $L^{0.5}K = Q$

  • 비용극소화 조건 : $MRTS_{LK} = \dfrac{MP_L}{MP_K} = \dfrac{0.5L^{-0.5}K}{L^{0.5}} = \dfrac{K}{2L} = \dfrac{w}{r} \Rightarrow 2Lw = rK$

  따라서 노동과 자본의 단위당 가격이 동일하다면 $2L = K$이므로 자본투입량은 노동투입량의 2배가 된다.

29

정답 ⑤

펀더멘털(Fundamental)은 국가나 기업의 경제 상태를 가늠할 수 있는 기초경제여건이다. 대개 경제성장률, 물가상승률, 실업률, 경상수지 등 경제 상태를 표현하는 데 기초적인 자료가 되는 주요 거시경제지표가 이에 해당한다.

30

정답 ③

리카도 대등정리란 정부지출 수준이 일정할 때, 정부지출의 재원조달 방법(조세 또는 채권)의 변화는 민간의 경제활동에 아무 영향도 주지 못한다는 것을 보여주는 이론이다.
리카도 대등정리를 가정하기 위해서는 먼저 저축과 차입이 자유롭고 저축이자율과 차입이자율이 동일해야 한다. 또는 경제활동인구 증가율이 0%이어야 하고 합리적·미래지향적인 소비자이어야 하며, 마지막으로 정부지출 수준이 일정해야 한다.

01	02	03	04	05	06	07	08	09	10	11	12	13	14	15	16	17	18	19	20
③	④	③	②	④	②	②	④	①	②	②	②	②	①	②	③	②	④	④	③

21	22	23	24	25	26	27	28	29	30										
③	④	②	③	④	①	②	④	④	②										

01
정답 ③

현대에는 민주주의의 심화 및 분야별 전문 민간기관의 성장에 따라 정부 등 공식적 참여자보다 비공식적 참여자의 중요도가 높아지고 있다.

오답분석
① 의회와 지방자치단체는 정부, 사법부 등과 함께 대표적인 공식적 참여자에 해당된다.
② 정당과 NGO, 언론 등은 비공식적 참여자에 해당된다.
④ 사회적 의사결정에서 정부의 역할이 줄어들면 비공식적 참여자가 해당 역할을 대체하므로 중요도가 높아진다.

02
정답 ④

효율 증대에 따른 이윤 추구라는 경제적 결정이 중심인 기업경영의 의사결정에 비해, 정책문제는 사회효율 등 수단적 가치뿐만 아니라 형평성, 공정성 등 목적적 가치들도 고려가 필요하므로 고려사항이 더 많고 복잡하다는 특성을 갖는다.

03
정답 ③

회사모형은 사이어트와 마치가 주장한 의사결정 모형으로, 준독립적이고 느슨하게 연결되어 있는 조직들의 상호 타협을 통해 의사결정이 이루어진다고 설명한다.

오답분석
① 드로어는 최적모형에 따른 의사결정 모형을 제시했다.
② 합리적 결정과 점증적 결정이 누적 및 혼합되어 의사결정이 이루어진다고 본 것은 혼합탐사모형이다.
④ 정책결정 단계를 초정책결정 단계, 정책결정 단계, 후정책결정 단계로 구분하여 설명한 것은 최적모형이다.

04
정답 ②

ㄱ. 호혜조직의 1차적 수혜자는 조직 구성원이 맞으나, 은행, 유통업체는 사업조직에 해당되며, 노동조합, 전문가단체, 정당, 사교 클럽, 종교단체 등이 호혜조직에 해당된다.
ㄷ. 봉사조직의 1차적 수혜자는 이들과 접촉하는 일반적인 대중이다.

05
정답 ④

특수한 경우를 제외하고 일반적으로 해당 구성원 간 동일한 인사 및 보수 체계를 적용받는 구분은 직급이다.

06

실적주의에서는 개인의 역량, 자격에 따라 인사행정이 이루어지기 때문에 정치적 중립성 확보가 강조되지만, 엽관주의에서는 정치적 충성심 및 기여도에 따라 인사행정이 이루어지기 때문에 조직 수반에 대한 정치적 정합성이 더 강조된다.

오답분석

③ 공공조직에서 엽관주의적 인사가 이루어지는 경우 정치적 충성심에 따라 구성원이 변경되므로, 정치적 사건마다 조직 구성원들의 신분유지 여부에 변동성이 생겨 불안정해진다.

07

발생주의 회계는 거래가 발생한 기간에 기록하는 원칙으로, 영업활동 관련 기록과 현금 유출입이 일치하지 않지만, 수익 및 비용을 합리적으로 일치시킬 수 있다는 장점이 있다.

오답분석

①·③·④·⑤ 현금흐름 회계에 대한 설명이다.

08

ㄴ. X이론에서는 부정적인 인간관을 토대로 보상과 처벌, 권위적이고 강압적인 지도성을 경영전략으로 강조한다.
ㄹ. Y이론의 적용을 위한 대안으로 권한의 위임 및 분권화, 직무 확대, 업무수행능력의 자율적 평가, 목표 관리전략 활용, 참여적 관리 등을 제시하였다.

오답분석

ㄷ. Y이론에 따르면 인간은 긍정적이고 적극적인 존재이므로, 직접적 통제보다는 자율적 통제가 더 바람직한 경영전략이라고 보았다.

09

독립합의형 중앙인사기관의 위원들은 임기를 보장받으며, 각 정당의 추천인사나 초당적 인사로 구성되는 등 중립성을 유지하기 유리하다는 장점을 지닌다. 이로 인해 행정부 수반에 의하여 임명된 기관장 중심의 비독립단독형 인사기관에 비해 엽관주의 영향을 최소화하고, 실적 중심의 인사행정을 실현하기에 유리하다.

오답분석

② 비독립단독형 인사기관은 합의에 따른 의사결정 과정을 거치지 않으므로, 의견 불일치 시 조율을 하는 시간이 불필요하여 상대적으로 의사결정이 신속히 이루어진다.
③ 비독립단독형 인사기관은 기관장의 의사가 강하게 반영되는 만큼 책임소재가 분명한 데 비해, 독립합의형 인사기관은 다수의 합의에 따라 의사결정이 이루어지므로 책임소재가 불분명하다.
④ 독립합의형 인사기관의 개념에 대한 옳은 설명이다.

10

㉠ 정부가 시장에 대해 충분한 정보를 확보하는 데 실패함으로써 정보 비대칭에 따른 정부실패가 발생한다.
㉢ 정부행정은 단기적 이익을 중시하는 정치적 이해관계의 영향을 받아 사회에서 필요로 하는 바보다 단기적인 경향을 보인다. 이처럼 정치적 할인율이 사회적 할인율보다 높기 때문에 정부실패가 발생한다.

오답분석

㉡ 정부는 독점적인 역할을 수행하기 때문에 경쟁에 따른 개선효과가 미비하여 정부실패가 발생한다.
㉣ 정부의 공공재 공급은 사회적 무임승차를 유발하여 지속가능성을 저해하기 때문에 정부실패가 발생한다.

11

공익, 자유, 복지는 행정의 본질적 가치에 해당한다.

> **행정의 가치**
> • 본질적 가치(행정을 통해 실현하려는 궁극적인 가치) : 정의, 공익, 형평, 복지, 자유, 평등
> • 수단적 가치(본질적 가치 달성을 위한 수단적인 가치) : 합법성, 능률성, 민주성, 합리성, 효과성, 가외성, 생산성, 신뢰성, 투명성

12

영국의 대처주의와 미국의 레이거노믹스는 경쟁과 개방, 위임의 원칙을 강조하는 신공공관리론에 입각한 정치기조이다.

[오답분석]

① 뉴거버넌스는 시민 및 기업의 참여를 통한 공동생산을 지향하며, 민영화와 민간위탁을 통한 서비스의 공급은 뉴거버넌스가 제시되기 이전 거버넌스의 내용이다.

③ 뉴거버넌스는 정부가 사회의 문제해결을 주도하는 것이 아니라, 민간 주체들이 논의를 주도할 수 있도록 조력자의 역할을 하는 것을 추구한다.

④ 신공공관리론은 정부실패의 대안으로 등장하였으며, 작고 효율적인 시장지향적 정부를 추구한다.

13

네트워크를 통한 기기 간의 연결을 활용하지 않으므로 사물인터넷을 사용한 것이 아니다.

[오답분석]

① 스마트 팜을 통해 각종 센서를 기반으로 온도와 습도, 토양 등에 대한 정보를 정확하게 확인하고 필요한 영양분(물, 비료, 농약 등)을 시스템이 알아서 제공해 주는 것은 사물인터넷을 활용한 경우에 해당된다.

③ 커넥티드 카는 사물인터넷 기술을 통해 통신망에 연결된 차량으로, 가속기, 브레이크, 속도계, 주행 거리계, 바퀴 등에서 운행 데이터를 수집하여 운전자 행동과 차량 상태를 모두 모니터링할 수 있다.

14

ㄱ. 강임은 현재보다 낮은 직급으로 임명하는 것으로, 수직적 인사이동에 해당한다.

ㄴ. 승진은 직위가 높아지는 것으로, 수직적 인사이동에 해당한다.

[오답분석]

ㄷ. 전보는 동일 직급 내에서 다른 관직으로 이동하는 것으로, 수평적 인사이동에 해당한다.

ㄹ. 전직은 직렬을 변경하는 것으로, 수평적 인사이동에 해당한다.

15

국립공원 입장료는 2007년에 폐지되었다.

[오답분석]

ㄱ. 2023년 5월에 문화재보호법이 개정되면서 국가지정문화재 보유자 및 기관에 대해 정부 및 지방자치단체가 해당 비용을 지원할 수 있게 되어, 많은 문화재에 대한 관람료가 면제되었다. 그러나 이는 요금제가 폐지된 것이 아니라 법규상 유인책에 따라 감면된 것에 해당된다. 원론적으로 국가지정문화재의 소유자가 관람자로부터 관람료를 징수할 수 있음은 유효하기도 했다. 2023년 8월 새로운 개정을 통해 해당 법에서 칭하던 '국가지정문화재'가 '국가지정문화유산'으로 확대되었다.

16

• 행정의 본질적 가치 : 정의, 형평, 공익, 자유, 평등, 복지 등
• 행정의 수단적 가치 : 능률성, 민주성, 책임성, 효과성, 합리성 등

17

공공선택론에서는 시민을 공공재의 소비자, 정부를 공공의 공급자로 보고, 자원배분의 시장경제화를 통해 시민의 선택을 존중하는 방식으로 사회적 의사결정을 해야 한다고 주장한다.

18

신공공관리론은 시민 전체의 공익에 대한 대응보다 시민을 한 개인으로서의 요구로 보고 그에 대한 책임 및 대응을 강조한다.

19

여러 정책결정요인에서 도슨과 로빈슨은 사회경제적 요인이 정책적 의사결정의 핵심이라고 보았다.

정책결정요인론
• 참여경쟁모형 : 키와 록카드가 주장한 모형으로 정당 사이의 경쟁 등 정치적 요인이 정책에 영향을 준다고 주장하는 모형이다.
• 경제적 자원모형 : 도슨과 로빈슨이 주장한 모형으로 산업화, 소득 등의 사회경제적 요인이 정책에 영향을 준다고 주장하는 모형이다.
• 혼합모형 : 크누드와 맥크론이 주장한 모형으로 정치적 요인과 경제적 요인이 혼합하여 정책에 영향을 준다고 주장하는 모형이다.

20

ㄱ. 파머는 유기적 행정을 위해 행정조직의 구조가 유연해져야 한다고 주장하였다.
ㄷ. 담론이론에서 행정은 시민들이 민주적으로 참여하고 토론하는 공간이 되어야 한다고 주장하였다.

[오답분석]
ㄴ. 파머는 타인을 자신과 동등한 주체로 인식하는 것을 바탕으로 개방적이고 반권위적 시민참여행정을 강조하였다.

21

[오답분석]
① 각하재결 : 청구사건에 대한 요건심리 결과 심판청구 요건을 갖추지 못하여 부적법하기 때문에 본안에 대한 심리를 거절하는 재결이다.
② 인용재결 : 청구사건에 대한 심리결과 심판청구가 이유있고, 당초의 처분이나 부작위가 위법 또는 부당하다고 인정하여 청구인의 주장을 받아들이는 내용의 재결이다.
④ 부작위 : 행정청이 당사자의 신청에 대하여 상당한 기간 내에 일정한 처분을 하여야 할 법률상 의무가 있음에도 하지 않은 것을 의미한다.

22

윌슨의 정치행정이원론에 따르면 행정의 비정치성이란 행정은 정치적 이념 혹은 집안이나 특정 개인의 선호도를 고려하지 않고 중립적으로 이루어져야 한다는 것을 의미한다. 법과 규제에 기반을 두어야 한다는 것은 행정의 규범성에 대한 내용이다.

23

정답 ②

오답분석

ㄱ. 예산총계주의 원칙은 회계연도의 모든 수입은 세입으로, 모든 지출은 세출로 해야 하는 원칙이다. 하지만 자치단체의 행정목적 달성, 공익상 필요에 의하여 재산을 보유하거나 특정 자금의 운용을 위한 기금 운영, 기타 손실부담금 및 계약보증금 등의 사무관리상 필요에 의하여 자치단체가 일시 보관하는 경비 등의 예외사항이 있다.

ㄷ. 회계연도 독립의 원칙이란 각 회계연도의 경비는 당해의 세입으로 충당해야 하며, 매 회계연도의 세출예산은 다음 해에 사용할 수 없다는 원칙이다. 하지만 계속비 외에 예산의 이월, 세계잉여금의 세입이입, 과년도 수입 및 지출 등의 예외사항이 있다.

24

정답 ③

㉠ 직급 : 직무의 종류, 곤란도, 책임의 정도가 상당히 유사한 직위의 무리
㉡ 직렬 : 직무의 종류가 유사하고 그 책임과 곤란성의 정도가 서로 다른 직급의 무리

오답분석

- 직군 : 직업 분류에 있어서 직무의 성질이 유사한 직렬을 광범위하게 모아놓은 무리(직위분류제의 구조를 이루는 단위 중 가장 큰 단위이다)
- 직류 : 동일한 직렬 내에서의 담당분야가 동일한 직무의 군

25

정답 ④

위탁집행형 준정부기관은 준정부기관 중 기금관리형이 아닌 기관으로 도로교통공단, 건강보험심사평가원, 국민건강보험공단 등이 있다.

오답분석

① 정부기업은 형태상 일반부처와 동일한 형태를 띠는 공기업이다.
② 지방공기업의 경우 지방공기업법의 적용을 받는다.
③ 직원 정원이 300명, 총수입액 200억, 자산규모 30억 이상이면서, 총수입 중 자체수입액이 50% 미만인 것은 준정부기관으로 정한다.
⑤ 일반적으로 공기업은 정부조직에 비해 인사 및 조직운영에 많은 자율권이 부여된다.

26

정답 ①

책임운영기관은 대통령령으로 설치한다.

> **책임운영기관의 설치(책임운영기관의 설치 및 해제 운영에 관한 법률 제4조)**
> ① 책임운영기관은 그 사무가 다음 각호의 기준 중 어느 하나에 맞는 경우에 대통령령으로 설치한다.
>   1. 기관의 주된 사무가 사업적·집행적 성질의 행정서비스를 제공하는 업무로서 성과 측정기준을 개발하여 성과를 측정할 수 있는 사무
>   2. 기관 운영에 필요한 재정수입의 전부 또는 일부를 자체 확보할 수 있는 사무

27

정답 ②

규제피라미드는 규제가 규제를 낳은 결과 피규제자의 규제 부담이 점점 증가하는 현상이다.

오답분석

①·③·④·⑤ 모두 규제의 역설에 대한 설명이다.

28

역사학적 신제도주의는 각국에서 채택된 정책의 상이성과 효과를 역사적으로 형성된 제도에서 찾으려는 접근방법을 말한다.

오답분석

① 행태론은 인간을 사물과 같은 존재로 인식하기 때문에 인간의 자유와 존엄을 강조하기 보다는 인간을 수단적 존재로 인식한다.

② 자연현상과 사회현상을 동일시하여 자연과학적인 논리실증주의를 강조한 것은 행태론적 연구의 특성이다.

③ 행태주의를 비판하며 나타난 후기 행태주의의 입장이다.

⑤ 행태주의는 객관적인 사실에 입각한 일반법칙적인 연구에만 몰두한 보수적인 이론이며, 제도변화와 개혁을 지향하지 않는다.

행태론과 신제도론의 비교

비교	행태론	신제도론
차이점	방법론적 개체주의, 미시주의	거시와 미시의 연계
	제도의 종속변수성 (제도는 개인행태의 단순한 집합)	제도의 독립변수성 (제도와 같은 집합적 선호가 개인의 선택에 영향을 줌)
	정태적	동태적(제도의 사회적 맥락과 영속성 강조)

29

ㄴ. 국가재정법 제17조에는 "한 회계연도의 모든 수입을 세입으로 하고, 모든 지출은 세출로 한다."라는 내용이 명시되어 있다.

ㄷ. 지방재정법 제34조 제3항에 따르면 해당 경우는 적용 예외사항으로 규정되어 있다.

오답분석

ㄱ. 예산총계주의는 세입과 세출에 대해 누락 없이 예산에 계상해야 한다는 완전성에 대한 원칙이다. ㄱ은 명료성의 원칙에 대한 설명이다.

30

건축물의 설계도처럼 조직의 정보화 환경을 정확히 묘사한 밑그림으로서 조직의 비전, 전략, 업무, 정보기술 간 관계에 대한 현재와 목표를 문서화 한 것은 정보기술아키텍처이다.

오답분석

① 블록체인 네트워크 : 가상화폐를 거래할 때 해킹을 막기 위한 기술망으로 출발한 개념이며, 블록에 데이터를 담아 체인 형태로 연결, 수많은 컴퓨터에 동시에 이를 복제해 저장하는 분산형 데이터 저장 기술을 말한다.

③ 제3의 플랫폼 : 전통적인 ICT 산업인 제2플랫폼(서버, 스토리지)과 대비되는 모바일, 빅데이터, 클라우드, 소셜네트워크 등으로 구성된 새로운 플랫폼을 말한다.

④ 클라우드 - 클라이언트 아키텍처 : 인터넷에 자료를 저장해 두고, 사용자가 필요한 자료 등을 자신의 컴퓨터에 설치하지 않고도 인터넷 접속을 통해 언제나 이용할 수 있는 서비스를 말한다.

⑤ 스마트워크센터 : 공무용 원격 근무 시설로 여러 정보통신기기를 갖추고 있어 사무실로 출근하지 않아도 되는 유연근무시스템 중 하나를 말한다.

그대의 자질은 아름답다.

– 세종대왕 –

PART 1
경영

핵심 키워드와 더불어
Add 키워드와
기출 유형 맛보기까지

한권으로
끝내는
공기업
전공 기출
키워드

경영 경제 행정

001 가치사슬 ★☆☆

기업에서 경쟁전략을 세우고자 스스로의 지위를 파악하고 이를 발전시킬 수 있는 지점을 찾기 위해 사용하는 모형

1985년 미국의 마이클 포터(Michael E. Porter)가 모델로 정립한 이후, 일반적으로 활용되고 있는 이론이다. 조직에서 수행하는 활동은 주 활동(Primary Activity)과 지원활동(Support Activity)으로 구분할 수 있다.

① 주 활동 : 제품의 생산이나 마케팅, 판매와 서비스 같은 현장활동이다. 부가가치를 직접 창출하는 역할을 맡는다.
② 지원활동 : 구매, 기술개발, 인사, 재무, 기획 등 현장 활동을 지원하는 업무이다. 부가가치가 창출될 수 있도록 간접적인 역할을 맡는다.

이를 통하여 가치활동 각 단계에서 부가가치 창출과 연관된 핵심활동이 무엇인가를 정의할 수 있다. 뿐만 아니라 각 단계 및 핵심활동들의 장점이나 단점 및 차별화 요인을 분석하고, 나아가 활동단계별 원가동인을 분석하여 경쟁우위 구축을 위한 도구로 활용할 수 있다.

기출 유형 맛보기

01 다음 중 마이클 포터(Michael E. Porter)가 제시한 산업구조 분석의 요소로 옳지 않은 것은?

① 가치사슬 활동
② 대체품의 위협
③ 공급자의 교섭력
④ 구매자의 교섭력
⑤ 기존 기업 간의 경쟁

---

01 정답 ①

마이클 포터(Michael E. Porter)는 산업과 경쟁을 결정짓는 5가지 모델(Five-forces Model)을 제시하였다. 이는 궁극적으로 산업의 수익 잠재력에 영향을 주는 주요 경제·기술적 세력을 분석하는 것으로 신규진입자(잠재적 경쟁자)의 위협, 공급자의 교섭력, 구매자의 교섭력, 대체품의 위협 및 기존 기업 간의 경쟁이 그 요소이다. 5가지 요소의 힘이 강할 때는 위협(Threat)이 되고, 약하면 기회(Opportunity)가 된다.

002 간트 도표 ★☆☆

제 1차 세계대전 중 프랭크포드의 병기창의 고문이었던 간트(H.L. Gantt) 기사가 병기제조를 계획하고 관리하려는 목적으로 만들어낸 도표

어떤 과업을 단위활동별로 계획 기간을 막대그림표의 가로로 그리고 진행과정에 따라 그 실적을 표시함으로써 단위 활동별로 추진상황을 잘 파악할 수 있도록 해 준다.

간트 도표의 장점은 다음과 같다.

① 계획과 실적을 비교할 수 있다.
② 쉽고 읽기 편하다.
③ 시간의 경과를 육안으로 볼 수 있어, 낭비를 줄일 수 있다.

반대로 단점은 아래와 같이 설명이 가능하다.

① 막대그래프로 나타내는 활동 간의 상호 의존성을 알 수 없다.
② 현상유지적 척도는 계획의 역동성과 변화성을 반영하기 어렵다.
③ 시간 추정에서 불확실성, 또는 공차를 나타낼 수 없다.
④ 새로운 과정보다는 반복적이고 정의가 잘 된 때에 적용이 용이하다는 제한점이 있다.

기출 유형 맛보기

01 다음 중 간트 도표에 대한 설명으로 옳지 않은 것은?

① 사용이 간편하고 비용이 적게 든다.
② 작업의 성과를 작업장별로 파악할 수 있다.
③ 계획과 결과를 명확하게 파악할 수 있다.
④ 작업활동 상호 간에 유기적인 관련성을 파악하기 쉽다.
⑤ 시간의 경과를 육안으로 볼 수 있다.

---

01 **정답** ④
간트 도표는 막대그래프로 나타내는 활동 간의 상호 의존성을 알 수 없기 때문에 유기적인 관련성을 파악하기 어렵다.

003 경영자 ★☆☆

기업경영에 관하여 가장 만족스러운 결정을 내리고, 경영활동의 전체적인 수행을 지휘·감독하는 사람이나 또는 기관

Add

- **소유경영자** : 소유와 경영이 분리가 되지 않은 상태, 즉 회사 설립자를 말한다.
- **전문경영자** : 소유와 경영이 완전히 분리되고 기업경영을 전문적인 경영능력을 지닌 전문경영자에게 위임했을 때의 경영자이다. 설립자가 전문가일 수도 있고 고용한 사람이 전문가일 수도 있다.
- **고용경영자(＝수탁경영자)** : 일을 위탁받아 고용된 경영자를 말한다.
- **최고경영자** : 경영자들 중 가장 높은 지위를 가진 사람이다(주로 설립자인 경우가 많다).

기출 유형 맛보기

01 다음 중 기업의 성과에 영향을 주는 기업 외부환경으로 옳지 않은 것은?

① 사회문화
② 경제정책
③ 법률
④ 최고경영자
⑤ 정치

02 다음 중 전문경영자에 대한 설명으로 옳지 않은 것은?

① 상대적으로 강력한 리더십을 발휘할 수 있다.
② 소유와 경영의 분리로 계속기업이 가능하다.
③ 자신의 이해관계를 주주의 이해관계보다 더 중시할 수 있다.
④ 재직기간 동안의 단기적 이익 창출만을 중시할 수 있다.
⑤ 지배구조의 투명성을 확보할 수 있다.

---

01 정답 ④

최고경영자는 회사의 내부 환경에 해당한다.

오답분석

①·②·③·⑤ 기업의 외부환경이란 기업 외부에 존재하면서 기업에 영향을 미치는 것으로 사회문화, 법률, 경제정책, 정치 등이 된다.

02 정답 ①

기업의 지배권을 가진 소유경영자가 전문경영자에 비해 상대적으로 더 강력한 리더십을 발휘할 수 있다.
주식회사의 대형화와 복잡화에 따라 조직의 경영을 위한 전문지식과 기술을 가진 전문경영자를 고용하여 기업의 운영을 전담시키게 된다. 전문경영자의 장점은 합리적 의사결정이 가능, 기업문화와 조직 혁신에 유리, 지배구조의 투명성 등이 있으며, 단점으로는 책임에 대한 한계, 느린 의사결정, 단기적인 이익에 집착, 대리인 문제의 발생이 있다.

004 경영정보시스템 ★☆☆

기업에서 의사결정의 유효성을 높이고자 정보를 대량으로 수집하고 전달, 처리할 수 있도록
만들어진 인간과 컴퓨터 간의 결합 시스템

기업 경영 정보를 총괄하는 시스템으로, 이윤을 창출하고자 다양한 유형의 하위시스템을 효율
적으로 운영하고 관리한다. 크게 운영지원시스템(Operations Support Systems)과 관리지원
시스템(Management Support Systems)으로 분류할 수 있다.

기출 유형 맛보기

01 다음 중 경영정보시스템의 분석 및 설계 과정에서 수행하는 작업이 아닌 것은?

① 입력 자료의 내용, 양식, 형태, 분량 분석
② 출력물의 양식, 내용, 분량, 출력주기 정의
③ 시스템 테스트를 위한 데이터 준비, 시스템 수정
④ 자료가 출력되기 위해 필요한 수식연산, 비교연산, 논리연산 설계
⑤ 정보시스템 해결책의 명세서 제공

---

01 정답 ③

③은 시스템 검사 및 유지보수 단계에서 수행하는 작업으로 분석 및 설계 과정에서 행해지는 작업과는 거리가 있다. 시스템
개발의 핵심 활동들을 좀 더 구체적으로 살펴보면 다음과 같다.

경영정보시스템 개발 프로세스의 핵심활동

구분	핵심활동
시스템분석 (Systems Analysis)	기존 시스템의 문제점을 분석하여 발견된 문제점을 해소하기 위한 해결책에 요구되는 사항들을 정의하는 단계이다.
시스템설계(System Design)	기술적, 조직적 구성요소들의 결합방법을 보여주는 정보시스템 해결책의 명세서를 제 공하는 단계이다.
프로그래밍(Programming)	단계를 거치면서 설계 단계에서 만들어진 시스템 명세서는 소프트웨어 프로그램 코드 로 전환하는 단계이다.
검사(Testing)	시스템이 올바른 결과를 산출하는지 확인하는 단계로 단위검사(Unit Testing), 시스템 검사(System Testing), 인수검사(Acceptance Testing)로 구분된다.
전환(Conversion)	기존 시스템에서 새로운 시스템으로 변환하는 단계이다.
가동(Production)	새로운 시스템이 설치되고 전환이 마무리된 후 운영되는 단계이다.
유지보수(Maintenance)	시스템의 오류 발견 및 수정, 요구사항 부합 여부 판단, 처리의 효율성 향상 등을 위해 하드웨어, 소프트웨어, 문서 그리고 절차 등을 변경하는 단계이다.

005 경영다각화 ★☆☆

기업의 경영활동을 여러 가지 분야로 넓히는 일

기업의 성장정책이나 혹은 확장정책의 하나로서 새로운 능력을 개발하거나 현재의 능력을 더욱 강화하기 위해서 새로운 분야로 진출하는 것을 말한다.

이러한 경영다각화는 제품에 대한 기술의 공통성 유무 및 고객의 유형에 따라 다음과 같이 나누어진다.

① 수평적(Horizontal) 다각화
② 수직적 종합화(Vertical Integration)
③ 집중형 또는 동심형(Concentric) 다각화
④ 복합기업형(Conglomerate) 다각화

> **Add**
>
> **분사경영** : 하나의 대기업을 몇 개의 소규모 기업으로 나누어 경영하는 일이다. 일반적으로 대기업 구조조정 시 주변 사업부문을 정리하는 과정에서 주로 활용된 기법이다. 보통 대기업의 주변 사업 부문을 임직원들에게 맡겨 독립법인화하는 분사경영은 기존 사업 입장에서는 정리해고라는 극단적 인 방법을 쓰지 않고도 몸집을 줄일 수 있고, 분사기업 입장에서는 자립할 수 있는 물량과 지원을 확보할 수 있다.

기출 유형 맛보기

01 다음 중 동종 또는 유사업종의 기업들이 법적, 경제적 독립성을 유지하면서 협정을 통해 수평적으로 결합하는 형태는?

① 지주회사(Holding Company)
② 카르텔(Cartel)
③ 콘글로메리트(Conglomerate)
④ 트러스트(Trust)
⑤ 조인트 벤처(Joint Venture)

---

01 정답 ②

오답분석

① 지주회사(Holding Company) : 다른 회사의 주식을 소유하여 사업활동을 주된 사업으로 지배하는 회사이다.
③ 콘글로메리트(Conglomerate) : 복합기업, 다종기업이라고도 하며, 서로 업종이 다른 이종기업 간의 결합에 의한 기업 형태이다.
④ 트러스트(Trust) : 같은 업종의 기업들이 서로 경쟁을 피하고자 자본의 결합을 축으로 한 독점적 기업결합이다.
⑤ 조인트 벤처(Joint Venture) : 둘 이상의 당사자가 공동지배의 대상이 되는 경제활동을 수행하기 위해 만든 계약구성 체이다.

006 고정비율 ★☆☆

고정자산을 자기자본으로 나눈 비율로 자본의 유동성을 나타내는 지표

기업의 안정성 측정을 위해 이용하는 고정자산의 자기자본에 대한 비율이다. 고정자산은 환금할 수 없고 또 여기에 투자한 자산의 회수(감가상각)도 기간이 오래 걸리기 때문에 가급적 자기자본으로 조달하고 타인자본에 의존하지 않는 것이 바람직하다.

즉, 이 비율은 100% 이하가 일반적이며, 비율이 낮을수록 안정적인 회사라고 할 수 있다. 장기적으로 기업 지급능력을 알기 위해서는 자기 자본이 얼마나 고정 자산에 투입되어 있는가를 알 필요가 있다. 고정비율이 100% 이하가 되면 고정자산은 자기자본으로 충당한 것이 되며 잔여분은 운전자본으로 활용되어 지급능력을 강화할 때 기여한다는 것을 알 수 있다.

$$(고정비율) = (고정자산)/(자기자본) \times 100\%$$

기출 유형 맛보기

01 다음 글에서 설명하는 용어는?

> 기업의 재무유동성과 장기지급능력을 판단하는 데 사용되는 정태비율을 의미하며 레버리지 비율(Leverage Ratios)이라고도 부른다.

① 안정성비율 　　　　　　② 수익성비율
③ 성장성비율 　　　　　　④ 활동성비율
⑤ 유동성비율

01 　정답　①

안정성비율은 기업의 장기지급능력을 측정하는 데 사용되는 비율로 레버리지 비율이라고도 부른다. 유동비율, 부채비율, 고정비율, 이자보상비율 등이 포함된다.

007 구매 후 부조화 ★☆☆

소비자가 제품을 구매한 이후, 제품에 대한 호불호를 느끼기 전에 구매를 한 스스로의 선택에서 느끼는 불안감

소비자들은 이를 해소시키기 위해 스스로 관련 정보를 찾거나 자신의 구매 행위에 대해 정당성을 부여하고 합리화하려는 경향을 보인다. 구매 후 부조화가 발생하는 상황은 다음과 같이 나누어 볼 수 있다.

① 구매한 제품에 대하여 관여도가 높을 때
② 마음에 드는 대안들이 다수일 때
③ 구매 결정을 취소할 수 없을 때
④ 선택한 대안이 갖지 않은 장점을 선택하지 않은 대안이 가지고 있을 때

> **Add**
>
> **인지적 부조화** : 자신이 생각하는 것과 실제로 보는 것 사이의 불일치가 일관적이지 않을 때 생기는 부조화이다.

기출 유형 맛보기

01 다음 중 제품구매시점에서 소비자들이 느끼는 제품구매결과에 앞서 구매를 한 자신의 선택을 불안해하는 행동은 무엇인가?

① 투기적 위험　　　　　　　　　　② 지각된 결과
③ 인지적 관여도　　　　　　　　　④ 구매 후 부조화
⑤ 인지적 부조화

---

01 **정답** ④

제품 구매 후 결과에 앞서 자신의 선택에 불안감을 느끼는 것을 구매 후 부조화라고 한다.

008 구조조정 ★☆☆

기업이 가진 기존 구조의 기능과 효율성을 높이기 위해 실시하는 개혁 작업

주로 사업구조조정 또는 기업구조조정이라고 말하기도 한다. 외부 환경변화와 내부 환경변화에 효율적으로 대응하여 신규 사업 진출, 중복사업의 통폐합 및 축소를 행함으로써 경쟁력 있는 사업구조로 사업을 다시 구축하고 장기적으로는 시장에서 경쟁력 우위를 확보할 수 있는 과정을 말한다.

기출 유형 맛보기

01 다음은 우리나라 대기업과 중소기업에 대한 신문 보도 제목들이다. 〈보기〉 중 이에 대한 설명으로 옳은 것을 모두 고르면?

- A마트와 B마트 잇따라 물류센터 확대, 도매상권 잠식 우려
- 하도급 중소업체 기술 뺏고 보복하면 최대 5억 과징금
- 대기업에 쏠린 금융자원, 중소기업 배분 구조로 바꿔야
- 대기업은 구조조정, 중소기업은 인력난

〈 보기 〉

가. 대기업이 분사(分社)를 통해 사실상의 자회사를 만들어 중소기업 영역에서 직접 운영하는 경우, 경제력이 분산되어 사회적 폐해가 줄어든다.
나. 하도급계약 불이행은 대표적 불공정거래의 하나이고, 이로 인해 중소기업의 경영난이 가중된다.
다. 중소기업 위주의 경제정책은 부작용과 경제적 불균형을 초래할 수 있다.
라. 대기업에 비하여 우리나라 중소기업 경쟁력이 저하된 중요한 이유 중 하나는 중소기업에 대한 사회의 경시풍조이다.

① 가, 나   ② 가, 다
③ 나, 다   ④ 나, 라
⑤ 다, 라

---

01 정답 ④

오답분석

가. 대기업이 분사(分社)를 통해 사실상의 자회사를 만들어 중소기업 영역에서 직접 운영하는 경우, 상대적으로 경쟁력이 약한 중소기업이 피해를 보게 된다.
다. 대기업 위주의 경제정책은 부작용과 경제적 불균형을 초래할 수 있으므로 중소기업 육성정책이 지속적으로 확대되어야 한다.

009 구조화금융 ★☆☆

주식, 채권, 환율 등 기초자산에 파생상품을 도입하거나, 특별한 목적을 가진 회사를 설립하여 기초자산을 유동화하는 것

자금조달과 운용, 리스크관리를 위해 발행자 또는 자산의 소유자가 기존의 금융상품으로 원하는 목적을 달성할 수 없을 경우에 금융상품들을 다양한 방법으로 구조화하는 금융공학기법을 말한다. 구조화금융의 대표적인 예시는 아래와 같다.

① 유동화 증권

부동산, 매출채권 등 담보가치는 있지만 유동성이 낮은 자산을 유동성이 큰 자산으로 전환시키는 증권이다. 유동화 자산에서 나오는 현금흐름이 투자자들에게는 수익이 되며, 발행자 측면에서는 유동화 증권 발행을 통해 자금 조달원을 다양화할 수 있다.

② 파생결합증권

기초자산의 가격, 이자율, 지표, 단위 또는 이를 기초로 만들어진 지수와 연계하여 미리 정해진 방법에 따라 지급금액이 정해지는 증권이다. 대표적인 예시로는 주가연계증권, 물가지수연계채권 등이 있다.

기출 유형 맛보기

01 다음 〈보기〉 중 기업의 현금유입에 해당하는 현금흐름을 모두 고르면?

〈 보기 〉
가. 대여금이자 수취	나. 유가증권의 판매
다. 투자자산의 처분	라. 임금의 지급
마. 법인세 납부	바. 유상감자

① 가, 나, 다
② 가, 다, 바
③ 나, 다, 라
④ 다, 라, 마
⑤ 라, 마, 바

---

01 정답 ①

대여금이자 수취, 유가증권의 판매, 투자자산의 처분이 현금유입에 해당한다. 나머지 항목은 현금유출에 해당한다.

오답분석

라·바·마. 현금유출에 해당한다.

010 균형성과표(BSC; Balanced Score Card) ★★☆

한국철도공사,부산교통공사

조직의 경영목표를 각 사업 부문과 개인의 성과측정지표로 재구성하여 전략적 실행을 최적화하는 경영관리기법

어떤 조직을 평가할 때 재무적 수치 위주로 평가를 내렸던 전통적인 성과 평가 시스템의 단점을 보완하고, 조직의 임무를 근거로 한 전략이나 성과 등으로 지표를 다양화하여 이를 종합적, 장기적, 체계적으로 수립하여 관리하는 새로운 성과 평가 시스템이다. 균형성과표는 계속해서 발전하여 현재는 전략을 지속 가능한 프로세스로 만드는 도구로 사용되고 있다.

기출 유형 맛보기

01 다음 중 균형성과표(BSC)의 4가지 성과측정 관점으로 옳지 않은 것은?

① 재무관점
② 고객관점
③ 공급자관점
④ 학습 및 성장관점
⑤ 내부 프로세스관점

---

01 정답 ③

균형성과표(BSC)는 재무관점, 고객관점, 내부 프로세스관점, 학습 및 성장관점 등의 4가지로 성과를 측정한다.

011 균형이론 ★★☆

경제체계는 전체적인 면에서 조화를 유지하고 각각의 변수 또한 서로 관련이 있다는 이론

복잡한 상호의존 관계를 나타내는 경제현상에서 어떤 균형상태를 연구하는 경제학의 이론이다. 일반균형이론과 부분균형이론이 있다.

① 일반균형이론

왈라스(L. Walras)에 의해 이론화되었으며 개인이나 기업체 등의 경제주체가 각각 효용극대화(개인은 효용극대화, 기업은 이윤극대화) 행동을 하면 생산물 및 생산요소의 수요와 공급이 일치되는 조건을 전제로 모든 경제변수의 값이 같은 형식으로 정해진다는 것이다.

② 부분균형이론

각각의 생산물이나 생산 요소의 균형에 주목한다는 내용이다.

기출 유형 맛보기

01 다음 글에서 설명하는 용어는?

> 전환배치 시 해당 종업원의 '능력(적성) – 직무 – 시간'이라는 세 가지 측면을 모두 고려하여, 해당 직무 수행에 적합한 인재를 배치시켜야 한다는 원칙

① 연공주의   ② 균형주의
③ 적재·적소주의   ④ 인재육성주의
⑤ 능력주의

---

01 정답 ③

오답분석
① 연공주의 : 근무경력에 의해 승진의 우선권을 부여하는 방식
② 균형주의 : 개인별 직무 적합성의 극대화보다 개인, 직무간의 연결의 합이 조직 전체적으로 볼 때 조직력 증가, 협동 시스템 구축, 나아가 종업원의 전체 사기의 증가를 중요시하는 원칙
④ 인재육성주의 : 성장욕구, 직무 간의 적합성을 극대화시켜 자기 성장욕구 및 자기 실현욕구가 충족될 수 있도록 해야 한다는 원칙
⑤ 능력주의 : 승진·보수 등에 관하여 능력에 의한 평가를 준거(準據)로 하며, 능력 있는 자는 보다 빨리 승진시키고 보다 많은 보수를 지급하는 원칙

012 관대화 경향 ★☆☆

평정자가 자신과 가까운 사람에게 관대한 평점을 주게 되는 경향

관대화 경향은 평정자가 부하 직원과의 비공식적 유대 관계의 유지를 원하는 경우 등에 나타난다. 직속 상관인 평정자는 자기 직원들에 대해 근무성적을 평가할 때 후한 평점을 주려는 경향이 나타난다. 이러한 현상은 상관이 평소에 부하직원들과 직장생활을 함께하며 쌓였던 깊은 동료애가 작용하기도 하고, 부하 직원들로부터 밉게 보이지 않으려는 데서 비롯되기도 한다. 그밖에도 주어진 특성에 대하여 평정의 자신이 없을 때 더욱 두드러지게 나타날 수 있다. 평정자가 관대화 경향으로부터 벗어나지 못하고 '관대의 오류'를 범할 경우, 그 평정의 결과는 신뢰도와 타당도가 매우 낮아질 수밖에 없다.

한편 이와는 반대로 평정할 때마다 낮은 점수만을 주고자 하는 성향을 지닌 평정자가 있다. 그 또한 오류를 범하기 쉬운데, 이를 인색의 오류(Error of Severity)라고 부른다.

기출 유형 맛보기

01 다음 중 평가과정에 있어 발생되는 오류에 대한 설명으로 옳지 않은 것은?

① 후광효과 : 어떤 대상이나 사람에 대한 일반적인 견해가 그 대상이나 사람의 구체적인 특성을 평가하는 데 영향을 미치는 현상

② 관대화 경향 : 근무성적평정 등에서 평정 결과의 분포가 우수한 쪽에 집중되는 경향

③ 중심화 경향 : 아주 좋거나 나쁜 점수를 주지 않고 중간점수를 주는 경향

④ 스테레오타입 : 하나의 영역에서 좋은 점수를 보이면 다른 영역도 잘 할 것이라고 판단하는 경향

⑤ 상동적 태도 : 어떤 사람을 하나의 독특한 특징만으로 평가하는 태도

---

01 정답 ④

스테레오타입이란 고정관념, 즉 어떤 특정한 대상이나 집단에 대하여 많은 사람이 공통으로 가지는 비교적 고정된 견해와 사고를 말한다.

013 광고효과 ★☆☆

기업이 광고를 통해 얻을 수 있는 효과나 목적의 달성된 정도

일반적으로 광고를 하는 이유는 기업의 상품에 대한 지식을 알리는 것이다. 뿐만 아니라 상품에 대한 인지도를 높이고 이는 결국 상품의 구매로까지 이어지게 하려는 목적을 지닌다. 광고를 통해 기업은 자신의 회사 제품에 대한 우수성을 강조하고 타 기업과는 차별점이 있다는 것을 강조하며 선발주자보다는 후발주자 기업들에게 훨씬 큰 효과를 가져다준다. 기존의 시장을 파고들기 위한 수단으로서 광고를 주요 무기로 동원하는 것이다.

광고효과는 크게 세 가지로 나뉜다.

① 어느 정도 광고에 접하였는가 하는 접촉효과
② 고객의 마음에 어느 정도 인상을 심어주었는가 하는 등의 심리효과
③ 구매행동을 실제로 일으켰는가 하는 구매행동효과

기출 유형 맛보기

01 다음 중 영화나 드라마 상에 특정한 상품을 노출시키거나 사용상황을 보여줌으로써 광고 효과를 도모하는 광고기법은?

① POP(Point Of Purchase)
② PPL(Product PLacement)
③ POS(Point Of Sale)
④ WOM(Word Of Mouth marketing)
⑤ IMC(Integrated Marketing Communication)

---

01 정답 ②

오답분석
① POP(Point Of Purchase) : 제품 판매전략의 하나로, 구매(판매)가 실제 발생하는 장소에서의 광고를 말한다.

014 권력의 원천 ★☆☆

타인 또는 조직단위의 행태를 좌우할 수 있는 능력

어떤 사람이나 집단이 다른 사람이나 집단에 영향력을 미칠 수 있는 잠재적 능력을 말한다. 프렌치(J. French)와 레이븐(B. Raven)은 권력의 원천에 따라 권력을 합법적 권력(Legit-imate Power), 보상적 권력(Reward Power), 강압적 권력, 전문적 권력(Expert Power), 준거적 권력(Reference Power)의 다섯 가지로 나누었다.

① **합법적 권력** : 조직 내의 직위에 결정되는 권력
② **보상적 권력** : 다른 사람들에게 보상을 제공할 수 있는 능력에 기반을 두는 권력
③ **강압적 권력** : 다른 사람들에게 육체적 또는 심리적으로 위해를 가할 수 있는 능력에 기반을 둔 권력
④ **전문적 권력** : 전문적인 기술이나 지식에 기반해 발생하는 권력
⑤ **준거적 권력** : 다른 사람이 특정인에 대해 갖고 있는 신뢰나 매력에 기반을 두는 권력

기출 유형 맛보기

01 다음 글에서 설명하는 용어는?

> 권력의 원천 중 하나로서 업무활동에 대한 공식적 권한으로부터 나오는 권력을 말하는 것으로 강압적, 보상적 권력보다 광범위하며 개인의 권한범위와 관련된다.

① 보상적 권력   ② 강압적 권력
③ 합법적 권력   ④ 전문적 권력
⑤ 준거적 권력

---

01 **정답** ③

보기의 글은 합법적 권력에 대한 설명이다.

French와 Raven의 권력(작업행동이나 의사결정에 영향을 주는 능력)의 원천

보상적 권력	부하가 그 보상을 원하고 있다는 전제하에 상급자가 부하에게 경제적, 정신적 보상을 할 수 있는 능력을 갖고 있을 때 발생한다.
강압적 권력	무력, 위협, 감봉, 해고와 같은 부정적 보상을 피하려는 사람들에 대하여 행사하는 권력 형태이다.
합법적 권력	공식적으로 선출·임명된 리더가 행사하는 권력으로 강압적, 보상적 권력보다 광범위하다.
전문적 권력	다른 사람이 필요한 전문적인 지식이나 기술을 소유함으로써 다른 사람들에게 영향력을 행사하는 능력이다.
준거적 권력	바람직한 자원이나 인간적 특성 때문에 생기는 권력(타인에 대한 존경과 닮고 싶은 태도와 행동)이다.

015 기대불일치이론 ★☆☆

방문객의 기대와 성과 간의 불일치에 의해 만족 또는 불만족이 발생하는 이론

성과가 기대보다 높으면 긍정적 불일치에 의해 만족이 발생하고, 반대로 성과가 기대보다 낮으면 부정적 불일치에 의해 불만족이 발생한다.

> **Add**
> – **기대이론** : 가치이론이라고도 한다. 동기를 유발하기 위하여 동기요인들이 상호작용하는 과정에 관심을 두는 과정이론이다. 구성원 개인의 모티베이션 강도를 성과에 대한 기대와 성과의 유의성에 의해 설명하는 이론이다.
> – **기대 가치 이론** : 행동 및 성취 동기는 기대와 가치의 두 가지 변수로 이뤄진다고 보는 이론이다. 이에 따르면 개인의 선택 및 행동에 대한 청취 동기는 기대와 가치라는 두 변수로 조합된 것이다.

기출 유형 맛보기

01 다음 〈보기〉 중 동기부여 과정이론에 해당하는 것을 모두 고르면?

┌──────────────────── 〈 보기 〉 ────────────────────┐

ㄱ. 기대이론   ㄴ. 형평이론
ㄷ. 목표설정이론   ㄹ. 매슬로의 욕구 5단계
ㅁ. 인지평가이론   ㅂ. 허츠버그의 2요인이론

└──┘

① ㄱ, ㄴ   ② ㄱ, ㄴ, ㄷ
③ ㄴ, ㄷ   ④ ㄱ, ㄴ, ㄷ, ㅁ
⑤ ㄱ, ㄴ, ㄹ, ㅂ

---

01 **정답** ④

동기부여이론은 행동에는 동기가 필요하며, 이 동기를 무엇이 유발시키는지에 대한 이론으로 크게 내용이론과 과정이론으로 나누어진다.
- 내용이론 : 매슬로우의 욕구 5단계, ERG이론, 성취와 친교 권력의 욕구이론, 허츠버그의 2요인이론 등
- 과정이론 : 기대이론, 형평이론, 목표설정이론, 인지평가이론, 조직공정성이론 등

PART 1 경영 • **17**

016 기업집중 ★★☆

한국남동발전, SH 서울주택도시공사, 한국수자원공사

개별기업이 서로 불필요한 경쟁을 배제하고 독점적 이익이나 경영적 이익 등을 얻기 위해서 타 기업과 행하는 갖가지 복합적인 기업결합

기업은 점차 대규모화하는 경향이 있으며 한 기업 자체의 확대를 넘어 복수 기업 간의 결합으로까지 전개되어 나간다. 기업집중의 발생원인은 크게 기업의 대규모화에 따른 이익, 기업 경쟁의 치열화 등의 두 가지로 나눌 수 있다.

Add

① **카르텔(Cartel)＝기업연합**
기업연합이랑 동일 업종의 기업이 경쟁의 제한 또는 완화를 목적으로 가격, 생산량, 판로에 대하여 협정을 맺는 것으로 형성하는 독점 형태 또는 그 협정을 의미한다. 각 기업의 독립성이 유지되고 있다는 점에서 트러스트(Trust)와는 다르다.

② **트러스트(Trust)**
카르텔보다 강력한 기업집중의 형태로서 시장독점을 위하여 각 기업체가 개개의 독립성을 상실하고 합동하는 것을 말한다. 트러스트는 연합형 트러스트와 콘체른형 트러스트가 있는데 연합형 트러스트는 다수의 개별기업들이 합병한 것이고 콘체른형 트러스트는 재산소유권은 양도하지 않고 재산관리권만 위임하는 것이다.

③ **콘체른(Konzern)**
법률적으로 독립하고 있는 기업들이 주식 유지나 혹은 다른 금융적인 방법을 통해 하나의 기업으로 결합하는 형태이다. 콘체른은 내면적인 결합이기 때문에 하나의 기업이라고도 말할 수 있으나 시장의 지배를 직접적으로 하지 않는다. 여기서 기업을 지배하기 위해서는 참여를 통해야 한다. 예를 들어 주식 매수나 사채 인수, 금융회사의 설립에 의한 참여 등이 있다.

기출 유형 맛보기

01 다음 중 자회사 주식의 일부 또는 전부를 소유해서 자회사 경영권을 지배하는 지주회사와 관련이 있는 기업결합은?

① 콘체른(Konzern)　　　　　　② 카르텔(Cartel)
③ 트러스트(Trust)　　　　　　　④ 콤비나트(Kombinat)
⑤ 조인트 벤처(Joint Venture)

---

01 정답 ①

오답분석
② 카르텔 : 한 상품 또는 상품군의 생산이나 판매를 일정한 형태로 제한하고자 경제적, 법률적으로 서로 독립성을 유지하며, 기업간 상호 협정에 의해 결합하는 담합 형태이다.
③ 트러스트 : 카르텔보다 강력한 집중의 형태로서, 시장독점을 위해 각 기업체가 개개의 독립성을 상실한다.
④ 콤비나트 : 기술적으로 연관성 있는 생산부문이 가까운 곳에 입지하여 형성된 기업의 지역적 결합 형태이다.
⑤ 조인트 벤처 : 특정 경제적 목적을 달성하기 위한 2인 이상의 업자가 공동으로 결성한 사업체이다.

017 기업 마케팅 ★★☆

한국수자원공사

기업이 상품 혹은 용역을 소비자에게 유통시키는 데 관련된 모든 체계적 경영 활동

기업의 목표를 만족시키는 교환의 창출을 위해 아이디어나 상품 및 용역의 개념을 정립하고, 가격을 결정하며, 유통 및 프로모션을 계획하고 실행하는 과정을 말한다.

PART 1

기출 유형 맛보기

01 다음 글에서 설명하는 기업의 마케팅 전략으로 옳은 것은?

> 온라인 게임 개발사인 A사는 새로 출시한 P게임의 베타서비스를 개시하였다. 이번 베타서비스의 특징은 서비스 이용 시간에 따라 경품을 추첨할 수 있는 기회를 주는 이벤트를 실시하는 것으로 A사는 이번 이벤트를 통해 사용자들의 피드백을 수집해 개선할 사항과 문제점을 파악하고, 출시 전 고객들을 유치하는 것을 목표로 하고 있다.

① 슬림 마케팅
② 코즈 마케팅
③ 타임 마케팅
④ 밈 마케팅
⑤ 사전 마케팅

---

01 정답 ⑤

사전 마케팅이란 잠재수요층을 대상으로 판촉을 벌이는 것으로, 정식 출시 이전에 이벤트를 개최하는 것도 포함된다.

오답분석

① 슬림 마케팅(Slim Marketing) : 공공장소를 이용해 이벤트를 하거나 유니폼을 활용하는 등 최소한의 비용으로 마케팅 효과를 극대화하는 마케팅 방식
② 코즈 마케팅(Cause Marketing) : 기업이 사회 구성원으로서 마땅히 해야 할 책임을 다함으로써 긍정적인 이미지를 구축하고 이를 마케팅에 활용하는 전략
③ 타임 마케팅(Time Marketing) : 상품 및 서비스에 대한 할인혜택을 특정 요일이나 시간대에만 제공하는 마케팅 방식
④ 밈 마케팅(Meme Marketing) : 밈(Meme)과 마케팅(Marketing)의 합성어로, 인터넷 밈(대중문화계에서는 인터넷에서 유행하는 특정 문화요소를 모방 혹은 재가공한 콘텐츠)을 활용한 마케팅

018 기회비용 ★★☆

서울교통공사, 한국남동발전, 한국토지주택공사

어떤 선택으로 인해 포기된 기회들 가운데 가장 큰 가치를 갖는 기회 자체 또는 그러한 기회가 갖는 가치

시간, 돈, 능력 등 주어진 자원이 제한적인 상황에서 인간은 자신에게 주어진 모든 기회를 선택할 수 없다. 어떤 기회의 선택은 곧 나머지 기회들에 대한 포기를 의미하기 때문에 경제적 행위에서는 선택의 대가로 지불해야 하는 기회비용이 반드시 발생한다. 1914년 오스트리아 경제학자 프리드리히 폰 비저가 '사회경제이론'에서 처음으로 '기회비용'이라는 용어를 사용했다. 기회비용의 개념은 경제의 영역을 넘어 정치 또는 사회적 행위의 타당성을 판정하는 기준이 되기도 한다.

기출 유형 맛보기

01 다음 중 재무비율에 대한 설명으로 옳지 않은 것은?

① 유동성 비율은 단기에 지급해야 할 채무를 갚을 수 있는 기업의 능력을 측정하는 것이다.
② 이자보상비율은 순이익을 이자비용으로 나누어 산출한다.
③ 활동성 비율은 기업의 자산을 얼마나 효율적으로 사용했는지를 측정한다.
④ 레버리지 비율을 통해 기업의 채무불이행 위험을 평가할 수 있다.
⑤ 재고자산회전율이 산업평균보다 낮은 경우 재고부족으로 인한 기회비용이 나타난다.

---

01 정답 ⑤

재고자산회전율은 매출액을 평균재고자산으로 나누어 산출한다. 재고자산회전율이 산업평균보다 낮은 경우 재고자산이 산업평균보다 많기 때문에 재고부족으로 인한 기회비용은 나타나지 않는다.

019 내용타당도 ★☆☆

검사도구가 측정하려는 내용을 얼마나 잘 대표하는지 나타내는 타당도

내용타당도는 피평가자가 검사하려는 문항들이 측정하려는 내용의 부분을 얼마나 정확하게 측정하는지를 알아보는 내용이다. 전문가의 주관적 판단에 의존하기 때문에 수량화되지는 않는다.

기출 유형 맛보기

01 선발시험 합격자들의 시험성적과 입사 후 일정 기간이 지나서 이들이 달성한 직무성과와의 상관관계를 측정하는 지표는?

① 신뢰도
② 대비효과
③ 현재타당도
④ 내용타당도
⑤ 예측타당도

---

01 【정답】 ⑤

예측타당도는 검사를 먼저 실시하고 이후 준거를 측정하여 두 점수간의 상관계수를 구하는 방법이다.

【오답분석】

① 신뢰도 : 검사가 측정하고자 하는 것을 얼마나 일관성 있게 측정하였는지를 나타내는 지표
② 대비효과 : 연속으로 평가되는 두 대상 간의 평가점수 차이가 실제보다 더 크게 나타날 때를 지칭함
③ 현재타당도 : 검사와 준거를 동시에 측정하여 두 점수간의 상관계수를 구하는 방법
④ 내용타당도 : 검사의 문항들이 측정하고자 하는 내용 영역을 얼마나 정확하게 측정하는지를 나타내는 지표

020 동기부여이론 ★★☆

조직 구성원이 개인의 욕구충족 능력을 가지면서 조직 목표의 달성을 위하여 높은 수준의 자발적 노력을 기울이는 것

동기부여이론은 인간 행동의 원인은 동기에 있으며 이를 유발하기 위해서는 동기의 유발이 필요하다는 이론이다. 동기부여이론은 인적자원의 적극적 개발, 생산성의 향상과 동기유발 방법의 처방 등을 위하여 여러 관점에서 다양하게 전개되었다.

기출 유형 맛보기

01 다음 중 동기부여의 내용이론에 해당하는 것은?

① 성취동기이론
② 기대이론
③ 공정성이론
④ 목표설정이론
⑤ 귀인이론

02 다음 중 기대이론에서 동기부여를 유발하는 요인에 대한 설명으로 옳지 않은 것은?

① 수단성이 높아야 동기부여가 된다.
② 기대가 높아야 동기부여가 된다.
③ 조직에 대한 신뢰가 클수록 수단성이 높아진다.
④ 가치관에 부합되는 보상이 주어질수록 유의성이 높아진다.
⑤ 종업원들은 주어진 보상에 대하여 동일한 유의성을 갖는다.

---

01 정답 ①

동기부여의 내용이론

• 매슬로의 욕구단계설 : 매슬로는 인간의 욕구가 5단계의 위계를 가지고 있으며, 하위단계의 욕구가 충족되어야 상위단계의 욕구가 발생한다고 하였다.
• 알더퍼의 ERG 이론 : 알더퍼는 존재욕구, 관계욕구, 성장욕구를 구분함으로써 하위단계에서 상위단계로의 진행과 상위단계 욕구가 만족되지 않을 경우 하위단계 욕구가 더 커진다는 이론을 제시하였다.
• 허츠버그의 2요인 이론 : 허츠버그는 개인에게 만족감을 주는 요인과 불만족을 주는 요인이 전혀 다를 수 있다는 이론을 제시했다. 그에 따르면 동기요인(성취감, 상사로부터의 인정, 성장과 발전 등)는 직무동기를 유발하고 만족도를 증진시키나, 위생요인(회사의 정책, 관리규정, 임금, 관리행위, 작업조건 등)은 직무불만족을 유발한다고 하였다.
• 맥클랜드의 성취동기이론 : 맥클랜드는 개인의 성격을 크게 세 가지 욕구의 구성체로 간주하고, 그 중 성취욕구가 높은 사람이 강한 수준의 동기를 갖고 직무를 수행한다는 이론을 제시하였다.

02 정답 ⑤

기대이론에서 유의성은 조직의 보상이 개인목표나 욕구를 충족시키는 정도를 말하며, 종업원들은 각자 주어진 보상에 대하여 서로 다른 유의성(주어지는 보상에 느끼는 매력의 정도)을 가진다.

021 델파이법 ★☆☆

전문가 집단의 의견과 판단을 추출하기 위하여 설문조사를 실시하여 집단의 의견을 종합하고 정리하는 연구 기법

적절한 해답이 알려져 있지 않거나 일정한 합의점에 도달하지 못한 문제에 대해서 다수의 전문가를 대상으로 설문조사나 우편조사를 통해 피드백하여 그들의 의견을 수렴하고 집단적 합의를 도출해 내는 조사방법이다. 집단의 의견들을 조정·통합하거나 개선시키기 위하여 사용한다. 개인들은 서로 만나지 않기에 익명을 보장받을 수 있어 쉽게 반성적 사고를 하게 되며, 새로운 의견이나 사상에 대해 쉽게 받아들일 수 있다. 최근에는 목표설정을 위한 전략조사, 선호도조사, 의견조사 등에도 많이 활용하고 있다.

PART 1

기출 유형 맛보기

01 다음 수요예측 기법 중 정성적 기법에 해당되지 않는 것은?

① 델파이법　　　　　　　　　② 시계열분석
③ 전문가패널법　　　　　　　　④ 패널동의법
⑤ 역사적 유추법

01　정답　②

시계열분석은 과거의 수요를 분석하여 시간에 따른 수요의 패턴을 파악하고 이의 연장선상에서 미래의 수요를 예측하는 방법으로 정량적 예측기법이다.

오답분석

① 델파이법 : 예측하기 어려운 문제들에 대해 집단의 의견을 종합하고 정리하고자 사용하는 기법을 말한다.
③ 전문가패널법 : 전문가들이 의견을 자유롭게 교환하여 일치된 예측결과를 얻는 기법을 말한다.
④ 패널동의법 : 개인보다는 집단의 의견이 더 나은 예측을 한다는 가정으로 경영자, 판매원, 소비자 등으로 패널을 구성하여 예측치를 구하는 방법을 말한다.
⑤ 역사적 유추법 : 유사한 아이템이 존재하는 경우 그것의 수명주기를 분석하여 동일하게 간주하는 기법을 말한다.

022 디마케팅 ★☆☆

신용보증기금, 국민연금공단

기업들이 오히려 고객들의 구매를 의도적으로 줄임으로써 적절한 수요를 창출하고, 장기적으로
는 수익의 극대화를 꾀하는 마케팅 전략

수요를 줄인다는 점에서 이윤의 극대화를 꾀하는 기업의 목적에 어긋나는 것 같지만, 사실은
그렇지 않다. 소비자보호나 환경보호 등 기업의 사회적 책무를 강조함으로써 기업의 이미지를
바꾸려 하는 경우가 있기 때문이다. 2000년대 이후로 디마케팅의 유형은 우량고객에게 차별화
된 서비스를 통해 수익을 극대화하려는 모든 마케팅 기법으로 확대되었다.

> ### Add
>
> **마케팅** : 생산자가 상품 혹은 용역을 소비자에게 유통시키는 데 관련된 경영 활동. 더 정확하게는
> 개인 및 조직의 목표를 만족시키는 교환의 창출을 위해 아이디어나 상품 및 용역의 개념을 정립하고,
> 가격을 결정하며, 유통 및 프로모션을 계획하고 실행하는 과정을 말한다.

기출 유형 맛보기

01 다음 글에서 설명하는 판매기법은 무엇인가?

> • 푸시마케팅(Push Marketing)의 상반된 개념이다.
> • 광고·홍보 활동에 고객들을 직접 주인공으로 참여시켜 벌이는 판매기법을 의미한다.

① 플래그십마케팅　　　　　　　　② 니치마케팅
③ 풀마케팅　　　　　　　　　　　④ 임페리얼마케팅
⑤ 디마케팅

---

01 【정답】 ③

【오답분석】
① 플래그십마케팅 : 시장에서 이미 성공을 거둔 특정상품에 초점을 맞춰 판촉활동을 하는 마케팅
② 니치마케팅 : 틈새시장을 공략하는 마케팅
④ 임페리얼마케팅 : 높은 가격과 좋은 품질로써 소비자를 공략하는 마케팅
⑤ 디마케팅 : 하나의 제품이나 서비스에 대한 수요를 일시적으로나 영구적으로 감소시키려는 마케팅

023 라인 밸런싱 ★☆☆

제조 공정 중에서 서로의 역할 분담을 고르게 나누어 줌으로써 최대의 생산 효율을 높이는 것

제조 공정을 합리적으로 결정하는 문제로 라인을 구성하는 각 공정 간의 균형을 어떻게 최적으로 하는가 하는 것이다. 자동차나 텔레비전 등과 같이 조립에서 공정 수가 많고, 벨트 컨베이어에 올려 대량 생산하는 공정에서는 특히 이 문제가 중요하다. 최적의 공정을 결정하는 것은 시뮬레이션 문제로서 다루므로 이것을 풀기 위한 시뮬레이션 프로그램도 고려되고 있다.

기출 유형 맛보기

01 요구되는 부품을 그때마다 요구되는 수량으로 맞는 시기에 생산함으로써 모든 낭비적인 요소를 제거하려는 생산관리시스템은?

① 라인 밸런싱　　　　　　　　② 적시생산시스템
③ 시계열 예측법　　　　　　　④ MIS
⑤ SCM

---

01 정답 ②

적시생산시스템(JIT)이란 필요할 때마다 물건을 공급하여 재고가 남지 않도록 대량 생산을 요하는 활동이다.

오답분석

① 라인 밸런싱 : 서로의 역할 분배를 통해 생산 효율을 최대로 높이는 것이다.
③ 시계열 예측법 : 한 사건 또는 여러 사건에 대해서 연속적인 관찰값을 토대로 미래 특정 시점을 예측하는 것이다.
④ MIS : 기업 경영에서 의사결정의 유효성을 높이고자 관련 정보를 대량으로 수집·처리할 수 있는 인간과 컴퓨터의 결합 시스템이다.
⑤ SCM: 제품의 생산과 유통 과정을 하나의 통합망으로 관리하는 경영전략시스템이다.

024 럭커 플랜 ★★☆

럭커(Rucker, A. W.)에 의해 개발된 것으로 조직이 창출한 부가가치 생산액을 구성원 인건비를 기준으로 배분하는 제도

조직에는 규정된 인건비에 따른 생산량이 있다. 그러나 규정된 인건비에 비해 더 많은 부가가치를 창출할 경우 초과된 부가가치를 조직과 구성원이 나누어 갖는 것이다. 보편적인 임금제도와 마찬가지로 럭커 플랜 역시 생산위원회와 품질관리위원회를 두고 구성원들의 적극적인 참여와 제안시스템으로 운영한다.

기출 유형 맛보기

01 다음 중 부가가치 대비 노무비의 비율에 기초하여 성과를 배분하는 인센티브 제도는 무엇인가?

① 럭커 플랜(Rucker Plan)

② 스캔론 플랜(Scanlon Plan)

③ 임프로셰어(Improshare)

④ 로완 플랜(Rowan Plan)

⑤ 간트 플랜(Gantt Plan)

---

01 정답 ①

럭커 플랜은 노무비를 부가가치로 나눈 비율을 기준으로, 이 비율이 목표보다 낮아지는 경우 보너스를 지급하는 제도이다.

오답분석

② 스캔론 플랜 : 노무비를 판매가치(매출액)으로 나눈 비율을 기준으로, 이 비율이 목표보다 낮아지는 경우 보너스를 지급하는 제도이다.

③ 임프로셰어 : 기준 노동시간보다 실제 노동시간이 절감되는 경우 보너스를 지급하는 제도이다. 럭커 플랜, 스캔론 플랜, 임프로셰어는 모두 집단 인센티브 제도 중 생산이윤분배제도(Gain-Sharing)에 해당한다.

④ 로완 플랜 : 생산단위당 소요시간을 기준으로, 작업시간 절감분에 대해 할증급을 지급하는 개인 인센티브 제도이다. 작업능률이 증가함에 따라 할증률은 체감하도록 설계되는 특징이 있다.

⑤ 간트 플랜 : 표준시간 내에 작업을 완수하지 못하면 시간급만을 제공하고, 표준시간 내에 작업을 완수하면 시간급의 일정비율만큼의 보너스를 지급하는 개인 인센티브 제도이다.

025 리엔지니어링 ★★★

기업의 체질 및 구조와 경영방식을 근본적으로 재설계하여 경쟁력을 확보하는 경영혁신기법

비용, 품질, 서비스, 속도와 같이 핵심이 되는 경영성과의 지표들을 비약적으로 향상시킬 수 있도록 사업 활동을 근본적으로 다시 생각하여 조직구조와 업무방법을 혁신시키는 재설계 방법이다. 리엔지니어링은 '업무재구축'이라는 말로도 자주 사용되며 초창기의 리엔지니어링은 주로 기능 위주로 분담되어 있는 기존의 업무방식을 프로세스별로 재편하였다. 반면 최근의 리엔지니어링은 조직, 정보기술, 조직문화, 측정시스템 등을 포함하는 '제 2단계 리엔지니어링'의 단계로 넘어서고 있다.

기출 유형 맛보기

01 다음 글에서 설명하는 경영혁신 기법으로 옳은 것은?

> 통계적 품질관리를 기반으로 품질혁신과 고객만족을 달성하기 위하여 전사적으로 실행하는 경영혁신 기법이며 제조과정뿐만 아니라 제품개발, 판매, 서비스, 사무업무 등 거의 모든 분야에서 활용 가능하다.

① 학습조직(Learning Organization)
② 6 시그마(Six Sigma)
③ 리스트럭처링(Restructuring)
④ 리엔지니어링(Reengineering)
⑤ 벤치마킹(Benchmarking)

---

01 **정답** ②

6 시그마(Six Sigma)란 품질혁신과 고객만족을 달성하기 위해 전사적으로 실행하는 21세기형 기업경영 전략이다.

[오답분석]

① 학습조직(Learning Organization) : 조직구성원이 학습할 수 있는 기회와 자원을 제공하고, 학습 결과에 따라 지속적인 변화를 이루는 것이다.
③ 리스트럭처링(Restructuring) : 한 기업이 여러 사업을 보유하고 있는 경우, 미래 변화를 예측하여 사업구조를 개혁하는 것이다.
④ 리엔지니어링(Reengineering) : 기업의 체질 및 구조와 경영방식을 근본적으로 재설계하여 경쟁력을 확보하는 것이다.
⑤ 벤치마킹(Benchmarking) : 대상을 결정한 후 장단점을 분석해 자사의 제품에 적용하고 한층 더 업그레이드하여 시장 경쟁력을 높이는 것이다.

026 마이클 포터의 원가우위전략 ★★☆

한국남동발전, 국민연금공단, 한국가스공사

낮은 원가로 재화 또는 서비스를 생산해 소비자들에게 타사보다 저렴한 가격에 제공함으로써 비교우위를 확보하는 전략

이 전략은 기업 운영의 효율화를 통해 제품의 원가를 시장의 최저가로 설정하여 경쟁사보다 낮은 가격으로 고객에게 어필하는 데 초점을 맞추고 있다. 상품의 품질은 타사와 비교하여 비슷하게 유지하는 것이 핵심이다. 그러나 한 번 원가우위를 확보했다고 하더라도 새로운 원자재가 등장하거나 경쟁기업의 모방으로 가격 경쟁력이 사라질 수 있기 때문에 이를 지속적으로 유지하기 위한 노력이 필요하다.

기출 유형 맛보기

01 다음 중 마이클 포터가 제시한 경쟁우위전략에 대한 설명으로 옳지 않은 것은?

① 원가우위전략은 경쟁기업보다 낮은 비용에 생산하여 저렴하게 판매하는 것을 의미한다.
② 차별화전략은 경쟁사들이 모방하기 힘든 독특한 제품을 판매하는 것을 의미한다.
③ 집중화전략은 원가우위에 토대를 두거나 차별화우위에 토대를 둘 수 있다.
④ 원가우위전략과 차별화전략은 일반적으로 대기업에서 많이 수행된다.
⑤ 마이클 포터는 기업이 성공하기 위해서는 한 제품을 통하여 원가우위전략과 차별화전략 두 가지 전략을 동시에 추구해야 한다고 보았다.

---

01 정답 ⑤

마이클 포터는 원가우위전략과 차별화전략을 동시에 추구하는 것을 이도저도 아닌 어정쩡한 상황이라고 언급하였으며, 둘 중 한 가지를 선택하여 추구하는 것이 효과적이라고 주장했다.

027 마일즈 & 스노우 전략 ★★☆

마일즈(Miles, R. H.)와 스노우(Snow, C. C.)가 고객의 욕구를 파악하고 충족시키는 방식을 기준으로 하여 사업전략 수립유형을 분류한 전략

각 기능부서의 효율성을 최우선으로 하기 때문에 기능식(Functional) 조직구조라고도 한다. 마일즈와 스노우의 전략은 총 4가지의 유형으로 나눈다.

① 공격형 : 새로운 제품과 시장기회를 포착, 개척하려는 전략
② 방어형 : 기존의 제품과 구축된 포지션의 유지에 역점을 두며 소극적이고 제한적인 제품 범주를 유지하는 전략
③ 분석형 : 공격형과 방어형 전략의 중간형태
④ 반응형 : 즉흥적으로 경쟁전략을 수립하여 명확하게 정의된 전략이 부재한 유형

기출 유형 맛보기

01 다음 중 마일즈 & 스노우 전략의 유형으로 옳지 않은 것은?

① 공격형   ② 분석형
③ 방어형   ④ 유지형
⑤ 반응형

---

01 **정답** ④
① 공격형 : 새로운 제품과 시장기회를 포착, 개척하려는 전략
② 분석형 : 공격형과 방어형 전략의 중간형태
③ 방어형 : 기존의 제품과 구축된 포지션의 유지에 역점을 두며 소극적이고 제한적인 제품 범주를 유지하는 전략
⑤ 반응형 : 즉흥적으로 경쟁전략을 수립하여 명확하게 정의된 전략이 부재한 유형

028 막스 베버 ★☆☆

사회 과학의 방법론을 전개한 독일의 사회학자이자 경제학자

독일의 사회과학자로 강단사회주의자와 대결하였으며 역사학파가 가지는 이론적 약점을 지적하고 이를 극복하고자 노력하였다. 또한 그는 여러 역사적, 사회적 현상에 대한 과학적 인식이 가능하다고 주장하였다.

베버는 관료제, 도시문제, 합법성, 가부장제, 카리스마 등과 같은 근본적인 개념에 관한 새로운 연구의 개척자였고, 그의 분석들은 오늘날의 여러 사회과학 분야에 대해 커다란 영향을 끼치고 있다.

> **Add**
>
> **사이어트와 마치의 이론** : 그들은 새로운 기업이론을 구축하기 위해서는 조직의 목표형성, 조직의 기대형성, 조직에 의한 수단선택과 관련되는 3가지 하위이론(조직목표이론, 조직기대이론, 조직선택이론)이 필요하다고 보았다.

기출 유형 맛보기

01 다음 중 새로운 기업이론을 구축하기 위해서는 조직의 목표형성, 조직의 기대형성, 조직에 의한 수단선택과 관련되는 3가지 하위 이론이 필요하다고 주장한 사람은?

① 테일러　　　　　　　　　② 메이요
③ 베버　　　　　　　　　　④ 사이어트와 마치
⑤ 콩트

01 　정답　 ④

사이어트와 마치는 새로운 기업이론을 구축하기 위해서는 조직의 목표형성, 조직의 기대형성, 조직에 의한 수단선택과 관련되는 3가지 하위 이론이 필요하다고 하였으며, 이러한 하위 이론을 바탕으로 기업행동에 영향을 미치는 변수를 검토한 결과 갈등의 준해결, 불확실성의 회피, 문제 해결 지향적 탐색, 조직학습 등 4가지 관계개념을 제시하였다.

029 머니마켓펀드(MMF) ★☆☆

단기금융상품에 집중 투자해 단기 실세금리의 등락이 펀드 수익률에 신속히 반영될 수 있도록 한 초단기공사채형 상품

고객의 돈을 모아 주로 금리가 높은 CP(기업어음), CD(양도성예금증서), 콜 등 단기금융상품에 집중 투자하여 여기서 얻는 수익을 되돌려주는 실적배당상품이다. 고수익상품에 운용하기 때문에 다른 종류보다 돌아오는 수익이 높은 게 보통이다.

> **Add**
>
> **단기금융상품** : 단기적인 자금운용목적으로 소유하여 만기가 1년 이내에 도래하는 금융상품이다. 현금성 자산이 아니며 유동자산으로 분류된다.

기출 유형 맛보기

01 다음 〈보기〉 중 당좌자산에 해당하는 것을 모두 고르면?

〈 보기 〉

ㄱ. 현금	ㄴ. 보통예금
ㄷ. 투자부동산	ㄹ. 단기금융상품

① ㄱ, ㄴ
③ ㄱ, ㄴ, ㄹ
⑤ ㄱ, ㄴ, ㄷ, ㄹ

② ㄷ, ㄹ
④ ㄴ, ㄷ, ㄹ

---

01 정답 ③

당좌자산은 유동자산 중에서 재고자산을 제외한 자산으로 제조나 판매의 과정을 거치지 않고 현금화되는 자산으로, 현금, 예금, 유가증권, 단기 대여금, 미수금, 미수수익 등이 이에 속한다.

030 목표관리(MBO: Management By Objectives) ★★☆

한국철도공사, 근로복지공단, 한국자산관리공사

조직 전체의 목표와 개인의 목표를 관련시켜, 목표를 달성함으로써 욕구를 만족시키는 관리방법

상사와 부하가 공동으로 목표를 설정한 후 목표가 달성된 정도를 측정하고 평가함으로써 경영의 효율성을 증진시키기 위한 전사적 차원의 조직관리 체계이다.

목표관리, 목표관리법이라고도 불리는 목표관리법은 조직 내 활발한 의사소통을 촉진하고 구성원들 간의 목표 달성을 위한 일체감을 형성할 수 있게 해준다. 또한 구성원들이 설정된 목표를 통해 조직이 자신에게 기대하는 바가 무엇이고 자신이 어떻게 평가받는지를 명확히 인식할수 있으나 한편으론 단기적인 목표에만 초점을 둔다는 비판을 받기도 한다. 뿐만 아니라 성과에 대한 개념이 명확하지 않은 영역이나 목표를 계량화시키기 어려운 영역에서는 목표 설정자체가 어려울 수 있다.

기출 유형 맛보기

01 다음 중 목표관리(MBO)에 대한 설명으로 옳지 않은 것은?

① 유연성이 높고 환경변화에 적응이 쉽다.
② 효과적으로 목표를 관리한다.
③ 목표를 명확하게 한다.
④ 상급자와 하급자가 참여하여 목표를 세운다.
⑤ 계획적 수행을 위해 피드백 역할을 한다.

---

01 정답 ①

목표관리는 환경과 상황의 변동 요인을 제대로 반영하기 어렵기 때문에 외부환경 대응이 어렵다.

오답분석

② · ③ MBO는 효과적인 목표관리를 위해 SMART 원칙인 구체적인 목표(S), 측정 가능한 목표(M), 달성 가능한 목표(A), 결과지향적인 목표(R), 정해진 시간 내의 목표(T)를 고려한다.
④ MBO는 조직 내 상하의 조직원들이 함께 목표를 정하고 업무를 수행하기 때문에 동기가 부여되고 일체감을 높일 수 있다.
⑤ MBO는 피드백을 통한 관리계획의 개선을 추구한다.

031 목표시장 선정 ★☆☆

한국철도공사, 한국관광공사

세분화된 시장의 규모와 성장률, 경쟁 우위, 자사와의 적합성 등을 고려하여 목표로 삼을 시장을 선정하는 일

> **Add**
>
> **시장목표** : 기업 혹은 상품의 표적으로 하는 시장구분을 말한다. 기업 또는 상품이 시장전체의 수요에 대응하는 것은 실질적으로 불가하여 비효율적이다. 그래서 기업 혹은 상품의 특성에 일치하는 일부분의 시장에 목표를 둔 마케팅 전략을 전개시킨다.

기출 유형 맛보기

01 다음 글의 내용과 관련이 깊은 전략으로 옳은 것은?

> 과거 공급자 위주의 치약시장에 서는 한 종류의 치약밖에 없었으나, 최근에는 소득수준이 높아지면서 치약에 대한 소비자들의 욕구가 다양해지고, 그에 따라 치약시장이 나누어지기 시작하였다. 그래서 지금의 치약시장은 가격에 민감한 시장, 구강건강이 주된 관심인 시장, 치아의 미용 효과가 주된 관심인 시장, 유아용 치약시장 심지어는 노인 및 환자를 주된 고객으로 하는 치약 시장까지 개발되어 나누어져 있는 것을 알 수 있다.

① 목표시장 선정　　　　　　　② 시장세분화
③ 포지셔닝 전략　　　　　　　④ 마케팅믹스 전략
⑤ 광고 전략

01　정답　②

시장세분화란 가격이나 제품에 대한 반응에 따라 전체 시장을 몇 개의 공통된 특성을 가지는 세분시장으로 나누어서 마케팅을 차별화시키는 것이다.

032 무형자산 ★★☆

물리적 형태가 없는 고정자산이며, 소유하면 미래에 장기적으로 경제적 이익을 얻을 수 있는 것

보이지 않는 자산이기 때문에 법률상의 서류를 통해 이러한 권리를 증명하는 경우가 많다. 무형자산의 예시로는 특허권, 상표권, 어업권, 영업권, 광업권 등이 있다.

> **Add**
>
> **유형자산** : 경영수단으로 반복 사용되며 구체적인 형태를 갖춘 고정자산으로 유형자산은 기업의 영업 목적을 달성하기 위하여 장기간에 걸쳐 계속 사용할 목적으로 보유하고 있는 자산이다. 유형자산의 종류로는 토지, 건물, 구축물, 건설 중인 자산, 공구와 기구 등이 있다.

기출 유형 맛보기

01 다음 중 무형자산의 회계처리에 관한 설명으로 옳지 않은 것은?

① 무형자산을 최초로 인식할 때에는 원가로 측정한다.

② 내용연수가 비한정인 무형자산에 대해서는 상각을 하지 않는다.

③ 최초에 비용으로 인식한 무형항목에 대한 지출은 그 이후에 무형자산의 원가로 인식할 수 없다.

④ 내부적으로 창출한 영업권은 자산으로 인식한다.

⑤ 무형자산의 상각방법은 자산의 경제적 효익이 소비되는 형태를 반영한 방법이어야 한다.

---

01 정답 ④

내부적으로 창출한 영업권은 자산으로 인식하지 아니한다. 미래경제적효익을 창출하기 위하여 발생한 지출 중에는 이 기준서의 인식기준을 충족하는 무형자산을 창출하지 않는 경우가 있다. 그러한 지출은 대부분 내부적으로 창출한 영업권에 기여한다. 내부적으로 창출한 영업권은 원가를 신뢰성 있게 측정할 수 없고 기업이 통제하고 있는 식별가능한 자원이 아니기 때문에 자산으로 인식하지 않는다.

033 민츠버그 조직이론 ★★☆

조직 내의 개인이나 집단의 행동이 아닌 조직 자체를 분석 대상으로 하는 경영이론

조직의 기본적 요소를 조정하는 방법에 따라 5가지 구성요소와 조정기제를 기준으로 나눌 수 있다. 조직의 구성요소는 크게 최고관리층(전략 부문), 기술구조층(기술구조 부문), 핵심운영층(핵심작업 계층), 중간계층(중간라인 부문), 지원부서층(지원스태프) 등으로 나뉘어져 있다. 그의 조직이론은 많은 비판을 받고 있던 관료제 구조를 상황론에 의거하여 조직환경의 변화에 대한 적응을 강조함으로써 보다 효과적으로 개혁하려는 신구조론자들의 이론 확립에 크게 기여하였다.

기출 유형 맛보기

01 다음 중 민츠버그(H. Mintzberg)가 제시한 조직의 5가지 부분에 해당하지 않는 것은?

① 최고경영층·전략경영 부문(Strategic Apex)
② 사회적 네트워크 부문(Social Network)
③ 중간계층 부문(Middle Line)
④ 일반지원 부문(Supporting Staff)
⑤ 핵심운영 부분(Operating Core)

---

01 정답 ②

민츠버그가 주장한 조직의 5가지 부분은 최고경영층·전략경영 부문, 일반지원 부문, 중간계층 부문, 전문·기술지원 부문, 핵심운영 부분이다.

034 매슬로의 욕구 5단계 이론 ★★★

한국철도공사, 서울교통공사, 도로교통공단

인간의 욕구는 위계적으로 조직되어 있으며 하위 단계의 욕구 충족이 상위 계층 욕구의 발현을 위한 조건이 된다는 에이브러햄 매슬로(Abraham Maslow)의 동기 이론

사람은 누구나 다섯 가지 욕구를 가지고 태어나며 각 욕구는 우선순위가 존재하여 단계별로 구분할 수 있다. 가장 기초적인 욕구인 생리적 욕구(Physiological Needs)를 맨 먼저 채우려 하며, 이 욕구가 어느 정도 만족되면 안전해지려는 욕구(Safety Needs)를, 안전 욕구가 어느 정도 만족되면 사랑과 소속 욕구(Love & belonging Needs)를, 그리고 더 나아가 존경 욕구(Esteem Needs)와

마지막 욕구인 자아실현 욕구(Self – actualization Needs)를 차례대로 만족하려 한다는 것이다. 즉, 사람은 5가지 욕구를 만족하려 하되 우선순위에 있어서 가장 기초적인 욕구부터 차례로 만족하려 한다.

> **Add**
>
> – **알더퍼의 ERG 이론** : 매슬로의 5단계 욕구를 이루는 핵심 요소를 공통되는 부분을 중심으로 묶어 존재 욕구(existence needs), 관계 욕구(relatedness needs), 성장 욕구(growth needs)의 3단계 (ERG)로 축소한 것이다. 매슬로의 욕구 이론이 동시에 발생하는 인간의 욕구에 대한 설명은 생략한 반면, 알더퍼는 한 가지 이상의 욕구가 동시에 작용할 경우 이것이 복합적으로 하나의 동기 유발 요소가 될 수 있음을 주장했다는 점에서 좀 더 현실적이라는 시각이 있다.

기출 유형 맛보기

01 다음 중 매슬로의 욕구단계설(Maslow's Hierarchy of Needs)에서 자신의 생리적 욕구가 충족되고서 나타나는 욕구단계는 무엇인가?

① 물리적 욕구 단계(Physiological)
② 애정 소속 욕구 단계(Love and belonging)
③ 존중 욕구 단계(Esteem)
④ 자아실현 욕구 단계(Self-Actualization)
⑤ 안전 욕구 단계 (Safety)

---

01 정답 ⑤

매슬로의 욕구단계설(Maslow's Hierarchy of Needs)은 인간의 욕구가 그 중요도별로 일련의 단계를 형성한다는 동기 이론 중 하나이다. 욕구의 출현과 소멸은 결핍과 충족의 원리에 의해 이루어지는데 그 단계는 아래로부터 위로 생리적 욕구 – 안전의 욕구 – 애정과 소속의 욕구 – 존중의 욕구 – 자아실현의 욕구로 이어진다.

035 베버의 관료제 ★★★

국민연금공단, SH 서울주택도시공사, 한국수자원공사

강력한 위계질서를 가진 조직원에게 분업화한 업무를 부여하고 정해진 규칙과 순서에 따라 업무를 처리하는 하향식 조직 구조

관료제는 산업화 이후 대규모화된 조직을 효율적으로 운영하기 위해 등장한 체계화된 조직 운영 구조로 근대 이후 사회의 가장 보편적인 사회조직이다.

베버(Max Weber)는 이러한 관료제라는 용어를 처음 사용하고 연구한 사회학자로서 관료제를 가장 효율적인 조직형태라고 주장했다. 현재는 팀프로젝트, 매트릭스형 조직 등 탈관료제 조직 또한 생겨나고 있으나, 여전히 대규모 조직에서는 대부분 관료제를 사용하고 있다.

기출 유형 맛보기

01 다음 중 막스 베버(Max Weber)가 제시한 관료제 이론의 순기능으로 옳지 않은 것은?

① 규정에 따른 직무배정과 직무수행
② 능력과 과업에 따른 선발과 승진
③ 목표 – 수단의 전환
④ 전문성 향상
⑤ 의사결정의 합리성

---

01 **정답** ③

관료제의 역기능에 해당한다.

> 막스 베버(Max Weber) 관료제의 특징
> • 안정적이면서 명확한 권한계층
> • 태도 및 대인관계의 비개인성
> • 과업전문화에 기반한 체계적인 노동의 분화
> • 규제 및 표준화된 운용절차의 일관된 시스템
> • 관리자는 생산수단의 소유자가 아님
> • 문서로 된 규칙, 의사결정, 광범위한 파일
> • 기술적인 능력에 의한 승진을 기반으로 한 평생의 경력관리

036 변혁적 리더십 ★☆☆

한국수자원공사, 한국전기안전공사

구성원들의 가치관, 정서, 행동규범 등을 변화시켜 개인, 집단, 조직을 바람직한 방향으로 변혁시키는 리더십

조직구성원들로 하여금 리더에 대한 신뢰를 갖게 하는 카리스마는 물론, 조직변화의 필요성을 감지하고 그러한 변화를 이끌어 낼 수 있는 새로운 비전을 제시할 수 있는 능력이 요구되는 리더십으로 전통적 리더십인 거래적 리더십과 많은 차이가 있다. 변혁적 리더십은 조직합병을 주도하고, 신규부서를 만들어 내며, 조직문화를 새로 창출해 내거나 조직에서 변화를 주도하고 관리하는 등 오늘날의 급변하는 환경과 조직의 실정에 적합한 리더십 유형으로 주장되고 있다.

> **Add**
>
> **거래적 리더십** : 리더가 구성원들과 맺은 교환(또는 협상)관계에 기초해서 영향력을 발휘하는 리더십으로 1985년에 리더십을 단일선상의 연속체로 설명한 배스(Bass, B.M.) 연구에서 지사된 구성요소 중 하나이다. 일반적으로 조직의 목표달성에만 초점을 두는 경향이 있으며, 구성원들을 전인체(Whole Person)이 아닌 이차원적인 욕구 수준에 머물러 있는 존재로 여긴다.

기출 유형 맛보기

01 다음 중 변혁적 리더가 갖추어야 할 자질로 옳지 않은 것은?

① 조건적 보상　　　　　② 비전제시 능력
③ 신뢰 확보　　　　　　④ 비전전달 능력
⑤ 설득력과 지도력

---

01 **정답** ①

조건적 보상은 거래적 리더십의 특징이다.

38 • 한권으로 끝내는 공기업 전공 기출 키워드

037 브랜드 전략 ★☆☆

기업의 브랜드를 광고하고 선전하여 홍보함으로써 경쟁 기업의 동일 제품과 자사 제품을 차별화하여 유리한 고지를 차지하고자 하는 전략

전략의 최대 목적은 차별화에 있다. 차별화는 실제로는 거의 차이가 나지 않는 품질의 두 제품에서 하나의 제품이 보다 우위에 있다고 착각하게 만드는 일이다. 이로 인해 특정 브랜드 제품을 선호하게 되는 심리를 브랜드 이미지라고 부른다. 브랜드 전략은 흔히 술이나 화장품과 같은 기호 식품들이나, 세탁기나 TV와 같은 가전제품 등이 있다. 반면 대부분의 사람들이 일반적으로 잘 알지 못하는 철강이나 시멘트 등의 표준화 제품은 효과가 거의 없다.

기출 유형 맛보기

01 다음 중 통합적 마케팅 커뮤니케이션에 대한 설명으로 옳지 않은 것은?

① 강화광고는 기존 사용자에게 브랜드에 대한 확신과 만족도를 높여 준다.

② 가족 브랜딩(Family Branding)은 개별 브랜딩과는 달리 한 제품을 촉진하면 나머지 제품도 촉진된다는 이점이 있다.

③ 촉진에서 풀(Pull) 정책은 제품에 대한 강한 수요를 유발할 목적으로 광고나 판매촉진 등을 활용하는 정책이다.

④ PR(Public Relations)은 조직의 이해관계자들에게 호의적인 인상을 심어주기 위하여 홍보, 후원, 이벤트, 웹사이트 등을 사용하는 커뮤니케이션 방법이다.

⑤ 버즈(Buzz) 마케팅은 소비자에게 메시지를 빨리 전파할 수 있게 이메일이나 모바일을 통하여 메시지를 공유한다.

01 　정답　 ⑤

버즈 마케팅은 소비자들이 자발적으로 상품 및 서비스에 대한 긍정적인 소문을 내도록 하는 마케팅 기법이다.

038 브룸의 기대이론 ★★★ 한국관광공사, 부산교통공사, 국민연금공단, 한국가스공사, 한국중부발전

어떤 행동을 할 때, 개인은 자신의 노력의 정도에 따라 결과를 기대하며, 기대를 실현하기 위해 행동을 결정한다는 이론

개인의 동기는 그 자신의 노력이 어떤 성과를 가져오리라는 기대와, 그러한 성과가 보상을 가져다주리라는 수단성에 대한 기대감의 복합적 함수에 의해 결정된다는 이론을 말한다.

이 이론은 가치(V; Valence), 수단(I; Instrumentality), 기대(E; Expectancy)의 세 요소로 구성되며, 첫 글자를 따서 VIE 모형이라고도 부른다. 가치는 특정 보상에 대해 갖는 선호의 강도이고, 수단은 어떤 특정한 수준의 성과를 달성하면 바람직한 보상이 주어지리라고 믿는 정도를 말한다. 또 기대는 어떤 활동이 특정 결과를 가져오리라고 믿는 가능성을 말하며 모티베이션의 (강도)＝(가치)×(기대)×(수단)으로 나타낼 수 있다.

기출 유형 맛보기

01 다음 사례에서 A의 행동을 설명하는 동기부여이론으로 옳은 것은?

> 팀원 A는 작년도 목표 대비 업무실적을 100% 달성하였다. 이에 반해 같은 팀 동료인 B는 동일 목표 대비 업무실적이 10% 부족하였지만 A와 동일한 인센티브를 받았다. 이 사실을 알게 된 A는 팀장에게 추가 인센티브를 요구하였으나 받아들여지지 않자 결국 이직하였다.

① 기대이론   ② 공정성이론
③ 욕구단계이론   ④ 목표설정이론
⑤ 인지적평가이론

---

01 정답 ②

사례 속 A의 행동을 설명하는 이론은 공정성이론으로, 공정성이론은 조직구성원이 자신의 투입에 대한 결과의 비율을 동일한 직무 상황에 있는 준거인의 투입 대 결과의 비율과 비교해 자신의 행동을 결정하게 된다는 이론이다.

오답분석

① 기대이론 : 구성원 개인의 모티베이션의 강도를 성과에 대한 기대와 성과의 유의성에 의해 설명하는 이론이다.
③ 욕구단계이론 : 인간의 욕구는 위계적으로 조직되어 있으며 하위 단계의 욕구 충족이 상위 계층 욕구의 발현을 위한 조건이 된다는 이론이다.
④ 목표설정이론 : 의식적인 목표나 의도가 동기의 기초이며 행동의 지표가 된다고 보는 이론이다.
⑤ 인지적평가이론 : 성취감이나 책임감에 의해 동기유발이 되어 있는 것에 외적인 보상(승진, 급여인상, 성과급 등)을 도입하면 오히려 동기유발 정도가 감소한다고 보는 이론이다.

039 상동적 태도 ★☆☆

사람을 하나의 독특한 특징만을 가지고서 평가하는 태도

지각의 오류 10가지 중 하나로써 어떤 사람에 대한 전반적 지식 없이 특징에 의해서 평가하기 때문에 사람들에 대해서 나쁜 이미지를 만들어 낼 수 있는 편견(스테레오타입)의 일종이다.

기출 유형 맛보기

01 다음 중 지각의 오류에 해당하지 않는 것은?

① 스테레오타이핑 ② 후광효과
③ 지각적 방어 ④ 중심화 경향
⑤ 억압

---

01 **정답** ⑤

억압은 자기방어기제 중 하나로 좋지 않았던 기억을 무의식 저편으로 억압하여 기억하지 못하게 하며, 이와 관련된 충동이나 욕구가 함께 억압된다.

> **지각의 오류 10가지**
> - 스테레오타이핑(Stereotyping)
>   타인을 평가할 때 편견을 가지고 그가 속한 사회적 집단에 따라 평가함으로써 잘못된 행동을 하는 일이다.
> - 후광효과(Halo Effect)
>   인상이나 외모 등의 어느 한 특성이 전체의 이미지에 영향을 미치는 것으로 상대방에 대한 편견이 생기는 효과이다.
> - 관대화 경향(Leniency Tendency)
>   피평가자의 실제 업적이나 능력보다 높게 평가하는 경향이다.
> - 중심화 경향(Central Tendency)
>   지나치게 긍적적인 판단이나 부정적인 판단을 하지 않고 중간 정도로 평가하려는 경향이다.
> - 최근 효과(Recency Effect)
>   기억할 대상 중에서 이전의 것 보다 나중의 것을 더 잘 기억하는 경향이 있으며, 나중이 더 중요하다고 가정하는 것이다.
> - 대조 효과(Contrast Effect)
>   품질이 서로 다른 제품의 평가에서 한 제품의 반대 품질 수준을 갖는 제품을 연속해서 평가할 때 두 제품을 따로 평가할 때보다 더 높거나 더 낮게 평가되는 현상이다.
> - 투사(Projection)
>   자신의 바람직스럽지 않은 감정을 다른 사람에게 옮겨서, 그 감정이 외부로부터 오는 위협으로 보이게 하는 과정이다.
> - 유사효과(Similarity Effect)
>   평가자가 여러 명을 평가할 때 그 중에 자신이 좋아하는 사람을 더 호의적으로 평가하는 오류이다.
> - 지각적 방어(Perceptual Defense)
>   기존에 지닌 신념이나 태도를 위협하거나 반대되는 자극으로부터 자신을 보호하려는 일종의 심리현상이다.
> - 초기 효과(Primacy Effect)
>   먼저 제시된 정보가 나중에 들어온 정보보다 전반적인 인상 현상에 훨씬 강력한 영향을 미치는 것이다.

040 성격유형(BIG5) ★★☆

인간의 성격을 5가지의 상호 독립적 요인들로 설명하는 성격심리학적 유형

1976년 심리학자 폴 코스타(Paul Costa Jr.)와 로버트 매크레이(Robert R. McCrae)가 개발했으며 성격의 5요인은 신경성(N), 외향성(E), 개방성(O), 우호성(A), 성실성(C)이 있다.

① 신경성(Neuroticism) : 분노, 불안, 우울증 또는 취약성과 같은 불쾌한 감정에 대한 취약성을 설명한다. 개인의 정서적 안정 및 충동 수준을 나타낸다.

② 외향성(Extraversion) : 에너지, 긍정적인 감정, 자기주장, 사교성, 대화성, 그리고 다른 사람들과 함께 자극을 추구하는 경향을 말한다.

③ 개방성(Openness) : 개인의 지적 호기심, 창의성, 참신함과 다양성에 대한 선호도를 나타낸다.

④ 우호성(Agreeableness) : 의심스럽고 적대적이기보다는 타인에 대해 동정심을 갖고 협조하는 경향이다.

⑤ 성실성(Conscientiousness) : 자기 수양을 보이고 성실하게 행동하며 성취를 목표로 하는 경향이다. 성실성은 계획, 조직 및 신뢰성 등을 의미한다.

기출 유형 맛보기

01 다음 중 BIG5 모델에서 제시하는 다섯 가지 성격요소가 아닌 것은?

① 개방성(Openness)
② 객관성(Objectivity)
③ 외향성(Extraversion)
④ 성실성(Conscientiousness)
⑤ 정서적 안정성(emotional stability)

---

01 정답 ②

폴 코스타 주니어(Paul Costa Jr)와 로버트 맥크레(Robert McCrae)는 결합요인분석(Joint Factor Analysis)을 통해 CPI, MBTI, MMPI 등의 인성검사에 공통적인 5요인을 발견하고, 사람들은 공통적으로 5개의 성격인 신경성(N : Neuroticism) 혹은 정서적 안정성(Emotional Stability), 외향성(E : Extraversion), 개방성(O : Openness to Experience, Culture, Intellect), 우호성(A : Agreeableness), 성실성(C : Conscientiousness, Will to Achieve)이 존재한다고 주장했다.

041 선택적 지각의 오류 ★☆☆

모호한 상황에 대해 부분적인 정보만 받아들여 성급히 판단함으로써 범하게 되는 오류

정책결정이나 사업계획을 수립할 때 그것이 폐쇄적으로 이루어질 경우에 흔히 범하게 되는 지각오류(→ 지각착오)이다.

예를 들어 건설관련 정책결정자가 신도시 건설을 위한 적지를 탐색하고 있을 때, 휴전선 부근의 비무장지대가 지가의 부담 없이 건설할 수 있다는 어느 부하직원의 보고서류를 읽고 그 지역이 적지라고 판단하여 개발지역으로 결정하였다고 발표한다. 그러나 환경보호단체 등에서 환경 영향평가 상 부당하다는 비판을 받게 되었다면, 그 정책결정자는 부정적 영향을 간과한 선택적 지각의 오류를 범하게 된 것이라 볼 수 있다.

기출 유형 맛보기

01 다음 설명에 해당하는 지각 오류는?

> 어떤 대상(개인)으로부터 얻은 일부 정보가 다른 부분의 여러 정보들을 해석할 때 영향을 미치는 것

① 자존적 편견　　　　　　　　② 후광효과
③ 투사　　　　　　　　　　　　④ 통제의 환상
⑤ 대조효과

01　**정답** ②

오답분석

① 자존적 편견 : 대부분의 사람은 성공은 자신이 잘해서 이루어졌다고 생각하고, 실패는 상황이 좋지 않아서 일어났다고 믿는다는 것

③ 투사 : 개인의 태도나 특성에 대해 다른 사람에게 무의식적으로 원인을 돌리거나 자신의 감정 등을 타인에게 전이시키는 것

④ 통제의 환상 : 사람들이 그들 자신을 통제할 수 있는 경향이거나, 혹은 외부 환경을 자신이 원하는 방향으로 이끌어갈 수 있다고 믿는 심리적 상태

⑤ 대조효과 : 정보를 해석할 때 기존의 개념보다는 새로 수용하는 정보를 판단의 기초로 사용하며 나타나는 현상

042 선형계획법 ★☆☆

한국농어촌공사

조직이 계획한 목표를 달성하기 위해 여러 가지 제한된 자원을 용도에 맞게 배분함으로써 문제를 해결하기 위한 방법

오퍼레이션 리서치(OR)의 한 기법이다. 선형이란 수학에서 나온 말이며, 계획을 짤 경우에 기초가 되는 상관관계가 1차 식의 형식임을 나타낸다. 즉, 1차 부등식을 조건으로 하는 1차 함수의 극대, 극소를 구하는 형식이며 이 형식을 써서 분석하는 것을 선형계획법이라고 한다. 1차 부등식이라는 제약하에서 어떤 목적을 최대화 또는 최소화하려는 문제에 모두 적용된다.

기출 유형 맛보기

01 다음 글에서 설명하는 용어는?

- 비구조적인 문제를 다루는데 유용하다.
- 경험을 체계화하고 정형화하여 해결책을 발견한다.

① 팀 빌딩   ② 휴리스틱 기법
③ 군집분석   ④ 회귀분석
⑤ 선형계획법

---

01 정답 ②

휴리스틱이란 정보의 부족과 시간 제약으로 완벽한 의사결정을 할 수 없을 때 또는 비구조적인 문제와 같이 합리적인 판단을 할 필요가 없는 상황에서 가장 이상적인 방법을 구하는 것이 아닌 현실적으로 만족할 만한 수준의 해답을 찾는 것이다. 휴리스틱 기법은 경험을 체계화하고 정형화하여 해결책을 발견하는 기술이며, 문제 상황을 여러 부문으로 구분하고 이를 각각 분석해 가장 좋은 방법을 구한 후 전체적인 관점에서 종합한다.

오답분석

① 팀 빌딩 : 팀원들의 능력을 향상시켜 조직의 효율을 높이는 개발 기법이다.
③ 군집분석 : 데이터 간의 유사성을 정의하고 가까운 순서대로 합쳐가는 기법이다.
④ 회귀분석 : 변수들 사이에서 함수적인 관련성을 규명하고자 어떤 수학적 모형을 가정하고 이 모형을 측정된 변수들의 자료로부터 추정하는 방법이다.
⑤ 선형계획법 : 조직이 계획한 목표를 달성하기 위해 여러 가지 제한된 자원을 용도에 맞게 배분함으로써 문제를 해결하기 위한 방법이다.

043 손익분기점 ★★☆

SH 서울주택도시공사, 한국수자원공사, 한국마사회

일정 기간 수익과 비용이 같아서 이익도 손실도 생기지 않는 경우의 매출액

이익과 손실의 갈림길이 되는 매출액이다.

손익분기점 분석에는 주로 다음의 공식이 사용된다.

① 손익분기점(채산점)을 산출하는 공식

$$(\text{손익분기점매출액}) = (\text{고정비}) \div \left[1 - \frac{(\text{변동비})}{(\text{매출액})} \right]$$

② 어떤 일정한 매출을 하였을 때에 발생하는 손익액을 산출하는 공식

$$(\text{손익액}) = (\text{매출액}) \times \left[1 - \frac{(\text{변동비})}{(\text{매출액})} \right] - (\text{고정비})$$

③ 특정의 목표이익을 얻기 위하여 필요로 하는 매출액을 산출하는 공식

$$(\text{필요매출액}) = [(\text{고정비}) + (\text{목표이익})] \div \left[1 - \frac{(\text{변동비})}{(\text{매출액})} \right]$$

기출 유형 맛보기

01 다음 중 손익분기점에 대한 설명으로 옳지 않은 것은?

① 수익의 최대점을 의미한다.
② 경영관리의 도구로 사용한다.
③ 총수익과 총비용이 일치되는 점이다.
④ 이익과 손실의 갈림길이 된다고 볼 수 있다.
⑤ 매출액을 통하여 손익분기점을 구하기 위해서는 고정비, 판매가격, 변동비가 필요하다.

---

01 **정답** ①

손익분기점은 수익의 최대점이 아니라 이익도 손실도 생기지 않는 경우의 매출액이다.

044 소비자 정보처리과정 ★☆☆

소비자가 정보에 노출되어 주의를 기울이고 내용을 이해하여 긍정 혹은 부정적인 태도가 형성되는 일련의 과정

소비자들은 원하던 원하지 않던, 끊임없이 수많은 마케팅 자극에 노출된다. 이렇게 노출된 마케팅 자극에 흥미를 느끼면 주의를 기울이지만, 그렇지 않으면 흘러가는 소음에 불과하게 된다. 이와 반대로 소비자는 의사결정을 위한 외적 정보탐색 과정에서 의도적으로 자신을 여러 가지 정보에 노출하는 경우가 있다. 이렇게 노출된 정보에 대해 어떠한 태도가 형성되어지는 과정을 소비자 정보처리과정이라고 한다.

기출 유형 맛보기

01 다음 중 소비자들의 구매의사 결정과정을 순서대로 바르게 나열한 것은?

① 정보탐색 → 필요인식 → 대안평가 → 구매 → 구매 후 행동
② 정보탐색 → 필요인식 → 구매 → 대안평가 → 구매 후 행동
③ 정보탐색 → 대안평가 → 필요인식 → 구매 → 구매 후 행동
④ 필요인식 → 정보탐색 → 대안평가 → 구매 → 구매 후 행동
⑤ 대안평가 → 정보탐색 → 필요인식 → 구매 → 구매 후 행동

---

01 정답 ④

필요인식 → 정보탐색 → 대안평가 → 구매 → 구매 후 행동

045 소비자행동 ★★☆

신용보증기금, 한국농어촌공사

개인 및 조직이 제품이나 서비스 구매와 관련된 일련의 모든 행동

소비자행동은 기업의 마케팅 활동에 영향을 받을 수도 있는 반면 영향을 줄 수도 있다. 현대 마케팅의 개념을 실현하기 위한 가장 핵심적인 분야로서, 소비자행동을 이해하기 위해서는 소비자에 대한 올바른 이해와 소비자의 구매의사결정 과정 및 영향 요인들에 대한 이해가 선행되어야 한다. 이와 관련된 소비자행동의 특성은 다음과 같다.

① 소비자는 자주적인 사고를 한다.
② 소비자의 행동 과정은 다양한 내·외적 요인에 영향을 받는다.
③ 소비자행동은 목표 지향적이다.
④ 소비자행동은 마케팅 활동(예 : 제품, 가격, 유통 등)에 의해 영향을 받는다.

기출 유형 맛보기

01 다음 중 행동과학에 대한 설명으로 옳지 않은 것은?

① 인간행동의 일반법칙을 체계적으로 구명하였다.
② 인간행동에 대한 이해를 높여 생산성을 증대하고자 하였다.
③ 방법론적으로 자연과학적 기법을 도입하였다.
④ 소비자 행동분석에 행동과학적 접근이 이용된다.
⑤ 사회의 계획적인 제어나 관리를 위한 기술을 개발하고자 한다.

---

01 정답 ③

방법론적으로 수리과학적 기법을 도입하였다.

046 수요예측 ★☆☆ 한국철도공사

수요분석을 기초로 하여, 시장조사 등 각종 예측조사 결과를 종합해 장래의 수요를 예측하는 일

산업 전체의 수요가 질적·양적으로 어떤 경향을 나타내고 어떤 상태에 있는가를 과거 및 현재의 자료를 기초로 하여 예측하는 방법이다. 기업의 성과 및 성장을 규정하는 주요인은 각 기업이 제공하는 제품 및 서비스와 시장수요이다. 따라서 제품이나 서비스의 개량·개발과 함께 시장수요의 변동을 정확하게 파악하는 일이 중요하다.

수요예측은 단지 일정기간 기업의 전제품 또는 한 제품의 매상 전망, 즉 개별기업의 범위 내에서의 예측에 국한하지 않고, 널리 다른 산업과의 관련, 경제 전체의 추세로까지 그 범위를 확대하는 것이 바람직하다. 왜냐하면 수요예측은 현재로부터 장래에 걸친 기업 활동을 위한 의사결정의 기초를 구성하기 때문이다.

기출 유형 맛보기

01 다음 중 생산시스템 설계에 해당하는 것은?

① 일정관리　　　　　　　　② 시설입지
③ 재고관리　　　　　　　　④ 품질관리
⑤ 수요예측

01　정답　②

시설입지를 정한다는 것은 생산이나 서비스 활동을 위한 지리적 장소를 결정하는 과정이다.

047 슈퍼리더십 ★☆☆

한국수자원공사

다른 사람이 스스로 자기 자신을 이끌어갈 수 있게 도와주는 리더십

슈퍼리더십은 셀프리더십(Self – Leadership)에서 출발한 개념으로 이 두 개념은 불가분의 관계에 있다. 셀프리더십이 스스로 자신을 이끌어 가는 과정이라면 슈퍼리더십은 리더 육성에 초점을 두고 부하직원들이 셀프리더십을 발휘할 수 있도록 영향력을 행사하는 과정이다.
즉, 리더는 슈퍼리더십을 효과적으로 발휘하기 위해서 부하직원들이 셀프 리더가 될 수 있도록 긍정적인 사고방식을 촉진시키고 동기부여를 유도시켜야 한다.

기출 유형 맛보기

01 다음 중 부하들 스스로가 자신을 리드하도록 만드는 리더십으로 옳은 것은?

① 슈퍼리더십
② 서번트 리더십
③ 카리스마적 리더십
④ 거래적 리더십
⑤ 코칭 리더십

---

01 정답 ①

오답분석

② 서번트 리더십 : 지속적인 변화가 필요한 상황 및 장기적인 조직성장이 필요한 상황에 적극적으로 대응하기 위해 필요한 리더십 스타일로, 구성원들과 수평적 관계를 형성하고 파트너십을 강조하는 것이 특징이다.

③ 카리스마적 리더십 : 능력이 뛰어나고 전문성을 보유하며 구성원들로부터 존경과 지지를 받는 리더가 현 상황에 불만을 가지고 변화를 위해 노력하는 과정에서 이상적인 비전을 제시하고, 이를 위해 구성원들과 공유 및 소통을 하는 방식의 리더십을 말한다.

④ 거래적 리더십 : 목표달성을 위해 규정된 과업행동을 효율적으로 수행할 수 있도록 적절한 강화기제를 사용하는 리더십 스타일이다.

⑤ 코칭 리더십 : 구성원 개개인의 능력향상보다는 팀원들의 상호 교류와 네트워크, 그리고 구성원의 능력개발을 이끌어 내는 리더십을 말한다.

048 생산시스템 ★★★ 국민연금공단, 한국철도공사, 한국도로공사

제품의 생산 준비에서 생산에 이르기까지의 모든 과정으로, 투입물을 원하는 산출물로 변환시키는 기능을 수행하는 일련의 과정

생산시스템의 투입물은 자재, 노동력, 자본, 에너지, 정보 등이 되고, 이러한 투입물은 공정기술(Process Technology)에 의해 산출물인 제품이나 서비스로 전환된다. 공정기술이란 투입물을 산출물로 변환시키는 데 사용되는 특정 방법을 말하며, 기술의 변화는 투입물 간의 사용비율이나 생산되는 산출물을 변화시키기도 한다.

> **Add**
>
> **생산관리** : 생산활동을 계획하고, 조직하고, 통제하는 활동의 총칭이다. 생산활동은 구매, 제조, 재무, 노동 가운데 특히 제조활동에 한정된다.

기출 유형 맛보기

01 다음 중 생산시스템에 대한 내용으로 옳지 않은 것은?

① 생산시스템의 각 개체는 각기 투입, 선택의 기능을 담당한다.
② 생산시스템은 일정한 개체들의 집합이다.
③ 생산시스템은 단순한 개체들을 모아놓은 것이 아닌, 의미가 있는 하나의 전체이다.
④ 생산시스템의 투입물에는 자재, 노동력, 에너지, 정보 등이 있다.
⑤ 각각의 개체는 각자의 고유 기능을 갖지만 타 개체와의 관련을 통해서 비로소 전체의 목적에 기여할 수 있다.

---

01 **정답** ①

생산시스템의 각 개체들은 각기 투입(Input), 과정(Process), 산출(Output) 등의 기능을 담당한다.

049 생산관리시스템(Material Requirement Planning) ★☆☆

국민연금공단

> 생산 공정 내의 모든 자원(인력, 장비, 자재)의 공정단위의 생산계획을 현장에서 실행하는 것은 물론 생산관련 품질데이터까지 다루는 공장정보화시스템

생산 절차의 계획, 원재료 수배 준비 계획, 일정·주간 계획 등을 세워서 제조 공정이 그 계획에 따라 진행할 수 있도록 진도 관리를 하는 시스템으로 종합적인 생산관리시스템이다.

공정계획에 따른 작업 물량과 작업 순서, 조업 진행상황 등의 정보를 기록하거나 확인할 수 있다. 실시간으로 정확한 데이터를 공장 내 근로자에게 전달할 수 있기 때문에 다수의 제조업체가 공정 효율을 높이기 위해 이 시스템을 도입했다.

기출 유형 맛보기

01 다음 중 생산수량과 일정을 토대로 필요한 자재조달 계획을 수립하는 관리시스템은?

① CIM ② TQM
③ MRP ④ SCM
⑤ JIT

---

01 **정답** ③

생산관리시스템(MRP)은 자재소요량계획으로서 생산수량과 일정을 토대로 자재가 투입되는 시점 및 양을 관리하기 위한 시스템

오답분석

① CIM : 제조부터 판매까지 연결되는 정보 흐름의 과정을 정보시스템으로 통합한 종합적인 생산관리시스템
② TQM : 제품 및 서비스의 품질을 향상시켜 장기적인 경쟁우위를 확보하기 위하여 조직 내의 모든 사람이 집단적 노력을 하는 것
④ SCM : 공급망 관리라고 하며, 공급망 전체를 하나의 통합된 개체로 보고 이를 최적화하고자 하는 경영방식
⑤ JIT : 주문과 동시에 생산되는 시스템

050 승급 ★☆☆

한국철도공사

근속연수나 능력에 근거하여 기본급을 올려주는 것

일정한 재직 기간의 경과 혹은 달리 정해진 규정에 의해 현재의 호봉보다 높은 호봉으로 올라가는 경우를 말한다. 가장 대표적인 경우로는 공무원을 예로 들 수 있다. 공무원의 승급에는 정기 승급과 특별 승급이 있다. 공무원의 호봉 간의 승급에 필요한 기간, 즉 승급 기간은 1년이다. 연령과 근속연수의 변화를 기준으로 하는 것을 자동승급이라 하고, 고과성적을 기준으로 하는 것을 사정승급이라 한다.

> **Add**
>
> - **승급의 기능**
>   ① 연령, 근속연수, 직무수행능력 등의 변화와 임금과의 조정기능
>   ② 정액급이 가지는 자극성 결여를 보충하는 노동의식의 자극기능
>   ③ 근로자 생활수준 상승에 따른 생활비의 증가에 대응하는 생활수준의 유지기능
>   ④ 임금의 계획적 증액을 할 수 있는 기업경영의 안정기능
> - **성과급** : 종업원이 회사에 공헌한 성적과 업적을 기준으로 임금을 차등화하는 제도

기출 유형 맛보기

01 다음 중 임금체계에 대한 설명으로 옳지 않은 것은?

① 직능급은 직무의 표준화가 충분하지 못한 경우에는 적용이 곤란하다.
② 직무급은 등급화된 직무등급에 따라 임금을 결정하는 방식이다.
③ 직능급은 직무의 내용에 근거하여 임금을 결정하는 방식이다.
④ 속인급에서는 근속연수에 따라 정기승급이 이루어진다.
⑤ 사업장에서 근로자가 받는 임금항목의 내용을 통틀어 임금체계라고 말한다.

---

01 정답 ③

직능급은 인적요소기준의 연공급과 직무요소기준의 직무급을 절충한 임금체제이다. 그러므로 직무의 내용과 개별적인 직무수행능력에 따라 임금을 결정한다.

051 스키밍 가격전략 ★★☆

한국철도공사, 국민연금공단, 한국남동발전

신제품을 시장에 처음 내놓을 때 진출가격을 고가로 책정한 후 점차적으로 가격을 내리는 전략

초기 고가 전략이라고도 한다. 저가의 대체품들이 출시되기 전 빠른 시간 안에 초기 투자금을 회수하고 이익을 확보하기 위해 사용한다. 초기 고가격에 제품을 사용할 의사가 있는 얼리 어답터(Early Adopter)들의 유보가격을 기준으로 제품을 출시한 뒤, 가격을 내려 소비자층을 확대하는 식으로 이윤을 극대화한다는 개념이다. 시장이 가격에 민감하지 않을 때 유효한 전략이며 경쟁사가 모방이 어려울 정도로 해당 제품의 기술력이나 차별성이 뛰어날 경우, 혹은 브랜드 충성도가 있을 경우 이 전략이 적합하다.

기출 유형 맛보기

01 다음 중 A사가 프린터를 저렴하게 판매한 후, 그 프린터의 토너를 비싼 가격으로 결정하는 전략은?

① 종속제품 가격전략(Captive Product Pricing)
② 묶음 가격전략(Bundle Pricing)
③ 단수 가격전략(Odd Pricing)
④ 침투 가격전략(Penetration Pricing)
⑤ 스키밍 가격전략(Skimming Pricing)

01 　**정답**　①

주제품과 함께 사용되어야 하는 종속제품을 높은 가격으로 책정하여 마진을 보장하는 전략을 종속제품 가격전략이라고 한다.

오답분석

② 묶음 가격전략 : 몇 개의 제품들을 하나로 묶어서 할인된 가격으로 판매하는 전략이다.
③ 단수 가격전략 : 제품 가격의 끝자리를 단수로 표시하여 소비자들이 제품의 가격이 저렴하다고 느껴 구매하도록 하는 가격 전략이다.
④ 침투 가격전략 : 빠른 시일 내에 시장에 깊숙이 침투하기 위해, 신제품의 최초가격을 낮게 설정하는 전략이다.
⑤ 스키밍 가격전략 : 신제품이 시장에 진출할 때 가격을 높게 책정한 후 점차적으로 그 가격을 내리는 전략이다.

052 스캔론 플랜 ★★☆

판매금액에 대한 인건비의 비율을 일정하게 정해 놓고 판매금액이 증가하거나 인건비가 절약되었을 때의 차액을 상여금의 형태로 종업원에게 지급하는 방식

생산성 향상에 따른 성과배분법의 하나로, 1937년 당시 스캔론(Joseph Scanlon)이 고안한 방법이다. 개인 인센티브가 아닌 집단 인센티브 방식으로, 구성원들의 경영참가를 높이기 위한 방법으로서 생산성 및 팀워크 향상을 위해 주로 중소기업에서 적용한다.

기출 유형 맛보기

01 다음 중 생산제품의 판매가치와 인건비와의 관계에서 배분액을 계산하는 집단성과급제는?

① 순응임금제   ② 물가연동제
③ 스캔론 플랜   ④ 럭커 플랜
⑤ 시간급

---

01 【정답】 ③

【오답분석】
① 순응임금제 : 기존의 모든 조건이 변할 때 거기에 순응하여 임금률도 자동적으로 변동·조정되도록 하는 제도
② 물가연동제 : 물가변동에 따라 임금을 올리거나 내리는 임금지불제도
④ 럭커 플랜 : 생산 부가가치의 증가를 목표로 기업과 고용인이 서로 협력하여 얻은 생산성 향상의 결과물을 럭커 표준이라는 일정분배율에 따라서 노사 간에 적정하게 배분하는 방법
⑤ 시간급 : 작업의 양과 질에 관계없이 근로시간을 기준으로 임금을 산정하여 지불하는 방식

053 시장세분화 ★★★

한국방송광고진흥공사, 코레일유통, 한국철도공사, 한국방송광고진흥공사, 코레일유통, 한국철도공사,

비슷한 선호도를 가진 소비자를 묶어 몇 개의 고객집단으로 분류하고 특정 집단을 골라서 기업의 마케팅 노력을 집중하는 것

기업의 한정된 자원을 효율적으로 집행하는 데 필요한 전략이다. 시장세분화를 위해서는 다수의 소비자를 소수 그룹으로 분류할 수 있는 기준이 필요하다. 소비자의 나이, 소득수준, 교육수준 등의 인구통계학적 특성, 라이프스타일, 성격 등의 심리적 특성, 이외에도 소비패턴, 주거지역, 문화 등 다양한 소비자 특성 변수를 활용해 시장세분화를 할 수 있다.

> **Add** ◀
>
> **틈새시장** : 시장의 빈틈을 공략하는 새로운 상품을 시장에 내놓음으로써, 다른 특별한 제품 없이도 비교우위를 차지하는 전략이다.

기출 유형 맛보기

01 시장의 비어 있는 공간을 의미하는 용어로 '남이 모르는 좋은 낚시터'라는 은유적인 뜻도 가지고 있으며 소규모의 시장에 대한 특화된 상품을 가지고 시장 영역을 만드는 전략으로 옳은 것은?

① 포지셔닝 ② 틈새시장
③ 제품차별화 ④ 타겟마케팅
⑤ 시장세분화

---

01 정답 ②

틈새시장 또는 니치시장(Niche Marketing)에 대한 설명이다.

오답분석
① 포지셔닝 : 소비자의 마음 속에 자사제품이나 기업을 가장 유리한 포지션에 있도록 노력하는 과정이다.
③ 제품차별화 : 시장경쟁에서 광고 등 마케팅에 의해 브랜드 로열티를 높이는 등의 방법으로 자사제품의 우위성을 확보하여, 새로운 브랜드의 시장진출을 막는 일이다.
④ 타겟마케팅 : 표적을 확실하게 설정하고 이들에게 마케팅을 행하는 일이다.
⑤ 시장세분화 : 수요층 별로 시장을 분할화 또는 단편화하여 각 층에 대해 집중적으로 마케팅 전략을 펴는 것이다.

054 시계열분석법 ★☆☆

동일한 현상을 시간의 경과에 따라 일정한 간격을 두고 반복적으로 측정하여 각 기간에 일어난 변화에 대한 추세를 알아보는 방법

경기변동 등의 연구에 사용되고 있으며 같은 시간의 간격을 통해 순차적으로 배열된 관측값을 반드시 시간 순서에 따라 분석해야 한다는 특징을 지닌다.
시계열의 변동 요인은 다음과 같은 4가지로 구분할 수 있다.

① 추세 변동(Trend Variation)
② 계절 변동(Seasonal Variation)
③ 순환 변동(Cyclical Variation)
④ 불규칙 변동(Irregular Variation)

기출 유형 맛보기

01 다음 중 제품 및 제품계열에 대한 수년간의 자료 등을 수집하기 용이하고, 변화하는 경향이 비교적 분명하며 안정적일 경우에 활용되는 통계적인 예측방법은?

① 브레인스토밍법
② 시계열분석법
③ 인과모형
④ 델파이법
⑤ 회귀분석법

---

01 정답 ②

시계열분석법은 제품 및 제품계열에 대한 수년간의 자료 등을 수집하기 쉽고, 변화하는 경향이 비교적 분명하며 안정적일 경우에 활용되는 통계적인 예측방법이다.

오답분석
① 브레인스토밍법 : 회의 형식을 채택하고, 3인 이상의 구성원의 아이디어 제시를 요구하여 발상을 찾아내는 방법이다.
③ 인과모형법 : 현상 속의 여러 변수들 가운데 시간적으로 선행하는 원인변수들을 독립변수로 하고 결과변수들을 종속변수로 하여, 그들 사이의 인과관계를 밝히기 위한 연구모형이다.
④ 델파이법 : 전문가 집단의 의견과 판단을 추출하고 종합하기 위하여 동일한 전문가 집단에게 설문조사를 실시하여 집단의 의견을 종합하고 정리하는 연구기법이다.
⑤ 회귀분석법 : 매개변수 모델을 이용하여 통계적으로 변수들 사이의 관계를 추정하는 분석방법이다.

055 시스템이론 ★☆☆

하나의 시스템은 각 요소들의 단순한 집합체가 아니라 더 넓은 의미에서 조직적인 전체를 구성하는 통일체라고 보는 이론

1937년 이론 생물학자 베르탈란피(L. V. Bertalanffy)에 의해 창시되었다. 시스템이론의 목적은 방법적 연관 및 구성분자의 연결에 의해 전체를 규정하는 것이다. 즉, 넓은 의미에서 조직적인 전체를 구성하고, 이를 통해 효율적인 목표 달성을 추구한다.

시스템이론에서는 세계의 현상들이 모두 연관되어 있으며, 사회와 생태계 같은 조직체계는 살아 있는 시스템이라고 이해하고 있다.

기출 유형 맛보기

01 다음 중 경영이론에 대한 설명으로 옳지 않은 것은?

① 페이욜(H. Fayol)은 경영의 본질적 기능으로 기술적 기능, 영업적 기능, 재무적 기능, 보전적 기능, 회계적 기능, 관리적 기능의 6가지를 제시하였다.

② 버너드(C. Barnard)는 조직 의사결정은 제약된 합리성에 기초하게 된다고 주장하였다.

③ 상황이론은 여러 가지 환경변화에 효율적으로 대응하기 위하여 조직이 어떠한 특성을 갖추어야 하는지를 규명하고자 하는 이론이다.

④ 시스템이론 관점에서 경영의 투입 요소에는 노동, 자본, 전략, 정보 등이 있으며, 산출 요소에는 제품과 서비스 등이 있다.

⑤ 허츠버그(F. Herzberg)의 2요인이론은 동기요인과 위생요인을 가지고 있으며, 이들은 각각 인간 행동에 다른 영향을 미친다고 하는 이론이다.

---

01 **정답** ②

조직 의사결정이 제약되거나 제한된 합리성에 기초하게 된다고 주장한 사람은 사이먼(Herbert Simon)이다.

056 신뢰성 ★☆☆

한국철도공사

측정도구가 대상을 일관성 있게 측정하는 정도

제품 기능의 시간적 안정성을 나타내는 개념으로, 제품이 갖추고 있어야 할 품질을 일정 기간 유지하고 큰 사고에 이르는 일 없이 고객만족도를 확보하는 성질이다. 신뢰성 확보를 위해서는 내구성, 안정성, 설계 신뢰성에 대한 고려가 충분히 이루어져야 한다.

신뢰성은 시스템이나 제품이 고도화되고 복잡해질수록 소비자 보호 측면에서 품질보증의 주요 항목으로 관리되어야 한다.

기출 유형 맛보기

01 다음 중 인사평가 측정결과의 검증기준 중 '직무성과와 관련성이 있는 내용을 측정하는 정도'를 의미하는 것은?

① 신뢰성   ② 수용성

③ 타당성   ④ 구체성

⑤ 실용성

---

01 【정답】 ③

【오답분석】

① 신뢰성 : 제품의 기능을 얼마나 일관되게 측정하였는가를 나타내는 정도이다.

② 수용성 : 평가제도에 대해 구성원들이 이를 합당한 것으로 받아들이고 정당한 제도라고 믿으며, 평가의 공정성과 활용 목적에 대해 전적으로 신뢰하는 것이다.

④ 구체성 : 평가항목을 구체적이고 명확하게 구성하는 것이다.

⑤ 실용성 : 평가제도의 도입 및 운영 비용보다 그로 인해 얻는 효익이 더 큰 것이다.

057 아웃소싱 ★☆☆

기업 업무의 일부 프로세스를 경영 효과 및 효율의 극대화를 위한 방안으로 제3자에게 위탁해 처리하는 것

크게 2가지로 나뉘는데, 첫 번째는 국내외의 경제 상황 악화와 이에 따른 경쟁의 격화로 인해 한정된 자원을 가진 기업이 모든 분야에서 최상의 서비스를 유지할 수 없게 되어 가장 가능성 있는 분야나 핵심역량에 집중시키고, 나머지 활동은 외부의 전문기업에 위탁 처리하여 경제효과를 극대화하는 전략을 말한다.

다른 하나는 외부 정보통신 전문 업체가 자신이 보유한 자원을 고객에게 제공함으로써 고객 정보처리업무의 일부 또는 전부를 오랜 기간 동안 운영·관리하는 시스템을 말하는데, 이것도 엄격히 말하면 아웃소싱에 포함된다.

기출 유형 맛보기

01 다음 중 다른 기업에게 수수료를 받는 대신 자사의 기술이나 상품 사양을 제공하고 그 결과로 생산과 판매를 허용하는 전략은?

① 아웃소싱(Outsourcing)
② 합작투자(Joint Venture)
③ 라이선싱(Licensing)
④ 턴키프로젝트(Turn – key Project)
⑤ 그린필드투자(Green Field Investment)

01 　정답　③

라이선싱(Licensing)에 대한 설명이다.

　오답분석　
① 아웃소싱(Outsourcing) : 일부의 자재, 부품, 노동, 서비스를 외주업체에 이전해 전문성과 비용 효율성을 높이는 것이다.
② 합작투자(Joint Venture) : 2개 이상의 기업이 공동으로 투자하여 새로운 기업을 설립하는 것이다.
④ 턴키프로젝트(Turn – key Project) : 공장이나 여타 생산설비를 가동 직전까지 준비한 후 인도해주는 방식이다.
⑤ 그린필드투자(Green Field Investment) : 해외 진출 기업이 투자 대상국에 생산시설이나 법인을 직접 설립하여 투자하는 방식이다.

058 유기적 관리체계 ★☆☆

기업 전체의 목적에 부합되도록 개인과 개성을 존중하고 개인의 기능이 횡적으로 연결되도록
유도하는 관리체계

기업의 시장 환경이나 기술 환경이나 불확실한 환경에서는 매우 유효한 조직으로서 다음과 같
은 특성을 지닌다.

① 개인의 전문적 지식·경험 등이 기업 공통의 직무에 공헌할 수 있다.
② 기업의 전체적 상황에서 개인의 직무가 현실적으로 설정된다.
③ 다른 구성원과의 상호작용을 통하여 개개의 직무가 항상 조정되며 재정의된다.
④ 책임을 공유한다.
⑤ 각자가 아닌 기업의 전체 목적달성에 대한 책임감이 침투되어 있다.
⑥ 통제·권한 및 의사전달은 횡적 조직망을 이룬다.
⑦ 현행 직무에 따르는 지식은 조직망이 미치는 곳에 존재하며, 이 지식의 존재가 권한의 센터
　를 형성한다. 따라서 직무가 바뀌면 권한의 센터도 바뀐다.
⑧ 횡적 의사소통이 잘 운용되어 있어, 상하간의 의사전달도 상담이라 할 수 있다.
⑨ 정보·조언 등이 의사전달의 핵심 내용이다.
⑩ 상사에 대한 충성심이나 복종보다는 기업 전체의 직무나 발전·성장에 대한 책임감에 더
　높은 가치를 둔다.
⑪ 기업의 기술 및 경제적 환경에 관한 전문적인 지식·기술 등이 중요시되고 평가된다.

> **Add**
>
> **기계적 관리체계** : 안정된 환경에서 반복되는 작업을 하는 조직으로서, 효율적인 체계이자 유기적
> 관리체계와 대립하는 체계이다.

기출 유형 맛보기

01 다음 중 유기적 조직구조의 특징으로 옳지 않은 것은?

① 높은 전문화　　　　　　　　② 많은 권한 위양
③ 넓은 통제범위　　　　　　　④ 수평적 의사소통
⑤ 팀 위주의 운영

01 　정답　①

유기적 구조는 적은 규칙과 규정, 분권화, 광범위한 직무, 넓은 통솔 범위, 높은 팀워크를 특징으로 하는 조직구조로,
많은 권한이 위양되고 융통성이 높고 절차와 규칙이 적은 편이다. 의사소통은 수평적 관계에 있다.

059 요소비교법 ★★☆

직무들 간의 서열을 평가요소별로 매기는 직무평가 방식

직무의 상대적 가치를 결정하는 직무평가 방법 중 하나로써 직무들 간의 서열을 평가요소별로 매기는 방식이다. 서열법이 여러 직무들의 가치를 포괄적으로 평가하여 서열을 매기는 반면 요소비교법은 여러 직무들을 전체적으로 비교하지 않고 직무가 갖고 있는 요소별 직무들 간의 서열을 매기는 데 초점이 있다. 요소비교법은 서열법보다 훨씬 복잡하며 요소별 서열을 임금과 직접 연결시키는 특징이 있다.

기출 유형 맛보기

01 다음 중 직무분석의 방법으로 옳지 않은 것은?

① 질문지법 ② 요소비교법
③ 워크샘플링법 ④ 면접법
⑤ 관찰법

---

01 정답 ②

직무분석의 방법
- 관찰법
- 면접법
- 질문지법
- 중요사건 서술법
- 워크샘플링법
- 작업기록법

060 예산통제 ★☆☆

기업이 목표이익을 달성하기 위하여 미리 경영활동의 전반에 걸쳐 예산을 편성하고, 이를 바탕으로 하여 경영활동을 종합적으로 통제하는 수단

예산통제에서 말하는 예산이란 미래의 일정기간에 관한 각 부분의 활동을 조정하여 이를 구체적·화폐적으로 명시하고, 기업 전체의 이익 목표와 달성목표를 명확히 나타내는 종합적이고 구체적인 집행계획을 의미한다.

제1차 세계대전 후 불황에 직면한 미국의 기업들이 처음으로 고른 대응책으로서, 지금은 세계 각국에서 계수관리의 대표적인 수단으로 널리 채용하고 있다.

기출 유형 맛보기

01 다음 중 페이욜(Fayol)이 주장한 경영활동에 대해 바르게 연결한 것은?

① 기술적 활동 – 생산, 제조, 가공
② 상업적 활동 – 계획, 조직, 지휘, 조정, 통제
③ 회계적 활동 – 구매, 판매, 교환
④ 관리적 활동 – 재화 및 종업원 보호
⑤ 재무적 활동 – 원가관리, 예산통제

---

01 **정답** ①

페이욜(Fayol)은 일반관리론에서 어떠한 경영이든 '경영의 활동'에는 다음 6가지 종류의 활동 또는 기능이 있다고 보았다.

- 기술적 활동(생산, 제조, 가공)
- 상업적 활동(구매, 판매, 교환)
- 재무적 활동(자본의 조달과 운용)
- 보호적 활동(재화와 종업원의 보호)
- 회계적 활동(재산목록, 대차대조표, 원가, 통계 등)
- 관리적 활동(계획, 조직, 명령, 조정, 통제)

061 의사소통망 ★☆☆

송신자로부터 수신자에게 메시지가 흐르는 경로

그 경로구조를 살펴보면 여러 가지가 있겠지만 우리생활에서 자주 접할 수 있는 4가지는 쇠사슬형, 수레바퀴형, 원형 및 상호연결형을 들 수 있다.

Add

- **쇠사슬형** : 공식적인 명령계통에 따라 의사소통이 상위계층에서 하위계층으로만 흐르는 경우이다. 구성원들 간의 엄격한 계층관계가 존재하며, 상위의 중심인물이 정보를 종합하고 문제를 해결함으로써 의사존중의 속도는 빠르나 집단의 만족도가 낮다.
- **수레바퀴형** : 수레바퀴형은 구성원들 간에 중심인물이 있어 모든 정보가 그에게 집중되는 의사소통망이다. 이 경우 중심인물은 쉽고 신속하게 정보를 획득할 수 있고 문제해결 상황도 정확하게 판단할 수 있으며 문제에도 신속하게 대응할 수 있다.
- **원형** : 원형은 계층관계가 형성돼 있지 않고 중심인물도 없는 상황에서 나타날 수 있는 경우이다. 위원회나 테스크포스(Task Force)에 어울리는 형태이다. 이 경우 공식적인 리더가 있기는 하지만 이 사람에게만 정보가 집중되지는 않으며 구성원 상호간에 상호작용이 왕성하게 이루어진다. 권한이 어느 한쪽에 집중되어 있지 않아서 문제해결에 늦은 편이지만 구성원의 만족도는 높다.
- **상호연결형** : 상호연결형은 특정한 중심인물이 없고 구성원 개개인이 서로 의사소통을 주도한다. 구성원 상호간에 정보교환이 왕성하게 이루어짐으로 사태파악과 문제해결에 시간이 많이 소요되는 단점을 지닌다. 그러나 구성원들의 참여를 통하여 창의적으로 문제를 해결하고자 할 때는 효과적이기 때문에 참여자들의 만족도는 높다.

기출 유형 맛보기

01 다음 중 공장 종업원들이 한 사람의 감독자에게 보고하는 작업집단에서의 커뮤니케이션 패턴은?

① 상호연결형   ② 수레바퀴형
③ Y자형   ④ 쇠사슬형
⑤ X자형

---

01 **정답** ②

수레바퀴형은 커뮤니케이션에서 특정 개인의 중심도가 가장 높은 네트워크 형태이다.

062 인과 ★☆☆

어떤 결과를 가져오게 한 원인을 분석하거나 어떤 원인에 의해 결과적으로 일어난 일을 분석하여 설명하는 방법

원인을 분석하거나 결과를 분석하는 사고 작용은 모두 시간의 변화에 따른 어떤 현상의 변화를 중시한다는 점에서 서사 및 과정과 밀접한 연관을 맺는다. 뿐만 아니라 이러한 원인과 결과는 서로 떼려야 뗄 수 없는 사이여야 한다. 그래야 누가 보아도 인정할 수 있는 인과 관계가 성립되기 때문이다.

기출 유형 맛보기

01 다음 중 인과관계 예측기법으로 옳지 않은 것은?

① 회귀분석법   ② 투입 – 산출모형
③ 시뮬레이션모형   ④ 박스 – 젠킨스모형
⑤ 선도지표법

---

01 정답 ④

박스 – 젠킨스모형은 시계열자료의 예측에 널리 사용된다. 시계열분석은 과거에 있던 자료를 이용해서 미래의 단기수요예측을 하려는 기법이므로, 인과관계 예측기법이라고 말할 수 없다.

063 인플레이션 ★★★ 국민연금공단, 한국남동발전, 한국도로공사, 한국지역난방공사, 한국자산관리공사

화폐가치가 하락하여 물가가 전반적·지속적으로 상승하는 경제현상

인플레이션의 원인은 여러 가지가 있으나, 크게 보면 상품에 대한 수요측 요인과 공급측 요인으로 구분할 수 있다. 일반적으로 인플레이션은 보통 사람들의 생활에 큰 위협 요인으로 작용한다. 수입이 일정한 사람들의 실질소득을 감소시켜 구매력을 감소시키기 때문이다.

> ### Add ◀
>
> **디플레이션** : 경제 전반적으로 상품과 서비스의 가격이 지속적으로 하락하는 현상을 디플레이션이라고 한다. 대부분의 사람들에게 디플레이션은 생소한 개념으로, 인플레이션과 반대되는 개념으로 사용되고 있다. 인플레이션에서는 돈의 가치가 떨어지기 때문에 현금이나 현금에 준하는 자산을 소유하면 손해를 입지만, 디플레이션에서는 주가는 하락하고 부동산의 가격도 하락하기 때문에 현금이나 현금에 준하는 자산이나 채권에 투자하는 것이 유리하다.

기출 유형 맛보기

01 채권은 원금과 일정한 이자를 받을 권리가 있는 유가증권을 의미한다. 이러한 채권을 보유함으로 인해 발생하는 위험 중 거래 일방이 일시적인 자금부족으로 정해진 결제시점에 결제의무를 이행하지 못함으로써 거래 상대방의 자금조달계획 등에 악영향을 미치게 되는 위험을 무엇이라고 하는가?

① 재투자수익률 위험　　　　　　　　② 수의상환 위험
③ 유동성 위험　　　　　　　　　　　④ 채무불이행 위험
⑤ 인플레이션 위험

01 　정답　 ③

유동성 위험은 투자자의 입장에서 어떤 유가증권을 가치손실을 입지 않고 쉽게 사고 팔 수 있는 능력의 여부를 말한다. 즉, 자산의 유동성이 부족하여 일시적인 자금부족으로 대외지급에 문제가 생길 가능성을 의미한다.

　오답분석　
① 재투자수익률 위험 : 이자율의 변동에 따라 재투자수익률이 변동함으로 인해 발생하는 불확실성의 위험을 의미한다.
② 수의상환 위험 : 채권이 발행자의 선택에 따라 만기 이전에 채권발행 시 정해진 가격으로 상환되는 경우의 상환가격을 의미한다. 발행회사가 금리수준이 하락한 경우, 수의상환가격으로 채권을 매입하고 낮은 수익률로 또 다른 채권을 발행하면 투자자들 입장에서는 투자손실이 발생하기 쉽다.
④ 채무불이행 위험 : 채무자가 사정에 의해 원리금 지불채무를 계약에 정해진대로 이행할 수 없는 상황에 빠지는 것을 말한다.
⑤ 인플레이션 위험 : 화폐가치가 하락하며 물가가 지속적으로 상승하고 경제가 어려워지는 상황을 말한다.

064 인간관계론 ★☆☆

조직의 목표와 조직구성원들의 목표 간의 균형 유지를 지향하는 민주적·참여적 관리 방식을 처방하는 조직이론

인간관계론은 조직구성원들의 사회적·심리적 욕구와 조직 내 비공식집단 등을 중시한다. 과학적 관리론에 대한 반발로 등장하였으며 인간관계론의 요지는 다음과 같다.

첫째, 조직구성원의 생산성은 생리적·경제적 유인으로만 자극받는 것이 아니라 사회·심리적 요인에 의해서도 크게 영향을 받는다.

둘째, 비경제적 보상을 위해서는 대인 관계·비공식적 자생집단 등을 통한 사회·심리적 욕구의 충족이 중요하다.

셋째, 이를 위해서는 조직 내에서의 의사전달·참여가 존중되어야 한다.

기출 유형 맛보기

01 다음 중 인간관계론에 해당하는 내용으로 옳은 것은?

① 기획업무와 집행업무를 분리시킴으로써 계획과 통제의 개념 확립

② 시간 및 동작 연구를 통하여 표준 과업량 설정

③ 자연발생적으로 형성된 비공식 조직의 존재 인식

④ 과업에 적합한 근로자 선발 및 교육훈련 방법 고안

⑤ 전문기능별 책임자가 작업에 대한 분업적 지도 수행

---

01 정답 ③

인간관계론에서는 조직을 개인과 비공식 집단 및 집단 상호 간의 관계로 이루어지는 사회체제로 인식한다.

065 인적자원관리(HRM) ★☆☆

한국수자원공사

조직의 목표달성을 위해 미래의 인적자원 수요를 예측하고, 이를 통해 자원을 확보·평가하는 전체적인 업무과정

모든 기업은 조직의 목표를 달성하기 위해 물적자원, 인적자원, 정보적 자원 등을 획득하여 개발하고, 이를 효과적으로 활용해야 한다. 그 중에서도 인적자원관리(HRM ; Human Resource Management)는 다른 자원관리보다 포괄적인 개념으로 주목받고 있다. 최근 인적자원관리는 조직의 목표달성 뿐만 아니라 구성원들을 존중하며 조직의 발전을 동시에 도모할 수 있도록 초점을 두고 접근하는 경향이 크게 대두되고 있다.

기출 유형 맛보기

01 다음 중 포터(M. Porter)의 가치사슬모델에서 본원적 활동에 해당하지 않는 것은?

① 운영·생산
② 입고·출고
③ 고객서비스
④ 영업·마케팅
⑤ 인적자원관리

---

01 정답 ⑤

포터는 기업의 가치 창출 활동을 본원적 활동(Primary Activities)과 지원 활동(Support Activities)의 2가지 범주로 구분하고 있다.

- 본원적 활동(Primary Activities) : 입고(Il; Inbound Logistics), 운영 / 생산(Op; Operations), 출고(Ol; Outbound Logistics), 마케팅 및 영업(M&S; Marketing& Sales), 서비스(Services) 활동
- 지원 활동(Support Activities) : 회사 인프라(Firm Infrastructure), 인적자원관리(Hrm), 기술개발(Technology Development), 구매 활동(Procurement)

066 유니온 숍 ★★☆

사용자가 종업원을 고용할 때는 자유이나, 일단 채용이 되면 반드시 노동조합에 가입해야 하며 조합으로부터 제명·탈퇴한 자는 회사가 해고해야만 한다는 것을 정한 노동협약상의 조항

유니온 숍이란 사업장에서 근로자 고용 시 일정 시간 내 노동조합에 가입하도록 하고, 노조에 가입하지 않으면 해고하도록 하는 노동조합 강제 가입 제도를 일컫는 말이다. 기업이 노동자를 채용할 때에는 조합원이 아닌 노동자를 채용할 수 있지만, 일정한 기간 내에서 노동조합에 가입해야 하는 제도라고 정의할 수 있다.

> **Add**
>
> **클로즈드 숍** : 가장 강한 방식의 숍 시스템. 사용자는 노조에 가입된 조합원만 고용할 수 있고, 노조원 자격을 상실하면 해고되는 방식이다.

기출 유형 맛보기

01 조합원 가입제도 중 채용당시에는 비조합원이라도 일단 채용이 허락된 이후에는 일정한 견습 기간이 지나 정식종업원이 되면 반드시 조합에 가입해야 하는 형태는?

① 오픈 숍(Open Shop)
② 클로즈드 숍(Closed Shop)
③ 유니온 숍(Union Shop)
④ 에이전시 숍(Agency Shop)
⑤ 프레퍼렌셜 숍(Preferential Shop)

---

01 정답 ③

유니온 숍은 클로즈드 숍과 오픈 숍의 중간 형태로서 고용주는 노동조합 이외의 노동자까지도 자유롭게 고용할 수 있으나, 일단 고용된 노동자는 일정기간 내에 조합에 가입해야 하는 제도이다.

067 영업레버리지 ★★☆

고정자산 등을 보유함으로써 고정영업비용을 부담하는 것

영업레버리지는 영업이익의 실현과정에서 고정적인 영업비용이 발생하기 때문에 생긴다. 여기서 고정영업비용은 기업의 매출액 수준과 관계없이 발생하는 영업비용으로 감가상각비, 임대료, 경영진의 보수 등을 들 수 있다. 이때 고정비가 지렛대(lever) 역할을 해 매출액이 증가할 때 영업이익의 증가폭이 확대되고 매출액이 감소할 때 영업이익의 감소폭이 확대되는데 이를 영업레버리지 효과라 한다.

Add

– 재무레버리지 : 기업에 타인자본, 즉 부채를 보유함으로써 금융비용을 부담하는 것

기출 유형 맛보기

01 재무레버리지에서 궁극적인 원인으로 올바른 것은?

① 감가상각비   ② 제조원가
③ 변동비   ④ 이자비용
⑤ 유통비용

02 다음에서 설명하는 용어는?

> 기업의 재무유동성과 장기지급능력을 판단하는 데 사용되는 정태비율을 의미하며 레버리지 비율(leverage ratios)이라고도 부른다.

① 안정성비율   ② 수익성비율
③ 성장성비율   ④ 활동성비율
⑤ 유동성비율

---

01 정답 ④

재무레버리지에서는 이자비용이 지렛대 작용을 한다.

02 정답 ①

안정성비율은 기업의 장기지급능력을 측정하는데 사용되는 비율로 레버리지 비율이라고도 부른다. 유동비율, 부채비율, 고정비율, 이자보상비율 등이 포함된다.

068 전략적 마케팅 계획 ★★★

기업의 목표와 자원을 변동적인 시장기회에 전략적으로 적응시켜 기업의 장기적 생존과 성장을 도모하기 위한 관리과정

기업 수준의 전략계획에서는 마케팅팀의 역할이 가장 중요하다. 때문에 변동적인 마케팅 환경과 경쟁상황 아래에서 기업의 장기적 성장과 수익을 제고할 수 있는 마케팅 계획을 수립해야 한다. 전략적 마케팅 계획은 단계적으로 기업 전략 계획, 사업 전략 계획, 마케팅 전략 계획 등이 있다.

기출 유형 맛보기

01 다음 중 마케팅에 대한 내용으로 옳지 않은 것은?

① 마케팅 활동이란 기업과 소비자 간의 교환행위를 지속적으로 관리함으로써 소비자의 욕구만족이 실현되도록 노력하는 기업 활동이라 할 수 있다.

② 마케팅은 단순히 영리를 목적으로 하는 기업뿐만 아니라 비영리 조직까지 적용되고 있다.

③ 마케팅은 단순한 판매나 영업의 범위를 벗어나 고객을 위한 인간 활동이며, 눈에 보이는 유형의 상품만을 마케팅 대상으로 하고 있다.

④ 마케팅은 개인 및 조직체의 목표를 만족시키는 교환을 성립하게 하는 일련의 인간 활동이라 정의할 수 있다.

⑤ 마케팅은 매매 자체만을 가리키는 판매보다 훨씬 넓은 의미를 지니고 있다.

01 **정답** ③

마케팅은 단순한 판매나 영업의 범위를 벗어나 고객을 위한 인간 활동이며, 눈에 보이는 유형의 상품뿐만 아니라 무형의 서비스까지도 마케팅 대상이 되고 있다.

069 적대적 M&A ★★☆

상대기업의 동의 없이 강행하는 기업의 인수와 합병

일반적으로 적대적 M&A는 공개매수(Tender Offer)나 위임장 대결(Proxy Fight)의 형태를 취한다. 적대적 M&A에 대항하기 위한 방어책은 인수자의 매수자금에 부담을 주는 방법과 재무적인 전략, 회사 정관을 이용한 전략 등이 있다.

> **Add**
>
> - **공개매수(Tender Offer)** : 경영권 지배를 목적으로 특정기업의 주식을 주식시장 외에서 공개적으로 매수하는 적대적 M&A 방식이다.
> - **위임장 대결(Proxy Fight)** : 다수의 주주로부터 주주총회에서의 의결권 행사 위임장을 확보해 기업인수를 추진하는 전략으로 적대적 M&A의 한 수단이다. 그러나 위임의 정도를 신뢰할 수 없고, 기존 주주와의 마찰 가능성이 있으며 정보가 노출되기 때문에 시간과 비용의 소요가 클 수 있다는 단점이 있다.

기출 유형 맛보기

01 다음 글에서 설명하는 용어로 옳은 것은?

> 기업이 인수되어 기존 경영진이 퇴진하게 될 경우 이들에게 정상적인 퇴직금 외에 거액의 추가보상을 지급하도록 하는 고용계약을 맺음으로써 적대적 인수 위협에 대비하는 방법을 말한다.

① 포이즌필(Poison Pill)
② 백기사(White Knight)
③ 그린메일(Green Mail)
④ 황금낙하산(Golden Parachute)
⑤ 왕관의 보석(Crown Jewel)

---

01 정답 ④

기업의 경영진을 보호하여 적대적 M&A를 방어하기 위한 수단 중 하나인 황금낙하산 제도에 대한 설명이다. M&A의 방어 수단으로는 포이즌필, 백기사, 황금낙하산, 왕관의 보석 등이 있으며, M&A의 공격 수단으로는 그린메일, 곰의 포옹, 새벽의 기습 등이 있다.

070 제품개발전략 ★★☆

기존시장을 대상으로 수정된 제품 혹은 신제품을 제공하는 전략

제품개발은 제품수요의 폭을 넓히고 경쟁력을 강화하여 적극적으로 시장개척을 하기 위해 기초요건을 마련하는 활동이라고 할 수 있다.

제품을 개발하기 위해서는 순서가 필요하다. 여러 방법을 통해 경영 내외부의 광범위한 원천으로부터 얻어진 모든 아이디어는 아이디어의 검토와 예비적 선발 → 잠재수요·경쟁관계 등 판매 가능성 검토 → 특허권 판매 등에 대한 장해요인 유무의 검토 → 제품 개념 개발 → 제품 설계 → 제조방법과 비용의 추정 → 재정적 가능성의 검토 → 시장실험 → 판매계획의 작성과 시장도입 등의 절차를 거치게 된다. 그 중에서도 제품의 개념을 실체화하는 것은 제품을 생산하기 전 제품 개념 개발(제품 콘셉트 개발)의 과정에서 진행된다.

Add

제품 / 시장 매트릭스

	기존제품	신제품
기존시장	시장침투 (Market Penetration)	제품개발 (Product Development)
신시장	시장개발 (Market Development)	다각화 (Diversification)

기출 유형 맛보기

01 다음 중 제품 / 시장 매트릭스(Product / Market Matrix)에서 신제품을 가지고 신시장에 진출하는 성장전략은?

① 다각화 전략 ② 제품개발 전략
③ 집중화 전략 ④ 시장침투 전략
⑤ 시장개발 전략

---

01 **정답** ①

제품/시장 매트릭스

구분	기존제품	신제품
기존시장	시장침투 전략	제품개발 전략
신시장	시장개발 전략	다각화 전략

071 제품수명주기 ★☆☆

한국수자원공사, 부산교통공사

하나의 제품이 시장에 나온 뒤 성숙과정을 거친 뒤에 쇠퇴하여 시장에서 사라지는 총체적 과정

제품이나 상품이 생겨나서부터 없어질 때까지의 삶을 말하며 그들은 생명을 지닌 생명체와 같이 그들만의 수명주기를 지니고 있다. 주기는 크게 도입기, 성장기, 성숙기, 쇠퇴기의 과정을 가진다. 이 중에서도 특히 기업은 제품수명주기의 수명을 늘리기 위해 도입기와 성장기에 많은 노력을 기울여야 한다. 기업은 성장하기 위해 언제나 성장기의 제품들을 앞에 세워야 하고 이들을 유지하도록 꾸준한 제품 개발이나 경영의 다각화를 시도해야만 한다.

PART 1

기출 유형 맛보기

01 다음 〈보기〉 중 제품수명주기를 순서대로 바르게 나열한 것은?

〈 보기 〉

ㄱ. 도입기   ㄴ. 성장기
ㄷ. 성숙기   ㄹ. 쇠퇴기

① ㄱ - ㄴ - ㄷ - ㄹ
② ㄱ - ㄷ - ㄴ - ㄹ
③ ㄴ - ㄱ - ㄷ - ㄹ
④ ㄴ - ㄱ - ㄹ - ㄷ
⑤ ㄷ - ㄴ - ㄱ - ㄹ

---

01 정답 ①

제품수명주기
도입기(개발사업) → 성장기(성장사업) → 성숙기(수익창출원) → 쇠퇴기(사양사업)

072 준거적 권력 ★☆☆

다른 사람이 특정인에 대해 갖고 있는 신뢰나 존경, 매력에 기반을 두는 권력

미국의 사회심리학자인 프렌치(French, J.)와 레이븐(Raven, B.)이 제시한 다섯 가지 권력 유형(준거적 권력, 합법적 권력, 전문적 권력, 강압적 권력, 보상적 권력) 중 하나로서 다른 사람이 특정인에 대해 갖고 있는 신뢰나 존경이나 매력에 기반을 두는 권력이다. 타인에게 인기가 있는 사람은 공식적 권한이 없어도 타인에게 영향을 미친다.

즉, 준거적 권력은 호감이나 존경을 받는 사람이 자신을 존경하는 사람들에게 행사할 수 있는 권력이다. 조직 내 여러 관리자들 중에서도 부하직원들로부터 존경을 받는 상사는 준거적 권력을 갖게 된다. 광고회사들이 대중들로부터 존경받는 인물이나 인기 있는 유명 연예인을 광고모델로 활용하는 것은 준거적 권력을 활용하는 방식이라고 볼 수 있다.

기출 유형 맛보기

01 다음 중 프렌치(J.R.P. French)와 레이븐(B. Raven)이 구분한 5가지 권력 유형이 아닌 것은?

① 합법적 권력　　　　　　　② 기회적 권력
③ 강압적 권력　　　　　　　④ 보상적 권력
⑤ 준거적 권력

01　정답　②

5가지 권력 유형은 합법적 권력, 강압적 권력, 보상적 권력, 준거적 권력, 전문적 권력이 있다.

073 재고관리방법 ★★☆

능률적이고 계속적인 생산활동을 위해 필요한 원재료, 반제품, 제품 등의 최적보유량을 계획하고 조직·통제하는 기능을 가진 방법

Add

- **자재소요계획(MRP)** : 제품생산계획(MPS)에 기초하여 자재수요계획을 수립하는 생산정보시스템의 하위시스템이다. 상위품목의 생산계획이 변경되면, 부품의 수요량과 재고 보충시기를 자동적으로 갱신하여 효과적으로 대응할 수 있다. 종속수요품 각각에 대하여 수요예측을 별도로 할 필요가 없다.
- **적시생산시스템(JIT)** : 생산부문의 각 공정별로 작업량을 조정함으로써 중간 재고를 최소한으로 줄이는 관리체계이다. 재고제로시스템, Lean 생산방식, 연속적 흐름생산 등으로도 불린다. 낭비 요소가 최소화된 효율적인 생산의 운영 및 통제시스템을 지칭하는 용어로서 1980년대 이후 미국을 비롯한 서양국가에서 활발하게 연구되고 도입되었다.

기출 유형 맛보기

01 다음 중 최종품목 또는 완제품의 주생산일정계획을 기반으로 제품생산에 필요한 각종 원자재, 부품, 중간조립품의 주문량과 주문시기를 결정하는 재고관리방법은?

① 자재소요계획(MRP) ② 적시생산시스템(JIT)
③ 린(Lean) 생산 ④ 공급사슬관리(SCM)
⑤ 칸반(kanban) 시스템

---

01 정답 ①

오답분석

② 적시생산시스템 : 필요한 때에 맞추어 물건을 생산·공급하는 것으로, 제조업체가 부품업체로부터 부품을 필요한 시기에 필요한 수량만큼만 공급받아 재고가 없도록 해주는 재고관리시스템이다.

③ 린 생산 : 작업 공정 혁신을 통해 비용은 줄이고 생산성은 높이는 것으로, 숙련된 기술자의 편성과 자동화 기계의 사용으로 적정량의 제품을 생산하는 방식이다.

④ 공급사슬관리 : 어떤 제품을 판매하는 경우 자재 조달, 제품 생산, 유통, 판매 등의 흐름을 적절히 관리하여 공급망 체인을 최적화함으로써 조달 시간 단축, 재고 비용이나 유통 비용의 삭감, 고객 문의에 대한 빠른 대응 등을 실현하는 것이다.

⑤ 칸반 시스템 : JIT 시스템의 생산통제수단으로 낭비를 제거하고 필요한 때에 필요한 물건을 필요한 양만큼만 만들어서 보다 빨리, 보다 싸게 생산하기 위한 목적으로 활용되는 시스템이다.

074 지수평활법 ★☆☆

미래의 매출액 등을 예측하기 위해 쓰이는 정량적 예측 방법 중 하나

공급망 수요를 예측하는 것은 기업의 이윤 극대화를 가져오므로 매우 중요한 사안이며, 이러한 예측을 위해서 크게 정성적 예측 방법과 정량적 예측 방법을 사용한다.

정성적 예측 방법은 실무자, 전문가 등의 판단을 이용하는 방법이고, 정량적 예측 방법은 과거에 대한 정보, 과거의 시계열 자료 등 수치적인 자료를 이용하여 예측하는 방법이다.

지수평활법은 수많은 복잡한 예측 모형에 비해 수식이 단순하여 계산량이 적으며, 예측 능력이 크게 떨어지지 않기 때문에 많은 종류의 수요를 일별, 주별 등 매우 빈번하게 예측해야만 하는 모델을 관리하기에 적합한 예측 방법이다.

기출 유형 맛보기

01 다음 중 의사결정에 대한 내용으로 옳지 않은 것은?

① 집단의사결정의 장점으로는 위험의 분산, 구성원 상호 간의 지적 자극, 일의 전문화, 많은 지식, 사실·관점의 이용 가능 등이 있다.

② 집단의사결정의 단점으로는 특정 구성원에 의한 지배 가능성, 최적안의 폐기 가능성, 의견 불일치로 인한 갈등, 시간 및 에너지의 낭비 등이 있다.

③ 의사결정에 대한 기본가정 중 관리인 가설의 특징으로는 만족스러운 행동경로, 제한된 합리성 등을 들 수 있다.

④ 미래의 불확실성에 대한 의사결정 방법의 하나로 특정 문제에 대해 몇 명의 전문가들의 독립적인 의견을 수집하고 이를 요약하여 다시 전문가들에게 배부한 다음 서로의 의견에 대해 논평하도록 하여 결론을 도출하는 방법을 지수평활법이라고 한다.

⑤ 넓은 의미의 의사결정은 조직관리자가 조직목표를 달성하기 위한 총체적 과정을 말한다.

---

01 **정답** ④

판단적 수요예측법으로 델파이법에 대한 내용이다.

075 직무기술서 ★★★

한국수자원공사, 신용보증기금, 한국가스공사, 도로교통공단

직무에 대해 직무분석을 통하여 해당직무의 성격이나, 요구되는 자질, 직무내용, 직무방법 및 절차, 작업조건 등을 알아낸 후, 그에 대한 주요사항 등을 정리하여 기록한 문서

직무기술서는 기업에서 업무를 세분화하고 구체화하여 근로자의 능력에 따른 업무 범위를 적절히 설정하고 생산성을 높이기 위한 수단으로 사용된다. 일반적으로 직무기술서에 들어가는 내용에는 표지, 직무개요, 직무내용, 직무요건 등의 전반적인 사항들이 있다.

> **Add**
>
> **직무 간 훈련** : 업무 및 산업현장 또는 기업교육 등에서 직무간 훈련(On the Job Training)은 직무 중에 이루어지는 교육훈련이다. 현업에서는 흔히 OJT라고 줄여 부른다. 직무 이외의 시간 또는 장소에서 이루어지는 직무외 훈련(Off – JT)과는 반대되는 개념이다.

기출 유형 맛보기

01 다음 중 직무를 수행하는 데 필요한 기능, 능력, 자격 등 직무수행요건(인적요건)에 초점을 두어 작성한 직무분석의 결과물은?

① 직무명세서 ② 직무표준서
③ 직무기술서 ④ 직무지침서
⑤ 직무제안서

---

01 정답 ①

직무분석의 결과물 가운데 직무수행요건, 즉 기능, 능력, 자격 등의 인적 요건에 초점을 맞추고 있는 것은 직무명세서이다.

076 직무분석 ★★☆

직무를 수행하는 데 요구되는 특성, 과업수행 방법, 시기 및 이유, 작업환경과 행동방법 등을 결정하기 위해 직무에 관한 정보를 체계적으로 수집, 분석하는 과정

직무분석은 특히 직무를 수행하기 위한 과업, 의무 그리고 해당 직무의 책임과 역할을 규명하는 데 초점을 둔다. 또한 모집, 선발, 배치, 평가, 보상, 인재개발 등의 제반 인사기능의 기초자료가 되는 등 상호 밀접한 연계성을 가지는 작업이기도 하다. 이와 같은 직무분석을 통해 직무별 책임, 작업환경, 직무명세 등을 규정화한 직무기술서(Job Description)와 인력의 자격요건, 즉 지식, 태도, 기술 등에 대한 상세 조건을 명시한 직무명세서(Job Specification)로 작성할 수 있다.

기출 유형 맛보기

01 다음 중 직무분석의 목적으로 옳지 않은 것은?

① 기업 조직계획을 수립함에 있어 기초자료로 활용된다.
② 직무급 도입을 위한 기초 작업이 된다.
③ 인사고과의 기초가 된다.
④ 조직업무 개선에 있어 기초가 된다.
⑤ 종업원들의 훈련이나 개발에 있어서 기준이 된다.

---

01 정답 ①

직무분석의 목적
• 인적자원관리 활동에 있어서 합리적 기초를 제공한다.
• 업무개선에 있어서 기초가 된다.
• 채용관리의 기초자료를 제공해 준다.
• 인사고과의 기초가 된다.
• 종업원들의 훈련이나 개발에 있어서 기준이 된다.
• 직무급의 도입을 위한 기초작업이 된다.

077 직무평가 ★★☆

직무의 각 분야가 기업 내에서 차지하는 상대적 가치를 결정하는 일

직무평가의 방법으로는 서열법, 분류법, 요인비교법, 점수법 등이 있다.

① 서열법

각 직무의 중요도, 곤란도, 책임도 등을 종합적으로 판단하여 일정한 순서로 늘어놓는다.

② 분류법

직무의 가치를 단계적으로 구분하는 등급표를 만들고 평가직무에 맞는 등급으로 분류한다.

③ 요인비교법

급여율이 가장 적정하다고 생각되는 직무를 기준직무로 하고 그와 비교해 지식, 숙련도 등 제반 요인별로 서열을 정하여, 평가직무를 비교함으로써 평가직무가 차지할 위치를 정한다.

④ 점수법

직무 평가 요소에 등급을 붙이고 그것에 평가 점수를 매겨 점수의 합계로써 가치를 정한다.

기출 유형 맛보기

01 다음 중 직무분석에 대한 설명으로 옳지 않은 것은?

① 직무평가는 직무분석을 기초로 이루어진다.
② 직무분석을 통해 직무기술서와 직무명세서가 작성된다.
③ 직무분석은 직무와 관련된 정보를 수집·정리하는 활동이다.
④ 직무기술서는 직무를 수행하는 데 필요한 인적요건을 중심으로 작성된다.
⑤ 직무분석을 통해 얻어진 정보는 전반적인 인적자원관리 활동의 기초자료로 활용된다.

---

01 정답 ④

직무기술서는 직무수행과 관련된 과업 및 직무행동 등의 직무요건을 중심으로 기술한 양식이다.

구분	직무기술서	직무명세서
개념	직무수행과 관련된 과업 및 직무행동 등의 직무요건을 중심으로 기술한 양식	특정 직무를 수행하기 위해 요구되는 지식, 기능, 육체적·정신적 능력 등 인적 요건을 중심으로 기술한 양식
포함내용	• 직무 명칭, 직무코드, 소속 직군, 직렬 • 직급(직무등급), 직무의 책임과 권한 • 직무를 이루고 있는 구체적 과업의 종류 및 내용 등	• 요구되는 교육 수준 • 요구되는 지식, 기능, 기술, 경험 • 요구되는 정신적, 육체적 능력 • 인정 및 적성, 가치, 태도 등
작성요건	명확성, 단순성, 완전성, 일관성	

078 직무확대 ★★☆

신용보증기금, 부산교통공사, 한국가스안전공사

직무 능력을 활용하고 도전의 기회를 증대하여 만족감을 유발하기 위하여 전문화된 직무의 내용 및 범위를 넓히는 것

수행하고 있는 기존 직무와 난이도, 책임수준 등이 비슷한 업무를 추가적으로 할당하는 방법이다. 이는 직무 내용의 단순화와 정형화에 따르는 단조로움이나 소외감을 극복하려는 취지에서 생겨났다. 직무확대는 수평적 직무확대와 수직적 직무확대로 구분된다.

수평적 직무확대는 직무 전문화된 작업 상황에서 한 사람의 작업자가 한 가지 혹은 소수의 일을 수행하던 것을 일의 종류를 늘려서 수행하는 경우를 말한다.

반면 수직적 직무확대는 한 사람의 작업자가 수행해 왔던 일의 종류가 과거보다 늘어나서 의사결정권한 및 책임의 크기도 증가되는 경우를 말한다.

기출 유형 맛보기

01 다음 글의 설명에 해당하는 직무설계로 옳은 것은?

> • 직무성과가 경제적 보상보다는 개인의 심리적 만족에 있다고 전제한다.
> • 종업원에게 직무의 정체성과 중요성을 높여주고 일의 보람과 성취감을 느끼게 한다.
> • 종업원에게 많은 자율성과 책임을 부여하여 직무경험의 기회를 제공한다.

① 직무 충실화
② 직무 전문화
③ 직무 특성화
④ 수평적 직무확대
⑤ 수직적 직무확대

---

01 **정답** ①

직무 충실화는 계획, 통제 등의 관리기능의 일부를 종업원에게 위임하여 능력을 발휘할 수 있는 여지를 만들고 도전적인 직무를 구성하여 생산성을 향상시키고자 하는 방법이다. 허츠버그의 2요인 이론에 기초하며 개인의 차를 고려하지 않는다.

079 집단성과배분제도 ★★☆

종업원들이 경영에 참가하여 원가절감, 생산성 향상 등의 활동을 통해 조직성과의 향상을 도모하고 그 이익을 회사의 종업원들에게 분배하는 제도

미국의 헨리 타운(Henry. R. Towne.)에 의해 처음 사용되었으며 '집단성과급제'라고도 알려져 있다. 집단 단위의 보상제도와 종업원의 경영 참여제도가 결합된 제도로 스캔론 플랜, 럭커 플랜, 임프로쉐어 플랜 등이 있으며 최근에는 여러 플랜을 기업에 맞게 수정하여 사용이 가능한 커스터마이즈드 플랜이 있다.

① 스캔론 플랜

제안제도의 도입으로 집단 중심적인 조직구성원 구조에 초점을 둔 집단성과배분제도이다. 종업원들의 잠재력을 극대화시켜 작업능률을 향상시키고 경영성과를 높일 수 있는 기회를 제공한다.

② 럭커 플랜

스캔론 플랜의 문제를 발견하고 이를 수정하고자 만든 플랜이다. 노동비용을 판매액에서 재료 및 에너지, 간접비용을 제외한 부가가치로 나누는 것을 제안했다.

③ 임프로쉐어 플랜

집단성과급제 중에서 가장 효율성을 추구하며 종업원의 참여는 거의 고려되지 않고 산업공학기법을 이용한 공식을 통해 보너스를 계산하는 플랜이다.

④ 커스터마이즈드 플랜

기업들이 각 기업의 환경과 상황에 맞추어 맞춤 제도를 사용하는 플랜을 말한다. 성과측정의 기준으로 노동비용이나 생산비용, 생산 이외에도 품질향상, 소비자 만족도 등 각 기업이 중요성을 부여하는 부분에 초점을 둔 새로운 기준을 사용한다.

기출 유형 맛보기

01 다음 중 임금관리에 대한 내용으로 옳지 않은 것은?

① 스캔론 플랜은 판매가치에 대한 인건비 비율을 이용하여 상여배분을 실시하는 방법이다.
② 임금관리는 성과표준을 초과달성한 부분에 대해 부가가치를 기준으로 상여배분을 실시하는 방법이다.
③ 임금수준은 생계비와 기업의 지불능력 사이에서 사회일반이나 경쟁기업의 임금수준을 고려하여 결정한다.
④ 임금관리의 3요소 중 임금체계는 임금 계산이나 지불방법에 대한 것이다.
⑤ 종업원이 노동의 대가로 지급받는 임금의 수준·체계·형태 등을 분석하는 것이다.

---

01 정답 ④

④는 임금형태에 관한 내용이다.

080 집중적 마케팅 ★☆☆

국민연금공단

전체시장을 대상으로 마케팅 활동이 힘든 경우, 세분화된 소수를 목표시장으로 선정하여 기업의
마케팅 노력을 집중하는 전략

다른 말로는 세분시장 전략이라고도 한다. 즉, 큰 시장에서 낮은 시장점유를 얻기보다는 선택한
소수의 세분시장에서 보다 높은 시장점유를 추구하여 강력한 시장 지위를 확보하고자 하는 전략
이다. 집중적 마케팅 전략은 기업의 힘을 세분시장에 집중함으로서 시장요구를 정확히 파악할
수 있고 생산, 유통, 촉진화 부분에서도 전문화에 의해 운영비를 절약할 수 있다.

기출 유형 맛보기

01 다음 중 주로 자원이 한정된 중소기업이 많이 사용하는 마케팅 전략으로 옳은 것은?

① 마케팅믹스 전략

② 무차별적 마케팅 전략

③ 집중적 마케팅 전략

④ 차별적 마케팅 전략

⑤ 비차별적 마케팅 전략

---

01 정답 ③

집중적 마케팅 전략은 전체 세분시장 중에서 특정 세분시장을 목표시장으로 삼아 집중 공략하는 전략으로 해당 시장의
소비자 욕구를 보다 정확히 이해하여 그에 걸맞은 제품과 서비스를 제공함으로써 전문화의 명성을 얻을 수 있다. 뿐만
아니라 그로 인해 생산·판매 및 촉진활동을 전문화함으로써 비용을 절감시킬 수 있다.

081 집중화 전략 ★☆☆

특정 시장, 특정 소비자 집단, 일부 제품종류, 특정 지역 등을 집중적으로 공략하는 것

원가우위 전략과 차별화 전략이 전체 시장을 대상으로 한 전략임에 반해 집중화 전략은 특정 시장에만 집중하는 전략이다. 일반적으로 기업의 자원이 제한되어 있기 때문에 기업들은 특화된 영역 안에서 원가우위나 차별화 전략을 추구하게 된다. 이 경우 원가우위에 의한 집중화로써 원가 측면에서 우위를 점하는 것이 가능하며, 차별화에 의한 집중화 전략은 작은 범위의 제품에 집중함으로써 오히려 대규모의 차별화를 추구하는 기업보다 더 빠른 혁신이 가능하다. 따라서 경쟁자와의 전면적 경쟁이 불리한 기업이나, 보유하고 있는 자원 또는 역량이 부족한 기업에 적합한 전략이라 할 수 있다.

기출 유형 맛보기

01 다음 중 STP전략의 목표시장선정(Targeting)단계에서 집중화 전략에 대한 설명으로 옳지 않은 것은 무엇인가?

① 단일제품으로 단일화된 세분 시장을 공략하여 니치마켓에서 경쟁력을 가질 수 있는 창업 기업에 적합한 전략이다.

② 자원이 한정되어 있을 때 자원을 집중화하고 시장 안에서의 강력한 위치를 점유를 할 수 있다.

③ 대기업 경쟁사의 진입이 쉬우며 위험이 분산되지 않을 경우 시장의 불확실성으로 높은 위험을 감수해야 한다.

④ 세분시장 내 소비자욕구의 변화에 민감하게 반응하여야 위험부담을 줄일 수 있다.

⑤ 규모의 경제로 대량생산 및 대량 유통 광고를 통해 비용을 최소화 할 수 있다.

---

01 정답 ⑤

대량생산 대량유통으로 규모의 경제를 실현하여 비용절감을 하는 전략은 비차별화 전략의 장점으로 볼 수 있다. 단일제품으로 단일 세분시장을 공략하는 집중화 전략과는 반대되는 전략이다.

082 집단의사결정 ★★★

한국철도공사, 신용보증기금, 국민연금공단, 한국도로공사

조직이 당면한 문제에 대한 해결방안이 개인이 아닌 집단에 의하여 이루어지는 의사결정

집단의사결정에 의하면 개인적 의사결정에 비하여 문제 분석을 보다 광범위한 관점에서 할 수 있고, 보다 많은 지식·사실·대안을 활용할 수 있다. 또 집단구성원 사이의 의사전달을 용이하게 하며, 참여를 통해 구성원의 만족과 결정에 대한 지지를 확보할 수 있다.

집단의사결정의 대표적인 모형으로는 조직모형과 회사모형, 대학 조직이나 연구기관에 적합한 쓰레기통 모형, 그리고 앨리슨 모형 등을 들 수 있다.

기출 유형 맛보기

01 다음 글의 특성을 가지고 있는 집단의사결정 기법으로 옳은 것은?

> ⅰ. 문제가 제시되고 참가자들 간의 대화는 차단된다.
> ⅱ. 각 참가자들은 자기의 생각과 해결안을 가능한 한 많이 기록한다.
> ⅲ. 참가자들은 돌아가면서 자신의 해결안에 대해 집단을 대상으로 설명하며 사회자는 칠판에 그 내용을 정리한다.
> ⅳ. 참가자들이 발표한 내용에 대해 보충설명 등이 추가된다.
> ⅴ. 발표가 끝나면 제시된 의견들의 우선순위를 묻는 비밀투표를 실시하여 최종적으로 해결안을 선택한다.

① 델파이법   ② 명목집단기법
③ 브레인스토밍   ④ 변증법적 토론법
⑤ 고든법

---

01 정답 ②

명목집단기법은 아이디어를 모으는 단계에서 참가자들 간의 대화를 금지하고 서면으로 아이디어를 제출받는 방법이다.

083 차별화 전략 ★☆☆

한국농어촌공사, LX 한국국토정보공사

기업이 차별화된 제품이나 서비스의 제공을 통해 산업 전반에서 경쟁우위를 달성하고자 하는 전략

디자인이나 브랜드 이미지, 기술력, 제품 특성, 고객서비스에서의 차별성 등이 그 요인이 될 수 있다. 일반적으로 차별화 전략의 수익성은 원가우위 전략에 비해 높은 편인데, 이는 고객들이 제품의 독특함에 대한 프리미엄을 기꺼이 지불하고자 하는 성향을 가지고 있기 때문이다. 이처럼 차별화 전략은 구매자의 욕구와 선호체계가 너무 다양해서 표준화된 제품으로 만족시킬 수 없을 때 적절한 전략으로서 고객의 요구가 다양해지는 최근의 경영환경에서 특히 유용하게 쓰이고 있다.

기출 유형 맛보기

01 다음 중 차별화 전략의 원천에 해당하는 것은?

① 경험효과
② 규모의 경제
③ 투입요소 비용
④ 생산시설 활용도
⑤ 제품의 특성과 포지셔닝

---

01 **정답** ⑤

차별화 전략이란 경쟁제품과 구별되는 특성을 강조하면서 자기 제품을 포지셔닝하는 전략을 말한다. 차별화 전략을 펴려면 고품질, 탁월한 서비스, 혁신적 디자인, 기술력, 브랜드 이미지 등 무엇으로든 해당 산업에서 다른 경쟁기업들과 차별화하면 된다. 단, 차별화에 드는 비용을 감당하고도 남을 만큼 제품이나 서비스의 판매가격 면에서 프리미엄을 인정받을 수 있어야 한다.

PART 1

084 총자산회전율 ★☆☆

총자본회전율이라고도 하며 매출액을 총자산으로 나눈 수치

기업이 소유하고 있는 자산들을 얼마나 효과적으로 이용하고 있는가를 측정하는 활동성비율의 하나로서 기업의 총자산이 1년에 몇 번이나 회전하였는가를 나타낸다. 총자산회전율이 높으면 유동자산·고정자산등이 효율적으로 이용되고 있다는 것을 뜻하며, 반대로 낮으면 과잉투자와 같은 비효율적인 투자를 하고 있다는 것을 의미한다. 즉, 총자산회전율은 기업이 자산을 얼마나 효율적으로 활용해 수익을 창출하는지 보여주는 지표이다.

> (총자산회전율)=(매출액)/(총자산)

기출 유형 맛보기

01 다음 중 총자산회전율의 산식은?

① (매출액)÷(매출채권)   ② (매출액)÷(총자산)
③ (순이익)÷(자기자본)   ④ (총자산)÷(매출액)
⑤ (총자산)÷(매출채권)

---

01 정답 ②

총자산회전율(총자본회전율)은 매출액을 총자산으로 나눈 것으로, 이는 기업이 소유하고 있는 자산을 얼마나 효과적으로 이용하고 있는지를 측정하는 것이다.

085 최근효과 ★☆☆

정보가 차례대로 제시될 때 앞의 내용들보다 맨 나중에 제시된 내용을 더 많이 기억하는 경향

성과를 평가할 때 평가자는 평가 시점에서 가까운 시점에 발생한 사건에 대하여 높은 가중치를 둔다. 이는 평가 상황도 순서의 중요성과 밀접한 관련이 있다는 것을 나타낸다.

> **Add**
> – **후광효과** : 어떤 대상이나 사람에 대한 일반적 견해가 그것의 구체적 특성을 평가하는 데 영향을 미치는 현상이다.
> – **관대화 경향** : 근무성적평정에 있어서 평정결과의 분포가 우수한 쪽에 집중되는 경향이다.

기출 유형 맛보기

01 다음 중 인사고과 시 평가자에게 흔히 나타나는 고과상의 오류로 옳지 않은 것은?

① 후광효과　　　　　　　　　　② 서열화 경향
③ 관대화 경향　　　　　　　　　④ 최근 효과
⑤ 규칙적 오류

01 　**정답**　②

서열화 경향이라는 오류는 존재하지 않는다.

오답분석
① 후광효과 : 어느 한 요소에서의 평가결과가 다른 요소에 대한 평가에 긍정적 영향을 주는 경향이다.
③ 관대화 경향 : 평가자가 모든 종업원들을 높게 평가하는 경향이다.
④ 최근 효과 : 과거 정보보다 최근 정보에 비중을 두어 평가하는 오류이다.
⑤ 규칙적 오류 : 어떤 평정자가 다른 평정자들보다 언제나 후한 점수 또는 나쁜 점수를 줌으로써 나타나는 오류이다.

086 최저임금제 ★☆☆

서울교통공사, 한국남동발전

국가가 근로자들의 생활안정을 위해 임금의 최저수준을 정하고 고용인에게 그 수준 이상의 임금을 지급하도록 법으로 강제하는 제도

적용대상은 1인 이상 근로자를 고용하는 모든 사업 또는 사업장이다. 최저임금은 최저임금위원회가 매년 인상안을 의결해 정부에 제출하면, 고용노동부 장관이 8월 5일까지 결정해 고시한다. 이후 고용인은 최저임금액, 최저임금에 산입하지 않는 임금의 범위, 적용제외 근로자의 범위, 효력 발생일 등을 근로자들이 볼 수 있는 장소에 게시하거나 그 외 적당한 방법으로 근로자에게 주지시켜야 한다. 또 고용인은 근로자들에게 최저임금액 이상의 임금을 지급해야 하며, 최저임금액을 이유로 종전의 임금수준을 낮춰서는 안 된다.

> 현재 최저임금제는 2024년 기준 시급 9,860원이다.

기출 유형 맛보기

01 다음 중 최저임금제의 필요성으로 옳지 않은 것은?

① 계약자유 원칙의 한계 보완

② 저임금 노동자 보호

③ 소비자 부담 완화

④ 유효수요 창출

⑤ 소비자 부담 완화

---

01 정답 ③

최저임금제의 필요성
- 계약자유의 원칙 한계 보완 : 계약의 자유가 소유권과 결합하여 오히려 경제적 강자를 보호하고 경제적 약자를 지배하는 제도로 전환되는 한계를 보완
- 사회적 약자 보호 : 생존임금과 생활임금을 보장하여 저임금 노동자 등의 사회적 약자들을 보호
- 시장실패 보완 : 임금이 하락함에도 불구하고 노동공급은 줄어들지 않고 계속 증가하여 임금이 계속 떨어지는 현상인 왜곡된 임금구조를 개선
- 유효수요 증대 : 저소득층의 한계소비성향을 높여 사회 전반적인 수요 증대

087 카르텔 ★★☆

같은 종류의 상품을 생산하는 기업들이 서로 가격이나 생산량, 출하량 등을 협정해서 경쟁을 피하고 이윤을 확보하려는 행위

동종 또는 유사산업 분야의 기업 간에 결성되는 기업담합형태이다. 대표적인 국제 규모의 카르텔로는 석유수출국기구(OPEC)가 있다. 카르텔은 1870년대 이래 유럽 지역에서 급속히 발전하였으나 국민경제 발전을 저해하는 폐해가 커 많은 국가에서 금지나 규제를 하고 있다. 우리나라 또한 법률에 의해 카르텔이 금지돼 있다.

카르텔은 협정 내용에 따라 다음과 같이 구분될 수 있다.

① 조건카르텔 : 판매조건을 협정한다.
② 가격카르텔 : 판매가격의 최저한을 협정한다.
③ 지역카르텔 : 판매 지역을 협정한다.
④ 공급제한 카르텔 : 생산량 또는 판매량의 최고한을 협정한다.

기출 유형 맛보기

01 다음 중 법률적으로 독립된 몇 기업이 출자 등 주식의 소유 혹은 금융적 결합에 의하여 경영상 실질적으로 결합되어 하나의 단일한 경제체를 이루는 것을 의미하는 기업결합체로써 각종 산업에 걸쳐 다각적으로 독점력을 발휘하는 거대한 기업집단을 무엇이라고 하는가?

① 신디케이트   ② 카르텔
③ 콘체른   ④ 트러스트
⑤ 콤비나트

---

01 정답 ③

콘체른은 금융적 방법에 의한 기업집중 형태로 독점의 최고형태이다. 자본관계에 의해 하나의 기업으로 간주할 수 있는 콘체른은 최고도의 집중방식으로 재벌, 금융협동체라고도 한다. 내적 경영 통제 및 지배가 목적이다.

오답분석

① 신디케이트 : 생산 면에서는 독립성을 유지하며 판매에 있어서만 공동판매회사를 통해 판매함으로써 독점적 시장지배력을 향유하려는 목적의 조직이다.
② 카르텔 : 협정에 의해 경쟁의 제한이나 완화를 목적으로 이루어지는 기업담합형태로서 일부 활동을 제약받지만 법률적 독립성은 유지한다.
④ 트러스트 : 카르텔보다 강력한 기업집중의 형태로 각 기업의 독립성을 상실하고 합동하는 것을 의미한다.
⑤ 콤비나트 : 기술적으로 연관된 여러 생산부문이 근접 입지하여 형성하는 지역적 결합체를 말한다.

088 컨베이어 시스템 ★☆☆

재료나 반제품의 운반에 컨베이어 장치를 사용하는 합리적인 반송체계

흐름작업 조직으로의 컨베이어 시스템은 두 가지가 있다. 하나는 전진하는 컨베이어 위에서 일정한 간격으로 배치되어 있는 작업 대상물이 가공을 받는 이동 작업형 컨베이어 시스템이고, 다른 하나는 컨베이어에 의해 운반되는 작업 대상물이 옆에 설치되어 있는 작업대 또는 기계 위로 옮겨져서 가공을 받는 정지 작업형 컨베이어 시스템이다.

> **Add**
>
> 동시관리 : 작업조직의 철저한 합리화로서 각종 작업의 동시적 진행이 가능하도록 하고, 작업물의 중간 정체를 배제하여 생산을 능률화하는 일을 말한다.

기출 유형 맛보기

01 다음 중 생산합리화의 3S로 옳은 것은?

① 표준화(Standardization) - 단순화(Simplification) - 전문화(Specialization)

② 규격화(Specification) - 세분화(Segmentation) - 전문화(Specialization)

③ 단순화(Simplification) - 규격화(Specification) - 세분화(Segmentation)

④ 세분화(Segmentation) - 표준화(Standardization) - 단순화(Simplification)

⑤ 규격화(Specification) - 전문화(Specialization) - 표준화(Standardization)

---

01 정답 ①

미국의 경영자 포드는 부품의 표준화, 제품의 단순화, 작업의 전문화 등 '3S 운동'을 전개하고 컨베이어 시스템에 의한 이동조립방법을 채택해 작업의 동시 관리를 꾀하여 생산능률을 극대화했다.

90 · 한권으로 끝내는 공기업 전공 기출 키워드

089 콘체른 ★★☆

법률적으로 독립하고 있는 몇 개의 기업이 출자 등의 자본적 연휴를 기초로 하는 지배·종속 관계에 의해 형성되는 기업결합체

가맹 기업의 주식 유지나 금융적 방법으로 하나의 기업처럼 결합하는 형태이며, 기업결합이라고도 한다. 카르텔이 개개의 기업의 독립성을 보장하고, 트러스트가 동일산업 내의 기업합동인 점과는 대조적으로, 각종 산업에 걸쳐 다각적으로 독점력을 발휘하는 거대한 기업집단이다. 그렇기 때문에 각 기업체가 개별의 독립성을 상실하고 합동하는 형식을 취한다.

콘체른은 자본의 유효한 활용을 목적으로 하는 금융자본형 콘체른과, 생산·판매상의 필요에서 이루어진 산업자본형 콘체른이 있다.

기출 유형 맛보기

01 다음 중 카르텔보다 강한 기업집중의 형태로 시장독점을 위해 각 기업체가 개별의 독립성을 상실하고 합동하는 기업결합 유형은?

① 신디케이트　　　　　　　　　② 트러스트
③ 콤비나트　　　　　　　　　　④ 콘체른
⑤ 컨소시엄

---

01 정답 ②

오답분석
① 신디케이트(Syndicate) : 동일한 시장 내 여러 기업이 출자해서 공동판매회사를 설립하여 일원적으로 판매하는 조직이다.
③ 콤비나트(Kombinat) : 일정 수의 유사한 규모의 기업들이 원재료 및 신기술의 활용을 목적으로 사실상의 제휴를 위해 근접 지역에서 대등한 관계로 결성하는 수평적인 기업집단이다.
④ 콘체른(Konzern) : 법률적으로 독립성을 유지하면서 경제적으로는 불대등한 관계의 서로 관련된 복수 기업들의 기업 결합 형태이다.
⑤ 컨소시엄(Consortium) : 공통의 목적을 위한 협회나 조합이다.

PART 1 경영 • **91**

090 탐색조사 ★☆☆ 한국철도공사

조사의 연구 주제를 확정하기 전 예비적으로 시행하는 소규모 조사

체계적인 문제 해결의 조사 설계보다는 연구문제의 해결이 되는 단초를 찾고자 할 때 사용한다. 탐색조사에는 문헌조사, 전문가 조사, 사례조사 등이 있으며 조사방법은 1차 조사와 2차 조사로 나눠진다. 1차 조사는 자료 수집 대상으로부터 직접 조사하여 자료를 수집하는 방법이며, 2차 조사는 1차 조사결과를 포함하여 기존의 자료를 통해 분석대상에 대한 정보를 얻는 것을 말한다.

> **Add**
>
> - **종단조사** : 동일한 대상을 일정 시간을 두고 반복적으로 측정하여 변화를 정기적으로 측정하는 조사이다.
> - **횡단조사** : 특정 시점을 기준으로 여러 내용을 조사하여 집단 간의 차이를 규명하는 조사이다.

기출 유형 맛보기

01 다음 중 조사 설계의 목적에 따른 분류가 아닌 것은?

① 문헌조사   ② 표본조사
③ 기술적조사   ④ 실험적조사
⑤ 사례조사

---

01 정답 ②

표본조사는 조사대상에 대한 조사정도를 기준으로 한 분류의 하나이다.

091 토빈의 Q ★☆☆

기업의 시장가치를 자본의 대체비용으로 나눈 값

이 이론의 창시자인 미국의 경제학자 제임스 토빈(James Tobin)의 이름을 따서 토빈의 Q라고 하며 주로 기업의 신규설비투자에 대한 유인의 지표로 사용된다. 토빈의 Q는 아래와 같이, 시장가치와 대체비용의 비율로 정의된다.

> (토빈의 Q)=(기업의 시장가치)/(자본의 대체비용)

이때, 기업의 시장가치란 주식시장에서 평가하는 기업의 부채 및 자본의 가치를 의미하고, 자본의 대체비용이란 기업이 보유한 실물자산의 대체비용(Replacement Cost), 즉 순자산가치를 의미한다. 토빈의 Q가 1보다 크면 자산의 시장가치가 대체비용보다 크다는 뜻이다. 반대로 1보다 작은 경우 자산의 시장가치가 저렴하게 평가되어 M&A의 표적이 될 수 있다.

기출 유형 맛보기

01 다음 중 토빈의 Q 비율에 대한 설명으로 옳지 않은 것은?

① 기업의 부채 및 자기자본의 시장가치를 보유자산의 대체비용으로 나눈 비율이다.
② 대체비용에는 기업의 보유자산을 모두 포함해야 한다.
③ 대체비용은 현재 해당 기업을 새롭게 설립한다는 가정하에 어느 정도 비용이 필요한지를 추정한 것이다.
④ 토빈의 Q가 1보다 크면 M&A의 대상이 된다.
⑤ 토빈의 Q가 1보다 작을 경우엔 제대로 평가받지 못하고 있다는 것이다.

---

01 **정답** ④

토빈의 Q가 1보다 크면 자산의 시장가치가 대체비용보다 크다는 의미이므로 기업가치가 증가하고 있다는 의미가 된다. 반면 토빈의 Q가 1보다 작은 경우 기업은 투자의욕을 가지지 못하고 대체비용보다 저평가되어 M&A의 표적이 될 수 있다.

092 테일러(F. W. Taylor) ★★★

과학적인 방법을 통해 공장의 생산과정을 최소단위로 분해하여 새로운 관리법인 과학적 관리법을 개발한 미국의 경제학자

풀네임은 'Frederick Winslow Taylor'이며, 미국의 경영학자이나 능률기사로 잘 알려져 있다. 공장에서 근무하던 시절, 노동자의 단체행동과 공장의 경영난을 목격하고 과학을 바탕으로 하는 작업관리의 필요성을 느꼈다. 그리하여 과학적인 방법에 의해 전 생산과정을 최소단위로 분해하여 표준화하고 차별능률급제를 채용하는 등 이른바 과학적 관리법이라는 새로운 관리법을 개발하였다. 과학적 관리법은 스톱워치에 따른 시간연구, 동작연구, 동작총합방식을 이용하고, 이 과업을 완수하면 높은 보수, 실패하면 낮은 보수를 주는 차별적 성과급제를 도입하였다. 이 이론은 경영합리화와 생산성 향상에 획기적인 기여를 하게 되었고 미국의 행정학을 성립시키는 데 결정적인 영향을 주었다.

기출 유형 맛보기

01 다음 중 경영이론의 주창자와 그 내용의 연결로 옳지 않은 것은?

① 테일러(Taylor) : 차별적 성과급제
② 메이요(Mayo) : 비공식 조직의 중시
③ 페이욜(Fayol) : 권한과 책임의 원칙
④ 포드(Ford) : 고임금 고가격의 원칙
⑤ 베버(Weber) : 규칙과 절차의 중시

---

01 정답 ④

포드는 고임금 저가격의 원칙을 주장하였다.

093 테일러의 과학적 관리법 ★★★

한국방송광고진흥공사, SH 서울주택도시공사, 도로교통공단, 한국철도공사, 국민연금공단

근로자의 근로의욕을 높이고 능률을 증진하는 합리적인 작업관리 방법

미국의 경제학자인 테일러(Fredrick Winslow Taylor)에 의해 처음으로 고안되었다. 능률적인 작업환경을 위해 시간연구와 동작연구를 기초로 노동의 표준량을 정하고, 작업량에 따라 임금을 지급하는 등 여러 가지로 합리적인 내용을 연구하는 총체적인 방법이다. 테일러의 목표는 노동의 생산성을 높이고 조직 간의 근로의욕을 높이고자 객관적인 표준작업량을 설정하고 고임금, 저노무비를 이루어 노사 모두가 만족할 수 있도록 하는 것이었다.

> **Add**
>
> **고임금 저노무비** : 고임금과 저비용(저노무비)을 가능하게 하여 노사 공동의 번영을 기하고 사회발전을 이루게 되는 시스템이다.

기출 유형 맛보기

01 다음 중 테일러의 과학적 관리론에 대한 설명으로 옳지 않은 것은?

① 인간의 신체를 기계처럼 생각하고 취급하는 철저한 능률위주의 관리이론이다.
② 기업조직에 있어 기획과 실행의 분리를 기본으로 한다.
③ 기계적・폐쇄적 조직관 및 경제적 인간관이라는 가정을 기반으로 한다.
④ 인간의 중요성을 부각시킨 대표적인 이론이다.
⑤ 고임금 저노무비를 이루는 것을 지향한다.

---

01 정답 ④

인간의 중요성을 부각시킨 이론은 메이요의 호손공장의 실험에서부터이다.

094 퇴직연금제 ★★☆

기업이 근로자가 재직하는 동안 퇴직금을 외부 금융기관에 적립하여 근로자가 퇴직할 때 연금 또는 일시금으로 지급하는 제도

근로자의 노후, 사망, 폐질 등의 사유로 인한 생활 불안에 대처하기 위해 기업과 근로자가 매달 일정액을 불입, 금융기관이 이를 금융자산으로 운용하고, 근로자가 퇴직할 때에 이를 연금이나 일시금의 형태로 지급하도록 하는 기업복지제도이다. 다른 말로 기업연금제라고도 한다.

기출 유형 맛보기

01 다음 중 퇴직연금제도에 대한 설명으로 옳지 않은 것은?

① 근로자들의 노후 소득보장과 생활 안정을 목적으로 한다.
② 근로자 재직기간 중 사용자가 퇴직급여 지급 재원을 금융회사에 적립한다.
③ 퇴직연금제도는 퇴직금과 동일하다.
④ 사용자(기업) 또는 근로자가 운용하여 근로자 퇴직 시 연금 또는 일시금으로 지급하는 제도이다.
⑤ 확정급여형 확정기여형 개인형퇴직연금으로 구분된다.

---

01 정답 ③

퇴직급여제도 분류로 퇴직연금제도와 퇴직금으로 구분되며, 퇴직금은 근속연수 1년에 대하여 30일분 이상의 평균임금을 퇴직 시 일시금으로 지급하는 것이고, 퇴직연금제도는 재직 중 발생한 퇴직금을 외부 금융기관에 맡기고 근로자가 퇴직할 때 이 금액을 다시 지급하는 제도이다.

095 판매촉진 ★☆☆

한국농어촌공사

정보의 제공을 통하여 소비자와 판매업자를 동시에 자극, 설득함으로써 판매고와 이윤을 증대하려는 모든 기업 활동

판매촉진은 고객이 될 의향이 있는 사람들에게 정보를 제공하고 이를 통해 그들의 욕망을 부추겨 판매 촉진을 활성화하는 모든 활동을 말한다. 그 내용에는 판매원 활동, 광고, 판매촉진 등이 포함된다. 판매촉진은 현재 제품차별화 및 가격결정과 함께 대기업의 경쟁 활동의 3대 주요 영역의 하나로 되어 있다. 판매촉진 수단은 견본주택, 경품, 하자보수, 무료상품, 공동광고, 상여금, 경진대회 등이 존재한다.

기출 유형 맛보기

01 다음 중 촉진믹스(Promotion Mix) 활동에 해당하지 않는 것은?

① 옥외광고   ② 방문판매
③ 개방적 유통   ④ 가격할인
⑤ 직접마케팅

---

01 **정답** ③

촉진믹스(Promotion Mix) 활동
• 광고
• 인적판매
• 판매촉진
• PR(Public Relationship)
• 직접마케팅
• 간접마케팅

PART 1

096 평정척도법 ★☆☆

국민연금공단

피평가자에게 측정대상에 대해 일정 범위로 분류된 등급을 선택하게 하여 대상의 속성을 구별 평가하는 정성적 척도 구성법

관찰자가 사전에 관찰하려는 행동영역에 대해서 미리 알고 있을 때 사용되며 어떤 행동의 출연 유무를 표시하는 것이 아니라 행동의 빈도나 정도를 평가한다.

학생의 성적을 수, 우, 미, 양, 가로 평가하는 것이 대표적인 평정척도의 예이다. 평정척도를 구성하는 방법에는 수적평정법, 기술평정법, 도표평정법 등이 있다.

① **수적평정법** : 속성의 강도에 따라 일정 척도점을 부여하거나 수치를 부여하여 결과를 통계 처리 하는 방법이다.

② **기술평정법** : 속성의 평정단계의 양과 질을 짧은 문장으로 표현하는 방법이다.

③ **도표평정법** : 일정 도표에 기술이 부가된 형태로 표현하는 방법이다.

기출 유형 맛보기

01 다음 글의 설명에 해당하는 인사평가기법으로 옳은 것은?

> 평가자가 피평가자의 일상 작업생활에 대한 관찰 등을 통해 특별히 효과적이거나 비효과적인 행동, 업적 등을 기록하고, 이를 평가시점에 정리하여 평가하는 기법

① 서열법   ② 평정척도법

③ 체크리스트법   ④ 중요사건기술법

⑤ 목표관리법

---

01 정답 ④

오답분석

① 서열법 : 분류담당자가 각 직위마다 난이도 등을 평가하여 서열을 매겨 나열하는 방법이다.

② 평정척도법 : 평가요소들을 제시하고 각각 단계별 차등을 두어 평가하는 방법이다.

③ 체크리스트법 : 표준 행동들을 제시하고 평가자가 해당 항목에 직접 체크하여 평가하는 방법이다.

⑤ 목표관리법 : 전통적인 충동관리나 상사위주의 지식적 관리가 아닌 공동목표를 설정·이행·평가하는 전 과정에서 아랫사람의 능력을 인정하고 그들과 공동노력을 함으로써 개인목표와 조직목표 사이, 상부목표와 하부목표 사이에 일관성이 있도록 하는 관리방법이다.

097 포드시스템 ★★☆

한국철도공사, 국민연금공단, 한국가스공사

미국의 헨리 포드(Henry Ford)가 생산의 표준화와 이동조립법을 통하여 실시한 생산시스템

부품의 표준화, 제품의 단순화, 작업의 전문화 등으로 생산의 표준화를 이루고, 컨베이어 시스템에 의한 이동조립방법을 채택해 작업의 동시 관리를 꾀함으로써 원가절감을 통한 대량생산을 가능하게 된 시스템이다. 대량생산시스템(Mass Production System)이라고도 한다.

포드는 경영자란 저가격과 고임금으로 소비자와 노무자에게 봉사해야 한다고 주장했다. 때문에 노동자에게는 가능한 한 최고임금을 지급하며, 소비자에게는 최저가격에 의한 판매를 통해 구매력을 증가시켜 판로를 확대한다는 경영이념을 내세웠다. 이를 실현하기 위해 그는 생산의 표준화와 이동조립법의 방법을 실시하였다.

기출 유형 맛보기

01 다음 중 포드시스템에 대한 설명으로 옳지 않은 것은?

① 동시관리 ② 차별적 성과급제
③ 이동조립시스템 ④ 저가격 고임금
⑤ 연속생산공정

---

01 정답 ②

포드시스템은 생산의 표준화와 이동조립법(Moving Assembly Line)을 통한 대량생산시스템으로, 차별적 성과급이 아닌 일급제 급여 방식을 채택하였다.

테일러시스템과 포드시스템

구분	테일러시스템	포드시스템
통칭	과업관리	동시관리
중점	개별 생산	계속 생산
경영이념	고임금 · 저노무비	고임금 · 저가격
방법	직능직 조직 차별적 성과급제	컨베이어 시스템 (이동조립법, 연속생산공정) 일급제 급여
표준	작업의 표준화	생산의 표준화

098 포터의 5세력 모델 ★★★

경쟁세력모형 중의 하나로서, 기업에 대한 5개의 경쟁세력을 나타낸 모형

미국의 경제학자 마이클 포터(Michael Porter)가 제안한 산업 분석 모델이다. 포터는 고전적인 산업조직론 기반 경영학의 신봉자로서, 산업의 구조가 기업의 경쟁력에 핵심적인 역할을 한다고 생각하고 있었다. 포터의 5 – Forces 모델은 이 포터의 사상을 정리하여 이론화한 것으로 볼 수 있다.

① 신규 시장 진입자(New Market Entrants)
② 대체재와 서비스(Substitute Products and Services)
③ 전통적 경쟁자(Traditional Competitors)
④ 고객(Customer)
⑤ 공급자(Suppliers)

그는 산업 환경에 미치는 다섯 가지 요인으로 위의 원동력들을 분석하였다. 기업의 내부 역량을 함께 고려함으로써 어떤 위협에 맞서 싸우고, 어떤 위협을 회피해야 할 것인지를 효과적으로 결정할 수 있을 것이라고 예상했다. 그러나 이 모델은 5요인 이외의 요소들을 무시하고 있고 동태적 변화를 반영하지 못하고 있다.

기출 유형 맛보기

01 다음 중 포터(M. Porter)가 제시한 산업경쟁에 영향을 미치는 5개의 요인에 해당하지 않는 것은?

① 대체품의 위협   ② 진입장벽
③ 구매자의 교섭력   ④ 산업 내 경쟁업체들의 경쟁
⑤ 원가구조

---

01 정답 ⑤

마이클 포터(M. Porter)의 산업경쟁에 영향을 미치는 5개 요인
• 진입장벽
• 산업 내 경쟁업체들의 경쟁
• 제품의 대체가능성
• 구매자의 교섭력
• 공급자의 교섭력

099 포트폴리오 전략 ★★★ 한국방송광고진흥공사, 한국철도공사, 한국수자원공사, 한국부동산원

기업의 활동에서 강점을 지닌 특정 사업이나 제품에 대한 지원을 결정하기 위한 전략 중 하나로 상호 간에 상관관계가 적은 자산에 투자 자금을 배분하는 투자 방법

아무리 탁월한 투자자라도 소수 자산 투자로는 투자 원금 손실 가능성을 피할 수 없다. 따라서 원금손실의 가능성을 최소화하면서 적정한 수익을 추구하는 가치투자자라면 포트폴리오 전략이 적합하다. 포트폴리오를 구성하게 되면 분산효과가 발생하여 리스크가 감소한다.

> **Add**
>
> **시간분산투자법** : 투자시점을 나누어 분산 투자하는 투자 방법이다.

기출 유형 맛보기

01 다음 글에서 설명하고 있는 포트폴리오 전략은 무엇인가?

> 어떤 제품의 생산에 있어 필요한 제품 1단위당 직접노동량의 투입량이 누적생산량의 증가에 따라 일정한 비율로 감소한다는 경험적인 사실을 표현하는 곡선

① 학습곡선   ② 망각곡선
③ 노동곡선   ④ 로렌츠곡선
⑤ 래퍼곡선

01 　정답　 ①

학습곡선(Learning Curve)에 대한 설명이다. 학습효과나 학습곡선은 조직 전체의 경쟁력을 좌우하기 때문에 그 중요성이 더 커지고 있다.

오답분석

② 망각곡선 : 시간의 경과에 따른 파지량과 망각량을 나타낸 곡선으로 학습한 뒤 처음에는 망각이 급격하게 일어나지만 어느 정도 시간이 경과하면 천천히 진행된다.
③ 노동곡선 : 노동이 수요, 공급되는 가계의 경우 임금률의 변화에 따라 노동수요, 공급이 어떻게 변화하는가를 나타내는 곡선이다.
④ 로렌츠곡선 : 가로축에 소득액 순으로 소득인원수의 누적 백분비를 나타내고, 세로축에는 소득금액의 누적 백분비를 나타냄으로써 얻어지는 곡선이다.
⑤ 래퍼곡선 : 세율과 조세 수입 간의 관계를 나타내주는 곡선이다.

PART 1 경영 · **101**

100 푸시 앤 풀 전략 ★☆☆

한국철도공사, 한국마사회

푸시 전략 : 생산자가 판매 촉진 활동을 할 때 주로 중간 유통망의 활동에 의존해 판매계획을 달성하려는 전략

리베이트, 고마진 등 판매점 지원활동이 전략의 주축이다. 기업이 광고보다는 판매원을 통하여 소비자의 수요를 창출하려고 하는 마케팅 전략이다.

풀 전략 : 생산자가 소비자에게 직접 제품을 촉진 및 판매함으로써 소비자가 그 상품을 선호하게 되어 소매점에서 구매를 하게 만들어 소매점이나 중간상이 해당 상품을 구입하게 만드는 전략

수요 주도 모델이나 주문 생산이라고도 하는데, 이는 고객 주문이나 구매에 대한 실제 행위에서 공급사슬의 운영이 촉발되기 때문이다.

기출 유형 맛보기

01 다음 중 제조업자가 중간상들로 하여금 제품을 최종사용자에게 전달, 촉진 및 판매하도록 권유하기 위해 자사의 판매원을 이용하는 유통경로 전략은?

① 풀(Pull) 전략　　　　　　　　② 푸시(Push) 전략
③ 전속적 경로 전략　　　　　　　④ 선택적 경로 전략
⑤ 개방적 유통 전략

01　정답　②

푸시 전략은 제조업체가 도매상에게, 도매상은 소매상에게, 소매상은 최종소비자에게 제품을 적극적으로 판매하는 것을 말한다.

101 피들러의 상황리더십 이론 ★★★

코레일유통, 한국방송광고진흥공사, 한국도로공사

리더십을 효과적으로 발휘하기 위하여 부하직원이 성숙한 정도에 따라 리더의 행동 유형이 달라져야 한다고 주장하는 이론

어린 아이가 성장함에 따라 부모가 아이에게 서서히 통제권을 넘겨주듯이, 리더는 부하직원이 성숙해짐에 따라 권한을 점진적으로 넘겨줘야 한다는 관점을 취한다. 프레드 피들러(Fred Fiedler)는 리더십 스타일을 과업지향형(Task – oriented)과 관계지향형(Relationship – oriented)으로 분류하고 있다.

① **과업지향형 리더십** : 통제적 리더십 스타일로, 과업 자체의 진척과 성취에 초점을 맞춘다.
② **관계지향형 리더십** : 배려형 리더십 스타일로, 부하직원들과의 원만한 관계형성이 우선시된다.

기출 유형 맛보기

01 리더십의 상황적합이론 중 특히 하급자의 성숙도를 강조하는 리더십의 상황모형을 제시하는 이론은?

① 피들러의 상황적합이론
② 브룸과 예튼의 규범이론
③ 하우스의 경로 – 목표이론
④ 허시와 블랜차드의 3차원적 유효성이론
⑤ 베르탈란피의 시스템이론

---

01 정답 ④

허시와 블랜차드의 3차원적 유효성이론에서 부하의 성숙수준이 증대됨에 따라 리더는 부하의 성숙수준이 중간 정도일 때까지 보다 더 관계지향적인 행동을 취하며 과업지향적인 행동은 덜 취해야 한다고 한다.

102   학습조직 ★☆☆

조직구성원에 의해 지식이 창출되고 이에 기초해 조직혁신이 이루어지며 환경적응력과 경쟁력이 증대되는 조직

조직의 지속적인 경쟁우위를 확보하고자 근본적이고 총체적이며 지속적인 경영혁신전략으로 제도적, 문화적, 시스템적, 환경적 차원의 노력을 전개하는 활동이다.

기출 유형 맛보기

01 다음 중 기업의 미래상인 비전을 구체화하는 기업 혁신 방안으로 옳은 것은?

① 벤치마킹   ② 학습조직
③ 비전 만들기   ④ 리스트럭처링
⑤ 기업 아이덴티티

---

01   정답 ④

개조와 개혁이라는 사전적인 의미를 가지고 있으며 오랜 구조를 철저하게 고치는 것을 말한다.

오답분석
① 벤치마킹(Benchmarking) : 기업에서 경쟁력을 제고하기 위한 방법의 일환으로 다른 기업을 통해 방법을 배워오는 혁신 기법이다.
② 학습조직(Learning Organization) : 조직의 지속적인 경쟁우위를 확보하기 위한 근본적이고 총체적이며 지속적인 경영 혁신 전략으로서 개인학습이다.
⑤ 기업 아이덴티티(Corporate Identity) : 기업이 다른 기업과 차별화를 두기 위하여 기업의 이미지를 통합하는 전략이다.

103 현금흐름표 ★★★

재무제표를 구성하는 다섯 가지 요소 중 하나로, 기업회계에 대해 보고할 때 사용하는 기업의 현금흐름을 나타내는 표

기업이 현금을 어떻게 창출하였고 사용하였는지를 보여주는 역할을 하는 표이며, 기업은 물론 채권자나 투자자 모두에게 중요한 정보이다. 이러한 정보를 통해 이용자로 하여금 미래의 현금 흐름을 추정가능하게 하고, 기업의 부채 상환 및 자금의 유동성을 평가하는 데 큰 역할을 한다. 현금흐름표를 작성하는 방법은 직접법과 간접법 두 가지가 있다.

① 직접법
총 현금유입과 현금유출을 주요 항목으로 구분하여 표시하는 방법이다.

② 간접법
당기순이익에 현금의 유출이 없는 비용 등은 더하고 현금의 유입이 없는 수익 등은 빼서 영업활동으로 인한 현금흐름을 산출하는 방법이다.

기출 유형 맛보기

01 다음 중 기업의 재무제표 중 일정기간 동안 발생한 기업의 영업활동, 투자활동, 재무활동으로 인한 현금 변동을 표시한 것은?

① 재무상태표   ② 포괄손익계산서
③ 자본변동표   ④ 현금흐름표
⑤ 균형성과표

---

01 **정답** ④
현금흐름표는 일정기간 동안 기업의 현금조달과 사용을 나타내는 표로 기업의 현금 및 현금성자산 창출 능력과 기업의 현금흐름 사용 필요성에 대한 평가의 기초를 재무제표 이용자에게 제공한다.

104 호손실험 ★★★

한국주택금융공사, 한국철도공사, 한국공항공사, 한국관광공사, 한국자산관리공사, 코레일유통, 한국가스공사

1924년부터 1932년까지 미국 웨스턴 일렉트릭(Western Electric) 회사의 호손(Hawthorne) 공장에서 실시된 노무관리에 관한 실험

이 실험에 의해 인간관계론의 이론적 틀이 마련되었다. 호손 실험의 결론은 생산성을 좌우하는 것이 작업시간, 조명, 임금과 같은 과학적 관리법에서 중시한 것이 아니라, 근로자가 자신이 속하는 집단에 대해서 갖는 감정, 태도 등의 심리조건, 사람과 사람과의 관계, 특히 인포멀 (Informal; 비공식적인)의 작용이라는 것이다. 따라서 노동 생산성을 향상시키기 위해서는 작업 조건보다는 근로자를 에워싸고 있는 인적환경을 개선하는 것이 필요하다. 이러한 결과를 바탕으로 한 호손실험은 노무관리의 자세에 큰 영향을 주었다.

기출 유형 맛보기

01 다음 글의 내용들이 의미하는 용어로 옳은 것은?

- 민주적 리더십 강조
- 비공식 조직 강조
- 인간의 사회적 · 심리적 조건 중시

① 메이요의 호손실험
② 포드의 3S
③ 테일러의 과학적 관리론
④ 페이욜의 관리 원칙
⑤ 사이먼의 행동과학적 조직론

---

01 정답 ①

메이요의 호손실험은 민주적 리더십 강조, 비공식 조직 강조, 인간의 사회적 · 심리적 조건 중시, 의사소통의 경로개발 중시 등을 특징으로 한다.

105 황금낙하산 효과 ★★★

적대적 인수합병에 대비하는 경영권 보호 기법으로 인수대상 기업의 이사가 임기 전에 물러나게 될 경우, 일반적인 퇴직금 외에 거액의 특별 퇴직금이나 보너스 또는 스톡옵션 등을 주는 제도

최고경영자가 고용계약에 황금낙하산 규정을 정해두는 것은 직접적으로 신분을 보장하는 방법뿐만 아니라 기억 측에서도 적대적 인수합병에 대비하여 경영권을 지키기 위한 방어수단 방법으로 사용할 수 있다. 국내에서는 생소한 제도였으나 최근에는 많은 상장 기업에서 시행되고 있으며 별도로 경영자가 아닌 일반 직원에게 고액의 퇴직금을 주도록 하는 것을 주석 낙하산이라고도 한다. 그러나 부실경영으로 경영권이 넘어간 금융기관의 CEO들에게 엄청난 돈을 주거나 무능한 경영인을 보호하는 수단으로도 악용될 수 있다는 점은 부작용으로 남아있다.

기출 유형 맛보기

01 기업 인수·합병(M&A)의 여러 동기 중 합병 기업의 기업가치 제고효과에 해당하지 않는 것은?

① 세금효과
② 저평가가설
③ 재무시너지 효과
④ 황금낙하산 효과
⑤ 후광효과

---

01 정답 ④

황금낙하산은 기업이 인수되어 기존 경영진이 퇴진하게 될 경우 이들에게 정상적인 퇴직금 외에 거액의 추가보상을 지급하도록 하는 고용계약을 맺는 방법이므로 이는 합병 기업의 기업가치를 떨어뜨리는 요인이다.

> 적대적 M&A 방어전략
> 포이즌 필, 황금낙하산, 백기사, 자사주취득 등

106 후광 효과 ★☆☆

한국지역난방공사, 부산교통공사

한 대상의 두드러진 특성이 그 대상의 다른 세부 특성을 평가하는 데에도 영향을 미치는 현상

심리학에서는 개인의 인상 형성 혹은 수행평가 측면에서, 마케팅에서는 특정 상품에 대한 소비자의 태도 혹은 브랜드 이미지 평가 맥락에서 주로 언급된다.

평가자의 입장에서는 평가의 일관성을 유지하려는 기제나 특정한 외적 특징에 대한 고정관념 등이 작용한 결과이나, 논리성과 객관성의 측면에서는 오류일 수 있다.

기출 유형 맛보기

01 다음은 인사고과와 관련된 사례이다. 고과자들이 범하고 있는 오류 중 가장 밀접한 오류는 무엇인가?

> 지난 2023년 A그룹 상반기 인사고과회의에 A팀 고과담당자로 참가한 A팀장은 자신의 팀원 중 B대리의 고과를 진행하다가 B대리가 이성적으로 훌륭한 성과가 많았지만, A팀장은 자신과 평소 성격이 맞지 않는 이유로 인해 무의식적으로 저평가를 하게 되었다.

① 후광 효과(Halo Effect)
② 유사 효과(Similarity Effect)
③ 대비 효과 (Contrast Effect)
④ 최근 효과(Recency Effect)
⑤ 초두 효과(Primacy Effect)

---

01 정답 ③

대비 효과(Contrast Effect)는 평가하려는 이가 자신과 다르거나 자신이 좋아하는 사람과 다를 경우 더 낮게 평가하는 것으로 해당사례는 A팀장이 무의식적으로 자신과는 다른 B대리를 더 낮게 평가한 대비 효과에 해당한다.

오답분석
① 후광 효과(Halo Effect) : 단일한 특성(긍정 혹은 부정적 특성)에 의해 지나치게 영향을 받는다.
② 유사 효과(Similarity Effect) : 자신과 비슷한 사람들을 더 좋게 평가한다.
④ 최근 효과(Recency Effect) : 최근 발생한 사건에만 근거하여 평가한다.
⑤ 초두 효과(Primacy Effect) : 긍정적, 혹은 부정적 첫 인상에 근거하여 판단한 이후, 그 이후의 정보는 무시한다.

107 회귀분석 ★☆☆

한국철도공사

매개변수 모델을 이용하여 통계적으로 변수들 사이의 관계를 추정하는 분석방법

수요에 영향을 주는 요인들은 독립변수로, 수요를 종속변수로 하고 독립변수에 대한 함수로서 수요를 통계적으로 모형화한 것이다.

대표적인 인과형 예측기법이며 독립변수가 한 개면 단순회귀분석(Simple Regression Analysis), 둘 이상이면 다중회귀분석(Multiple Regression Analysis)이라고 지칭한다.

기출 유형 맛보기

01 다음 중 시계열분석기법의 시계열 구성요소로 옳지 않은 것은?

① 추세(Trend)

② 회귀적 요인(Regressional Element)

③ 계절적 변동(Seasonal Variation)

④ 불규칙 변동(Irregular Variation)

⑤ 임의 변동(Random Variation)

---

01 **정답** ②

시계열자료를 분석하면 추세(Trend), 주기(Cycle), 계절적 변동(Seasonal Variation), 임의 변동(Random Variation), 불규칙 변동(Irregular Variation) 등을 알 수 있다.

108 횡단 연구 ★☆☆

특정한 한 시점을 기준으로, 서로 다른 특성을 가진 집단들 간의 차이를 측정·비교하는 연구방법

시간의 흐름에 따른 변화는 관찰하지 못하고, 오로지 일정한 한 시점의 상태만을 관찰한다. 예를 들어 연구대상에게 설문지를 주고 질문에 대한 답을 통해 그 특성을 연구하는 방법이 있다. 그러나 설문 진행시 대상자의 태도에 따라 연구의 질이 크게 차이날 수 있다.

횡단적 설계는 표본설계에 따라 비례적 횡단설계, 가중횡단설계 및 대표적 표본설계로 나뉜다.

기출 유형 맛보기

01 다음 중 패널조사와 같이 다시점 조사방법으로 옳은 것은?

① FGI 설문법
② 탐색조사
③ 서베이법
④ 종단조사
⑤ 횡단조사

---

01 정답 ④

종단조사는 동일한 대상을 일정 시간을 두고 반복적으로 측정하여 조사 대상의 변화를 정기적으로 측정하기 위한 조사로 다시점 조사라고도 불린다.

패널조사는 종단적 조사방법의 하나로 조사 대상을 고정시키고, 동일한 조사 대상에 대하여 동일질문을 반복 실시하여 조사하는 방법으로 복수의 시점에서 동일한 조사 대상을 조사한다.

오답분석

① FGI 설문법 : 표준화된 질문이나 설문지를 통한 조사가 아닌 질문방식, 응답 방법 등이 비교적 자유로운 질적 조사이다.
② 탐색조사 : 질문에 있어서 약간의 지식이 있을 때 본 조사에 앞서 수행하는 소규모의 조사이다.
③ 서베이법 : 다수의 조사자에게 직접 묻거나 설문지, 컴퓨터를 통해 자료를 조사하는 방법이다.
⑤ 횡단조사 : 특정 시점을 기준으로 여러 샘플을 조사함으로써 상이한 집단 간의 차이를 규명하고자 하는 조사 방법이다.

109 BCG 매트릭스 ★★★

자금의 투입과 산출 측면에서 사업이 현재 처해있는 상황을 파악하고 이에 맞는 처방을 내리기 위한 분석도구

BCG 매트릭스는 기업의 경영전략 수립에 있어 하나의 기본적인 분석도구로 활용되는 사업 포트폴리오 분석기법이다. 이는 자금의 투입, 산출 측면에서 사업(전략사업 단위)이 현재 처해있는 상황을 파악하고, 이 상황에 적합한 처방을 내리기 위한 도구로 '성장−점유율 매트릭스(Growth − share Matrix)'라고도 불리며, 산업을 점유율과 성장성으로 구분해 4가지로 분류하고 있다.

① 스타(Star) 사업

성공사업. 수익성과 성장성이 크므로 지속적인 투자가 필요하다.

② 캐시 카우(Cash Cow) 사업

기존의 투자에 의해 수익이 계속적으로 실현되므로 자금의 원천사업이 된다. 그러나 시장성장률이 낮으므로 투자금액이 유지·보수 차원에서 머물게 되어 자금 투입보다 자금 산출이 더 많다.

③ 물음표(Question Mark) 사업＝신규사업

상대적으로 낮은 시장점유율과 높은 시장성장률을 가진 사업으로 일단 투자하기로 결정한다면 상대적 시장점유율을 높이기 위해 많은 투자금액이 필요하다.

④ 도그(Dog)사업＝사양사업

성장성과 수익성이 없는 사업으로 철수해야 한다. 만약 기존의 투자에 매달리다가 기회를 잃으면 더 많은 대가를 치를지도 모른다.

기출 유형 맛보기

01 다음 중 보스턴 컨설팅그룹(BCG) 매트릭스에 대한 설명으로 옳지 않은 것은?

① 세로축은 시장성장률, 가로축은 상대적 시장점유율을 나타내어 사업기회를 분석하는 기법이다.

② 상대적 시장점유율과 업계성장률이 높은 경우는 별(Star)이다.

③ 개(Dog) 사업은 시장이 커질 가능성도 낮고 수익도 거의 나지 않는다.

④ 물음표(Question Marks)는 높은 시장성장률과 높은 상대적 시장점유율을 유지하기 때문에 투자가 필요하지 않다.

⑤ 현금 젖소(Cash Cow) 영역에서는 자금창출을 극대화하기 위하여 시설의 유지와 생산원가 절감에 도움이 되는 투자만을 행하고, 연구개발, 광고, 신규시설 등에 대한 투자는 일절 금하는 전략을 구사하여야 한다.

---

01 정답 ④

물음표(Question Marks)는 높은 시장성장률과 낮은 상대적 시장점유율을 유지하기 때문에 많은 투자가 필요하다.

110 EOQ(경제적 주문량) ★★☆

자재나 제품의 구입에 따르는 제비용과 재고유지비 등을 고려해 가장 경제적이라고 판단되는
자재 또는 제품의 주문량

Economic Order Quantity의 약칭으로 주문 비용과 단위당 재고유지비용의 합계가 최저로
되는 점(주문량)이다. 재고주문에는 두 가지 극단적인 방법이 있을 수 있다.
하나는 공장 관리자가 주문횟수를 줄이고 부품 주문량을 늘리는 방식으로, 이 경우 주문비용은
감소하지만 재고유지비용이 증가한다.
다른 하나는 재고유지비용을 줄이기 위해 주문횟수를 늘리는 방법인데, 그렇게 되면 주문비용
이 증가하게 된다. 경제적 주문량은 주문비용과 재고유지비용의 합계가 최소로 되는 최적의
비용으로, 다음과 같은 공식에 의해 얻어진다.

$$\text{(경제적 주문량)} = \sqrt{\frac{2DC_p}{P \times i}}$$

D=연간 구입예측량(필요수량)
C_p=1회 주문비용
C_H=가격(P)×재고유지비율(i)
P=구입단가
i=연간 재고 유지비율

기출 유형 맛보기

01 다음 중 경제적 주문량(EOQ)모형이 성립하기 위한 가정으로 올바르지 않은 것은 무엇인가?

① 단위당 재고유지비용과 1회당 재고주문비용은 주문량과 관계없이 일정하다.
② 주문량은 한 번에 모두 도착한다.
③ 연간 재고 수요량을 정확히 파악하고 있다.
④ 구입단가는 주문량과 관계없이 일정하다.
⑤ 재고 부족현상이 발생할 수 있으며, 주문 시 정확한 리드타임이 적용된다.

---

01 **정답** ⑤

재고 부족현상이 발생하게 되면 EOQ모형을 적용하기 어렵다. 하지만 실제 상황에서는 갑작스러운 수요 상승으로 인한
재고부족이 나타날 수 있고 이러한 단점으로 인해 실제로는 추가적으로 여러 가지 요소들을 함께 고려해야 EOQ모형을
적절하게 사용할 수 있다.
따라서 EOQ모형을 사용하기 위해서는 재고 부족현상은 발생하지 않고 주문 시 정확한 리드타임이 적용된다는 것을 가정
으로 계산한다.

112 · 한권으로 끝내는 공기업 전공 기출 키워드

111 SWOT 분석 ★★★

기업을 강점(Strength), 약점(Weakness), 기회(Opportunities), 위협(Threats)의 4가지 상황별, 요인별로 분석하여 마케팅 전략을 세우는 방법론

SWOT 분석은 이러한 4가지 요인의 분석을 통해 전략 수립 과정에서 기업 내부 및 기업 외부의 환경적 요소를 파악하기 위해 활용되는 분석방법론이다. SWOT 분석에서 강점은 경쟁기업과 비교하여 소비자로부터 강점으로 인식되는 것이 무엇인지, 약점은 경쟁기업과 비교하여 소비자로부터 약점으로 인식되는 것이 무엇인지, 기회는 외부환경에서 유리한 기회요인은 무엇인지, 위협은 외부환경에서 불리한 위협요인은 무엇인지를 찾아내는 것이다.

내부 전략적 요소

		강점	약점
외부 전략적 요소	기회	강점 · 기회전략	약점 · 기회전략
	위협	강점 · 위협전략	약점 · 위협전략

기출 유형 맛보기

01 다음 중 SWOT 분석을 통해 파악한 요인 중 관점이 다른 하나는?

① 시장에서의 기술 우위
② 기업 상표 명성 증가
③ 해외시장 성장
④ 기업이 보유한 자원의 증가
⑤ 고품질 제품 보유

---

01 정답 ③

SWOT 분석은 기업을 Strength(강점), Weakness(약점), Opportunities(기회), Threats(위협) 등 4가지 요인으로 분석하여 마케팅 전략을 세우는 방법으로 ① · ② · ④ · ⑤는 Strength(경쟁기업과 비교하여 소비자로부터 강점으로 인식되는 것이 무엇인지)에 해당하지만, 해외시장의 성장은 Opportunities(외부환경에서 유리한 기회요인), Threats(외부환경에서 불리한 위협요인)에 해당된다.

112 　MBO ★★☆ 한국철도공사, 국민연금공단

기업의 전부 또는 일부 사업부나 계열사를 해당 사업부나 회사 내에 근무하고 있는 경영진과 임직원이 중심이 되어 인수하는 것

Management Buy Out의 약칭으로 경영자 매수 또는 경영자 인수라고도 한다. 대부분 기업인수가 외부의 제3자에 의해 이루어지는 데 비해 회사 내의 경영진과 임직원에 의해 이루어지므로 기업 입장에서는 자연스럽게 한계사업을 정리하는 동시에 인원을 조정할 수 있으며, 임직원 입장에서는 명예퇴직이나 실업의 공포에서 벗어나 새로운 도전의 기회가 되고 회사의 주인이 될 수도 있다. 보통 매각사업부 임직원들은 우리사주 담보대출이나 회사의 도움을 받아 사업을 인수하게 되며 퇴직금을 인수자금으로 활용하기도 한다.

그러나 기업의 가치를 제대로 평가하고, 협상을 통해 매수하며, 이에 따른 법적 문제와 세법상의 문제까지 처리하는 과정에서 정부의 지원 없이는 쉽지 않다는 것이 문제점으로 지적되기도 한다.

> ### Add
> - **CKO** : 최고지식경영자로, 조직의 지식경영과 지식관리를 책임지는 고급 임원이다.
> - **LBO** : 사들이려는 기업의 자산을 담보로 금융회사에서 빌린 자금을 이용해 해당 기업을 인수하는 M&A기법이다.

기출 유형 맛보기

01 다음 중 기존의 경영진이 아닌 임직원들이 공동출자방식으로 회사를 인수하는 방식은?

① MBO　　　　　　　　　　　② EBO
③ CKO　　　　　　　　　　　④ LBO
⑤ IPO

01 　**정답** ②

EBO(Employee Buy Out)는 제3자에 의한 기업인수와는 달리 임직원이 중심이 되어 그 기업의 전부 또는 일부를 인수하는 것이며, MBO(Management Buy Out)는 경영진이 중심이 되어 기업의 전부 또는 일부를 인수하는 것이다.

PART 2
경제

핵심 키워드와 더불어
Add 키워드와
기출 유형 맛보기까지

한권으로
끝내는
공기업
전공 기출
키워드

경영 **경제** 행정

001 가격탄력성 ★★★

가격이 1% 변화하였을 때 수요량은 몇 % 변화하는가를 절대치로 나타낸 크기

탄력성이 1보다 큰 상품의 수요는 탄력적(Elastic)이라 하고, 1보다 작은 상품의 수요는 비탄력적(Inelastic)이라고 한다. 상품 중에는 자체의 가격만이 아니라 다른 상품의 가격에 영향을 받아 수요량이 변화하는 것이 있다. 이러한 상품에 관해서도 그 수요량과 다른 상품의 가격과의 사이에 같은 형식의 탄력성을 정의할 수가 있다. 이것을 교차탄력성(Cross Elasticity)이라 한다.

기출 유형 맛보기

01 다음 중 수요의 가격탄력성에 대한 대화를 통해 옳게 말하는 사람을 모두 고르면?

> 현석 : 대학교 학생식당 음식에 대한 수요가 가격탄력적인 경우에는 가격을 올리면 매출이 증가할 거야.
>
> 지철 : 캐나다행 비행기표의 수요곡선이 직선이라면, 가격에 상관없이 비행기표 수요의 가격탄력성은 일정할거야.
>
> 지현 : 명품 찻잔의 가격이 올라도 수요가 별로 줄지 않는 것은 사치재의 가격탄력성이 높기 때문이라고도 설명할 수 있어.
>
> 진솔 : 나처럼 용돈에서 아메리카노 사먹는 데 쓰는 돈이 차지하는 비중이 큰 사람의 커피 수요는 아메리카노 값에 탄력적으로 반응할거야.

① 현석, 지현   ② 지철, 진솔

③ 지철, 지현   ④ 현석, 진솔

⑤ 지현, 진솔

---

01 정답 ⑤

지현, 진솔 : 사치재일수록, 소득에서 차지하는 비중이 큰 지출일수록 가격에 대한 수요의 가격탄력성이 크다.

오답분석

현석 : 가격에 대한 수요가 탄력적인 경우에 가격이 인상되면, 가격 인상률보다 수요 하락률이 더 커지기 때문에 매출은 감소하게 된다.

지철 : 우하향하는 직선의 수요곡선 상에서 가격탄력성은 무한대로 시작하여 가격이 낮아질수록 작아지다가 가격이 '0'일 때는 '0'의 값을 갖는다.

002 가격상한제 ★☆☆

한국철도공사, 국민연금공단

정부가 특정 목적을 위해 시장가격보다 낮은 수준에서 가격의 상한선을 정하고 규제된 가격으로 거래하도록 하는 제도

최저가격제라고도 불리며 아파트 분양가 상한제, 대출 최고 이자율 제한 등이 여기에 해당한다. 시장가격보다 규제 가격이 낮으므로 초과 수요가 발생하게 되고 거래량이 줄어들어 자중후생손실(Deadweight Loss)이 발생한다. 이때 공급이 증가하게 되면 거래량이 늘어나면서 소비자·공급자잉여가 모두 증가한다.

> **Add**
>
> **가격하한제** : 재화와 서비스의 가격을 일정 수준 이하로 내리지 못하도록 통제하는 제도이며 예시로는 최저임금법이 있다.

기출 유형 맛보기

01 다음 중 정부의 가격통제에 대한 설명으로 옳지 않은 것은?(단, 시장은 완전경쟁이며 암시장은 존재하지 않는다)

① 가격상한제란 정부가 설정한 최고가격보다 낮은 가격으로 거래하지 못하도록 하는 제도이다.

② 가격하한제는 시장의 균형가격보다 높은 수준에서 설정되어야 효력을 가진다.

③ 최저임금제는 저임금근로자의 소득을 유지하기 위해 도입하지만 실업을 유발할 수 있는 단점이 있다.

④ 전쟁 시에 식료품 가격안정을 위해서 시장균형보다 낮은 수준에서 최고가격을 설정하여야 효력을 가진다.

⑤ 시장 균형가격보다 낮은 아파트 분양가 상한제를 실시하면 아파트 수요량은 증가하고, 공급량은 감소한다.

---

01 정답 ①

가격상한제란 정부가 시장가격보다 낮은 가격으로 상한선을 정하고 규제된 가격으로 거래하도록 하는 제도이다.

003 가격차별 ★★☆

동일한 상품에 대해 지리적·시간적으로 서로 다른 시장에서 다른 가격을 받는 행위

가격차별은 경쟁시장에서는 볼 수 없으며 독점시장에서만 등장한다.

대량 구매 시 가격 할인, 이른 시각의 영화 할인, 요일과 시간에 따라 다른 비행기 표 가격 등을 예시로 들 수 있다.

공익사업이 공공목적을 달성하고자 철도, 전기 요금 등을 수요의 상위에 따라 달리 매기거나, 독점기업이 동일상품에 대해 국내에서 더 비싼 가격을 정하는 것도 이에 해당된다.

기출 유형 맛보기

01 다음 중 독점기업의 가격전략에 대한 설명으로 옳지 않은 것은?

① 독점기업이 시장에서 한계수입보다 높은 수준으로 가격을 책정하는 것은 가격차별 전략이다.

② 1급 가격차별의 경우 생산량은 완전경쟁시장과 같다.

③ 2급 가격차별은 소비자들의 구매수량과 같이 구매 특성에 따라서 다른 가격을 책정하는 경우 발생한다.

④ 3급 가격차별의 경우 재판매가 불가능해야 가격차별이 성립한다.

⑤ 영화관 조조할인은 3급 가격차별의 사례이다.

---

01 **정답** ①

독점기업의 가격차별 전략

• 제1급 가격차별 : 각 단위의 재화에 대하여 소비자들이 지불할 용의가 있는 최대금액을 설정하는 것(한계수입과 가격이 같은 점에서 생산량 결정)

• 제2급 가격차별 : 재화 구입량에 따라 각각 다른 가격을 설정하는 것

• 제3급 가격차별 : 소비자들의 특징에 따라 시장을 몇 개로 분할하여 각 시장에서 서로 다른 가격을 설정하는 것

004 가중평균자본비용(WACC) ★☆☆ 한국가스공사, 한국자산관리공사

기업이 현재 보유 중인 자산을 활용하여 자사의 주식가치를 유지하기 위해 벌어들여야 하는
수익률

'Weighted Average Cost of Capital'의 약칭으로 기업의 총자본에 대한 평균조달비용을 말
한다. 또한 현재의 경영활동과 비슷한 수준의 위험을 가진 투자 대안에 기업이 투자 시 요구되
는 요구수익률이기도 하다.

> (가중평균자본비용)
> =[자기자본비용×(자기자본/총자본)]+[타인자본조달비용×(타인자본/총자본)]

기출 유형 맛보기

01 (주)시대는 자기자본 300억 원, 부채 200억 원으로 구성된 회사이다. 자기자본비용은 20%, 부채의
평균이자율은 10%이다. 이 기업 총자산의 가중평균자본비용(WACC)은 얼마인가?

① 10% ② 12%

③ 14% ④ 16%

⑤ 18%

---

01 정답 ④

WACC=(자기자본이 차지하는 비중)+(타인자본이 차지하는 비중)

$$=\left(\frac{300}{500}\times0.2\right)+\left(\frac{200}{500}\times0.1\right)=0.16$$

005 게임이론 ★★★

금융감독원, 한국도로공사, 신용보증기금, 한국환경공단, 한국자산관리공사

누군가의 행동이 다른 이의 행동에 영향을 끼치는 상황에서 의사결정이 어떻게 이루어지는지를 연구하는 이론

게임이론은 예전부터 협력이나 갈등, 서로간의 경쟁구도 등을 수학적으로 나타내려는 시도에서 등장하였다. 처음으로 게임에 대한 이론을 정립한 사람은 경제학자 폰 노이만(Johann Ludwig von Neumann)이었다. 이후 그는 경제학자 모켄스틴(Oskar Morgenstern)과 같이 연구를 발전시켰고 1944년 〈게임 이론과 경제적 행동〉이라는 책을 출판하였다. 이는 게임이론에 대한 이론을 처음으로 책에 정리한 것으로, 게임이론의 발전에 첫 출발점을 알렸다.

게임이론은 모양에 따라 광대한 게임과 전략적 게임으로 나뉜다.

① 광대한 게임 : 거대한 범위를 가진 게임으로 기존 게임 이론의 규칙이 적용된다.
② 전략적 게임 : 순서가 있는 게임을 정렬화한 형태로 광대한 게임의 축소판이다.

기출 유형 맛보기

01 다음 중 게임이론에 대한 설명으로 옳지 않은 것은?

① 순수전략들로만 구성된 내쉬균형이 존재하지 않는 게임도 있다.
② 우월전략이란 상대 경기자들이 어떤 전략들을 사용하든지 상관없이 자신의 전략들 중에서 항상 가장 낮은 보수를 가져다주는 전략을 말한다.
③ 죄수의 딜레마 게임에서 두 용의자 모두가 자백하는 것은 우월전략균형이면서 동시에 내쉬균형이다.
④ 참여자 모두에게 상대방이 어떤 전략을 선택하는가에 관계없이 자신에게 더 유리한 결과를 주는 전략이 존재할 때 그 전략을 참여자 모두가 선택하면 내쉬균형이 달성된다.
⑤ 커플이 각자 선호하는 취미활동을 따로 하는 것보다 동일한 취미를 함께 할 때 더 큰 만족을 줄 수 있는 상황에서는 복수의 내쉬균형이 존재할 수 있다.

---

01 정답 ②
우월전략은 상대방의 전략에 관계없이 항상 자신의 보수가 가장 크게 되는 전략을 말한다.

006 경제적 지대 ★☆☆

국민연금공단

공급의 양이 정해져 있거나 비탄력적인 생산 요소, 혹은 자본에 발생하는 추가적 소득

자본비용을 초과하는 이윤이라고도 말할 수 있으며 자원의 수익에서 기회비용과 경제적 지대를 구별하는 것이 어렵기 때문에 경제적 지대에 대해 과세하는 경우를 볼 수 있다.

> **Add**
>
> **독점이윤** : 어떤 상품에 있어서 그 가치보다 더 높은 수준에서 독점에 의해 독점가격이 형성되고 그 결과 실현되는 초과이윤이다.

기출 유형 맛보기

01 운동선수 A의 올해 연봉은 50억 원이라고 한다. 이 선수는 15억 원만 받아도 운동을 계속할 생각을 가지고 있다. 이 경우 선수 A의 연봉 중 이전수입(Transfer Earnings)과 경제적 지대(Economic Earnings)의 크기를 각각 구하면?

① 15억 원, 35억 원　　　　　　② 15억 원, 50억 원

③ 35억 원, 15억 원　　　　　　④ 35억 원, 50억 원

⑤ 50억 원, 15억 원

---

01 정답 ①

이전수입이란 어떤 생산요소가 현재 용도에서 다른 용도로 이전하지 않도록 하기 위해서 기업이 지급해야 하는 최소한의 금액을 말하며, 경제적 지대란 생산요소가 얻는 소득 중에서 기회비용을 초과하는 부분으로 생산요소공급자의 잉여에 해당한다. 이 문제의 선수는 15억 원만 받아도 운동을 계속할 것이므로 생산요소공급에 따른 기회비용인 이전수입은 15억 원이 되고, 생산요소공급자가 수취하는 금액에서 이전수입을 제한 경제적 지대의 크기는 35억 원이다. 한편, 요소소득은 이전수입과 경제적 지대의 합으로 도출된다.

007 고전학파 세이의 법칙 ★☆☆

공급(생산)이 스스로 자신의 수요를 창출한다는 말

시장 전체에 걸쳐 총공급과 총수요가 일치한다는 인과관계를 뜻한다. 영구의 경제학자인 케인스는 자신의 저서 『일반이론』을 통해 세이의 이러한 주장을 "공급이 수요를 창출한다(Supply creates its own demand)."고 요약했다. 세이의 법칙은 케인스 이전까지 '시장의 법칙'으로 알려져 있었으나 케인스가 이를 세이의 법칙이라고 부른 이후로 후세의 경제학자들은 세이의 법칙(Say's Law)이라고 불렀다.

기출 유형 맛보기

01 다음 중 케인스 경제학에 대한 내용으로 옳은 것은?

① 공급이 스스로 수요를 창출한다는 '세이의 법칙'이 성립한다.
② 물가가 상승하면 명목임금은 완전히 신축적으로 조정된다.
③ 통화량의 급격한 증가는 인플레이션을 야기한다.
④ 고용을 늘리기 위해서는 유효수요를 증대시켜야 한다.
⑤ 저축의 증대는 자본 수요의 증가로 우회생산을 가능하게 한다.

---

01 **정답** ④

고전학파는 모든 가격변수가 완전 신축적으로 움직여서 경제가 완전고용에 도달할 수 있다고 주장하였으나 케인스는 단기적으로 가격과 임금이 하방 경직적이기 때문에 완전고용을 달성하기 어렵다고 주장한다. 즉, 케인스는 경제가 불황일 때 임금이 하락하면 고용이 증가해야 하지만 그렇지 못하기 때문에 정부가 공공지출을 확대해 수요와 투자를 늘려가면서 유효수요를 창조해야 한다고 주장한다.

008 고정환율제도 ★★☆

주택도시보증공사, 신용보증기금, 한국관광공사

경제적인 문제로 정부가 환율을 일정 범위에 고정시켜 환율의 안정을 추구하려는 제도

환율제도는 환율 변동의 허용 정도에 따라 고정환율제도, 변동환율제도 및 제한적 변동환율제도가 있다. 이 중에서 고정환율제도는 국내 인플레이션이나 환율불균형에 의한 자본 이동을 미리 막을 수 있다는 장점이 있다. 그러나 자동적으로 돌아가는 경제적 상황에 인위적인 대처를 하기 때문에 경제성장이 억제되고 무역이나 외환의 자유로운 관리가 불가능하다.

변동환율제도는 시장의 수급에 따라 자유로운 환율변동을 허용하는 제도이며, 환율의 실세를 반영하여 융통성 있게 변동할 수 있는 장점이 있으나, 환투기의 가능성이 있을 때에는 환율의 안정을 잃게 되는 단점이 있다.

기출 유형 맛보기

01 다음 중 개방경제에서의 확장적 재정정책에 대한 설명으로 옳지 않은 것은?

① 변동환율제도에서는 재정정책이 국민소득의 증가를 일으키지 못한다.
② 고정환율제도에서는 재정정책이 국민소득의 증가를 일으키지 못한다.
③ 변동환율제도에서는 재정정책으로 인하여 환율이 하락한다.
④ 고정환율제도에서는 재정정책으로 인하여 소비가 증가한다.
⑤ 변동환율제도와 고정환율제도 모두 재정정책으로 인하여 경상수지가 악화된다.

---

01 **정답** ②

고정환율제도에서는 재정정책으로 IS곡선이 오른쪽으로 이동하면서 대내균형이 우상방으로 이동하나, 국내이자율이 국제이자율보다 높아 해외자본이 유입된다. 이에 따라 환율하락을 방지하기 위하여 중앙은행이 개입하여 국내통화량을 증가시킴으로써 LM곡선이 오른쪽으로 이동하게 되고 결국 새로운 균형에서는 국민소득이 증가하게 된다.

변동환율제도와 고정환율제도에서의 확장적 재정정책 효과

변동환율제도	고정환율제도
국민소득 불변	국민소득 증가
소비, 투자 불변	소비 증가, 투자 불변
환율하락에 따른 경상수지 적자 발생	국민소득 증가에 따른 수입증가로 인한 경상수지 악화(적자 발생 불확실)

009 공급탄력성 ★★★

한국도로공사, 한국수력원자력, 한국수자원공사, 신용보증기금

가격변화율에 대한 공급량의 변화율을 측정하는 척도

공급량의 변화율을 가격의 변화율로 나누어 측정한다. 공급의 탄력성은 상품의 저장비용과 저장 가능성, 상품의 생산과정, 생산기간 등에 따라 달라지기도 한다.

> (공급탄력성)=(공급변동률)/(가격변동률)

Add

수요탄력성 : 수요량은 가격이 상승하면 감소하고, 가격이 하락하면 증가한다. 이 가격의 변화와 수요량의 변화와의 값을 수요의 탄력성 계수라고 한다.
[(수요의 가격탄력성)=(수요량의 변화율)/(가격의 변화율)]

기출 유형 맛보기

01 완전경쟁시장에서 수요곡선과 공급곡선이 〈조건〉과 같을 때, 다음 중 시장균형에서 공급의 가격탄력성은?(단, P는 가격, Q는 수량이다)

〈 조건 〉
- 수요곡선 : $P=7-0.5Q$
- 공급곡선 : $P=2+2Q$

① 0.75
② 1
③ 1.25
④ 1.5
⑤ 2

---

01 정답 ④

시장균형점은 수요곡선과 공급곡선이 만나는 지점이므로
$7-0.5Q=2+2Q,\ 2.5Q=5$ ∴ $Q=2,\ P=6$
공급의 탄력성은 가격이 1% 변할 때, 공급량이 몇 %가 변하는지를 나타낸다.

$$\text{공급탄력성}(\eta) = \frac{\dfrac{\Delta Q}{Q}}{\dfrac{\Delta P}{P}} = \frac{\Delta Q}{\Delta P} \times \frac{P}{Q} = \frac{1}{2} \times \frac{6}{2} = \frac{3}{2} = 1.5$$

$$\left(\because \text{공급곡선 } P=2+2Q \text{에서 } Q=\frac{1}{2}P-1 \quad \therefore \frac{\Delta Q}{\Delta P}=\frac{1}{2} \right)$$

010 구축효과 ★☆☆

정부지출 증가로 이자율이 상승하여 민간소비와 투자활동을 위축하는 효과

1930년대 대공황을 탈출하기 위해 영국의 경제학자 존 M. 케인스(John M. Keynes)가 주창한 재정정책은 이후 통화정책과 함께 경기조절정책으로 활용되었다.

정부가 경기 부양을 위해 세금을 걷지 않고 지출을 늘리려면 국채를 발행해서 돈을 빌려야 하는데, 그럴 경우 민간에서 빌릴 수 있는 자금이 줄어들어 이자율이 상승하고 민간 투자가 감소한다. 결국 투자 감소로 인해 민간부분에서 창출될 생산증가가 감소하여 정부의 재정지출로 인한 생산증가를 상쇄하게 되는 현상이 나타난다. 경제가 불황일 때에는 민간의 투자수요가 적기 때문에 구축효과가 크지 않을 수 있지만, 경제가 정상이거나 활황일수록 구축효과는 더 뚜렷하게 나타날 수 있다.

기출 유형 맛보기

01 정부가 재정적자를 국채의 발행으로 조달할 경우 국채의 발행이 채권가격의 하락으로 이어져 시장이자율이 상승하여 투자에 부정적인 영향을 주는 것을 무엇이라고 하는가?

① 피셔방정식 ② 구축효과
③ 유동성함정 ④ 오쿤의 법칙
⑤ 화폐수량설

---

01 정답 ②

구축효과에 대한 설명이다.

> 채권가격 변화에 의한 구축효과의 경로
> 정부의 국공채 발행 → 채권의 공급 증가 → 채권가격 하락

011 교차탄력성 ★☆☆

국민연금공단, 한국서부발전

어떤 재화의 가격변화가 다른 재화의 수요에 미치는 영향을 나타내는 지표

식으로 나타내면(X, Y 2재의 경우), Y재의 X재 가격에 대한 수요의 교차탄력성＝Y재 수요량 변화율÷X재 가격 변화율이다. 다만 소비자의 기호, 화폐소득 및 다른 가격은 전부 불변이라고 가정한 것이다. 교차탄력성은 두 재의 관계의 정도를 측정하는 것이다. 즉 X와 Y의 교차탄력성이 높으면 높을수록 양자는 그만큼 서로가 의존하고 있는 것이다.

기출 유형 맛보기

01 초콜릿과 커피의 수요를 분석한 결과가 다음과 같다. 〈보기〉 중 옳지 않은 설명을 모두 고르면?

구분	수요의 소득탄력성	수요의 교차탄력성
초콜릿	−0.4	−1.5
커피	1.2	−0.9

〈 보기 〉

ㄱ. 초콜릿은 정상재이다.
ㄴ. 커피는 정상재이다.
ㄷ. 커피는 사치재이다.
ㄹ. 초콜릿과 커피는 독립재이다.
ㅁ. 초콜릿과 커피는 보완재이다.

① ㄱ, ㄷ   ② ㄱ, ㄹ
③ ㄱ, ㅁ   ④ ㄴ, ㄹ
⑤ ㄷ, ㄹ

---

01 정답 ②

- [수요의 소득탄력성(ε_M)]＝$\dfrac{(수요의\ 변화율)}{(소득의\ 변화율)}$

- [수요의 교차탄력성(ε_{XY})]＝$\dfrac{(X재\ 수요의\ 변화율)}{(Y재\ 가격의\ 변화율)}$

수요의 소득탄력성을 기준으로 열등재와 정상재를 구분할 수 있다. 소득탄력성이 0보다 작으면 열등재, 0보다 크면 정상재라고 한다. 또한, 소득탄력성이 0에서 1사이이면 필수재, 1보다 크면 사치재로 분류된다. 초콜릿은 소득탄력성이 0보다 작으므로 열등재에 해당한다. 그리고 커피는 소득탄력성이 1보다 크므로 정상재이면서 사치재에 해당한다.
또한 수요의 교차탄력성을 기준으로 대체재, 독립재, 그리고 보완재를 구분할 수 있다. 교차탄력성이 0보다 작으면 보완재, 0이면 독립재, 0보다 크면 대체재로 분류된다. 초콜릿과 커피의 교차탄력성은 0보다 작으므로, 두 재화는 보완재에 해당한다.

012 기업인수 ★☆☆

기업의 지배권 행사에 충분한 지분을 획득하는 것

'Takeover'라는 용어는 흔히 대상기업의 경영진에 대하여 적대적인 기업 또는 개인에 의한 인수에 사용하지만 우호적인 인수에 대하여 사용하기도 한다.

인수와 합병에 대한 가장 큰 차이점은 인수로는 기업이 사라지지 않으나 합병을 하게 되면 기업도 사라지고 주식 또한 소각된다는 것이다.

기출 유형 맛보기

01 다음 사례에서 설명하는 것으로 옳은 것은?

> 공정거래위원회가 대한항공의 아시아나항공 인수 승인 여부를 판단하기 위한 심사에 착수했다. 공정위가 일부 항공노선 양도 등을 조건으로 인수를 허락할 가능성이 높은 가운데, 인수가 성공적으로 실현될 경우 대한항공은 운송량 기준 세계 7위 '메가 캐리어(대형 항공사)'로 재탄생하게 된다.

① 미니뱅(Mini Bang) ② 빅뱅(Big Bang)
③ 스몰딜(Small Deal) ④ 블록딜(Block Deal)
⑤ 빅딜(Big Deal)

---

01 정답 ⑤

기업끼리 대형 사업을 과감히 통폐합하는 거래로 빅딜에 해당한다. 빅딜은 주로 기업끼리 대형 사업을 맞교환하는 일을 의미하는데, 이외에도 부실기업의 정리나 주력기업의 통폐합 및 매각을 포함한다.

오답분석

① 미니뱅 : 작은 것부터 조금씩 해결하여 의미 있는 변화를 계속적으로 진행하는 전략이다.
② 빅뱅 : 모든 문제를 한 번에 변화시켜 진행하는 것이다.
③ 스몰딜 : 기업이 사업 부문별로 나누어 매각하거나 통합하는 구조변화이다.
④ 블록딜 : 국내 산업 경쟁력을 높이기 위해 대기업 간에 대형 사업을 맞바꾼다는 뜻으로, 경쟁력이 없는 사업을 다른이에게 넘겨주고 상대방에게서 다른 사업을 넘겨받는 형식이다.

013 내생적 성장이론 ★☆☆ 　　　　　　　　　　　　　　 국민연금공단

이론적이고 경험적인 다양한 연구 작업의 총체를 포괄하는 성장이론

내생적 성장이론은 금융시장이 발달하면 저축이 증가하고 투자의 효율성이 개선되어 지속적인 경제성장이 가능하여 국가 간 소득수준의 차이가 줄어든다고 주장한다. 이에 따라 정부의 시장 개입이 경제성장의 아주 커다란 역할을 한다.

그러나 내생적 성장이론은 대부분의 자본이 부족한 상태인 저소득 국가에서는 경제적 성장을 하기 어렵다. 경제가 성장하고 시장이 발달하기 위해서 어느 정도의 자본과 그에 따른 활발한 수요가 있어야 하는 것이나 저소득 국가에서는 그렇지 못하기 때문이다.

때문에 내생적 성장이론에서의 저소득 국가는 빈곤한 상태에서 더 나은 상태로 나아가기란 어렵다.

기출 유형 맛보기

01 다음 〈보기〉 중 내생적 경제성장이론에 대한 설명으로 옳은 것을 모두 고르면?

〈 보기 〉

가. 인적자본의 축적이나 연구개발은 경제성장을 결정하는 중요한 요인이다.
나. 정부의 개입이 경제성장에 중요한 역할을 한다.
다. 자본의 한계생산은 체감한다고 가정한다.
라. 선진국과 후진국 사이의 소득격차가 줄어든다.

① 가, 나　　　　　　　　　　② 가, 다
③ 나, 다　　　　　　　　　　④ 나, 라
⑤ 다, 라

01　정답　①

오답분석

다. 정부의 지속적인 교육투자정책으로 인적자본축적이 이루어지면 규모에 대한 수확체증이 발생하여 지속적인 성장이 가능하다고 한다.
라. 내생적 성장이론에서는 금융시장이 발달하면 저축이 증가하고 투자의 효율성이 개선되어 지속적인 경제성장이 가능하므로 국가 간 소득수준의 수렴현상이 나타나지 않는다고 본다.

014 내쉬균형 ★★★

한국자산관리공사, 한국수력원자력, 한국가스공사, 한국수자원공사

각 참여자(Player)가 상대방의 전략을 주어진 것으로 보고 자신에게 최적인 전략을 선택할 때 그 결과가 균형을 이루는 최적 전략의 집합

게임이론에서 균형 상태를 설명하는 개념 중 하나로, 즉 상대방의 전략이 공개되었을 때 어느 누구도 자기 전략을 변화시키려고 하지 않는 전략의 집합이라고 말할 수 있다. 그리고 이러한 전략 구성이 두 참여자에 의해 모두 예측되었을 때 이 게임은 내쉬균형에 도달하게 된다. 말하자면 내쉬균형은 상대방의 최적전략에 대해서만 최적 대응이 될 수 있는 전략의 존재를 요구하고 있다.

기출 유형 맛보기

01 양씨네 가족은 주말에 여가 생활을 하기로 했다. 양씨 부부는 영화 관람을 원하고, 양씨 자녀들은 놀이동산에 가고 싶어 한다. 하지만 부부와 자녀들은 모두 따로 여가 생활을 하는 것보다는 함께 여가 생활을 하는 것을 더 선호한다. 다음 〈보기〉에서 내쉬균형으로 옳은 것을 모두 고르면?

〈 보기 〉

가. 가족 모두 영화를 관람한다.
나. 가족 모두 놀이동산에 놀러간다.
다. 부부는 영화를 관람하고, 자녀들은 놀이동산에 놀러간다.
라. 부부는 놀이동산에 놀러가고, 자녀들은 영화를 관람한다.

① 가
② 나
③ 다
④ 가, 나
⑤ 다, 라

---

01 정답 ④

부모가 영화를 관람한다고 가정할 때 자녀들이 놀이동산에 놀러가기로 결정할 경우 따로 여가 생활을 해야 하므로 자녀들의 이익은 극대화되지 않는다. 마찬가지로 자녀들이 놀이동산에 놀러가기로 결정할 때 부부가 영화를 관람하기로 결정한다면 부부의 이익도 역시 극대화되지 않는다. 따라서 가족 모두가 영화를 관람하거나 놀이동산에 놀러갈 때 내쉬균형이 달성된다.

015 독점시장 ★★★ 근로복지공단, 한국토지주택공사, 부산항만공사, 한국지역난방공사, 국민연금공단

하나의 공급자로서의 독점기업이 가격설정자로 행동하며, 진입장벽을 활용해 장기적으로 초과 이윤 확보가 가능한 시장

한 상품의 공급이 하나의 기업에 의해서만 이루어지는 시장 형태이다. 이 단일 기업을 독점기업이라 하고 독점기업이 공급하는 재화나 용역을 독점상품이라고 한다. 독점시장의 예로는 전력 서비스를 생산하는 전력사업, 식수를 생산하는 상수도사업 등을 들 수 있다. 독점기업 중에서 대표적인 것은 철도·상하수도 등의 공기업으로 엄청난 투자자금이 소요되고, 필요성에 비해 수익성은 불확실하여 정부가 투자한 경우이다.

기출 유형 맛보기

01 다음 중 여러 형태의 시장 또는 기업에 대한 설명으로 옳지 않은 것은?

① 독점기업이 직면한 수요곡선은 시장수요곡선 그 자체이다.
② 독점시장의 균형에서 가격과 한계수입의 차이가 클수록 독점도는 커진다.
③ 독점적 경쟁시장에서 제품의 차별화가 클수록 수요의 가격탄력성이 커진다.
④ 모든 기업의 이윤극대화 필요조건은 한계수입과 한계비용이 같아지는 것이다.
⑤ 독점기업은 수요의 가격탄력성이 서로 다른 두 소비자 집단이 있을 때 가격차별로 이윤극대화를 꾀할 수 있다.

---

01 정답 ③

독점적 경쟁시장에서는 제품의 차별화가 클수록 수요의 가격탄력성은 낮아져서 서로 다른 가격의 수준을 이루게 된다.

016 독점적 경쟁시장 ★★☆

판매자가 생산물 격차를 통해서 독점적 입장의 강화를 꾀하면서도, 그 생산물 격차 때문에 경쟁이 벌어지는 상태

다수의 공급자들이 존재하고 시장의 진입과 퇴출이 원활한 완전경쟁시장과 유사한 특징을 가지고 있다. 독점적 경쟁시장은 완전경쟁시장과 독과점시장의 특징을 함께 가지고 있으며 유일한 차이는 제품의 성격이다. 완전경제시장에서 상품은 차별화가 당연하게 이루어질 수 있으며 제품의 가격보다는 서비스나 품질 개선을 통해 다양성을 추구한다. 반면 독점적 경쟁시장은 기존에 존재하던 제품과는 완전히 품질이 비교되는 상품을 통해 시장 지배력을 가져오려 한다.

> **Add**
>
> **불완전 경쟁시장** : 완전경쟁과 독점의 중간에 있는 경쟁 형태를 말한다.

기출 유형 맛보기

01 다음은 독점적 경쟁기업에 대한 설명이다. 〈보기〉 중 옳은 것을 모두 고르면?

〈 보기 〉

가. 제품차별화의 정도가 클수록 수요의 가격탄력도는 작아진다.
나. 제품차별화의 정도가 클수록 초과설비규모가 작아진다.
다. 경쟁이 심하기 때문에 기술혁신이 가장 잘 이루어지는 시장이다.
라. 독점적 경쟁의 경우 장기에는 생산자잉여와 이윤이 모두 0이다.
마. 제품차별화를 위해 기업들은 광고 등을 이용해 자사 제품의 브랜드화를 추구할 수 있다.

① 가, 나　　　　　　　　　　② 가, 라
③ 나, 마　　　　　　　　　　④ 가, 라, 마
⑤ 나, 다, 라

---

01 정답 ④

오답분석
나. 독점적 경쟁기업이 생산하는 재화의 이질성이 높아지면 수요가 보다 비탄력적이 되므로 독점적 경쟁기업이 보유하는 초과설비규모는 점점 커진다.
다. 독점적 경쟁기업은 기술혁신에 대해 가장 부정적인 시장이다.

132 · 한권으로 끝내는 공기업 전공 기출 키워드

017 리카도 대등정리 ★★★

정부 지출이 고정된 상태에서 조세를 감면하고 국채 발행을 통해 지출 재원을 조달하더라도 경제의 실질 변수에는 아무런 영향을 미칠 수 없다는 내용

경제주체가 합리적이며 미래지향적임을 가정하므로 소비이론 중 절대소득가설보다는 항상소득가설이나 생애주기가설에 기초를 두고 있다. 하지만 리카도 대등정리는 제약된 가정에서 도출했기 때문에 성립되기 어려운 경우가 있다.

리카도 대등정리가 성립하려면, 아래의 4가지 경우에 해당되어야 한다.

① 저축과 차입이 자유롭고, 저축 이자율과 차입 이자율이 동일해야 한다.

② 경제활동인구 증가율이 0%이어야 한다.

③ 합리적이고 미래지향적인 소비자이어야 한다.

④ 정부지출수준이 일정해야 한다.

> ### Add
>
> **리카도 (David Ricardo)** : 영국의 경제학자로 영국 고전파의 이론 체계를 완성, 애덤 스미스와 함께 경제를 대표하는 대표학자로 불린다. 그는 1809년 통화 문제에 관한 〈금의 가격〉과 〈떨어진 곡물 값이 자본 이윤에 미치는 영향〉, 그리고 1817년 〈경제학 및 과세의 원리〉를 발표함으로써 그의 방법론을 체계화하고 이론 경제학자로서의 지위를 굳혔다.

기출 유형 맛보기

01 다음 중 리카도의 대등정리가 성립할 때, 이에 대한 설명으로 옳은 것은?

① 조세징수보다 국채발행이 더 효과적인 재원조달방식이다.

② 정부가 발행한 국채는 민간의 순자산을 증가시키지 않는다.

③ 조세감면으로 발생한 재정적자를 국채발행을 통해 보전하면 이자율이 상승한다.

④ 조세감면으로 재정적자가 발생하면 민간의 저축이 감소한다.

⑤ 재원조달방식의 중립성이 성립되지 않아 재정정책이 통화정책보다 효과적이다.

---

01 **정답** ②

리카도의 대등정리는 정부지출수준이 일정할 때 정부가 재원조달 방법(조세 또는 채권 등)을 변화시키더라도 민간의 경제활동은 아무런 영향을 받지 않는다는 이론이다. 정부가 세금을 감면하고 이에 따른 재정적자를 국채발행을 통해 정부지출 재원을 조달하는 경기부양정책을 펼치게 되면, 정부는 언젠가 늘어난 부채를 갚기 위해 세금을 올려야 하고, 사람들은 이를 예상하여 감세로 인해 늘어난 소득만큼 저축을 늘려 미래의 증세에 대비한다. 따라서 저축에는 변화가 생기지만 소비에는 아무런 변화가 생기지 않는다는 것이고, 실질이자율도 변하지 않게 된다. 이러한 리카도의 대등정리를 바탕으로 배로(Robert Barro)는 재정정책의 무력성을 주장하였다.

018 마찰적 실업 ★☆☆ 근로복지공단

새로운 일자리를 찾거나 직장을 옮기는 과정에서 일시적으로 발생하는 실업

이러한 실업은 노동력에서 뿐만 아니라 자본재 등에서도 일어날 수 있다. 마찰적 실업이 발생하는 원인은 현실적으로 완전한 시장정보가 바로 얻어지는 것이 아니라는 사실에 있다.
일자리를 찾는 사람과 일할 사람을 찾고 있는 기업 사이에 서로의 요구조건이 일치하지 않아 일종의 마찰이 생겼다고도 볼 수 있기 때문에 마찰적 실업이라고도 하고 새로운 일자리나 새로운 근로자를 찾고 있는 상황이라는 측면에서 탐색적 실업(Search Unemployment)이라고도 한다. 마찰적 실업은 경기적 실업, 구조적 실업, 계절적 실업 등과 달리 근로자의 자발적 선택으로 발생하는 자발적 실업이다.

기출 유형 맛보기

01 다음 중 실업 및 우리나라의 실업조사에 대한 설명으로 옳은 것은?

① 경제가 완전고용 상태일 때 실업률은 0이다.

② 경기적 실업이나 구조적 실업은 자발적 실업이다.

③ 실업률은 실업자 수를 생산가능인구로 나누고 100을 곱한 수치이다.

④ 지난 4주간 구직활동을 하지 않았더라도 취업의사가 있는 한 경제활동인구로 분류된다.

⑤ 실업률 조사 대상 주간에 수입을 목적으로 1시간 이상 일한 경우 취업자로 분류된다.

---

01 정답 ⑤

오답분석

① 완전고용은 실업률이 0인 상태를 의미하지는 않는다. 일자리를 옮기는 과정에 있는 사람들이 실업자로 포함될 가능성이 있기 때문이다.

② 경기적 실업이나 구조적 실업은 비자발적 실업이다. 자발적 실업에는 마찰적 실업(탐색적 실업)이 있다.

③ 실업률은 실업자 수를 경제활동인구수로 나누고 100을 곱한 수치이다.

④ 취업의사가 있더라도 지난 4주간 구직활동을 하지 않았다면 구직단념자로 보고, 이들은 비경제활동인구로 분류된다.

019 무차별곡선 ★★★

서울교통공사, 한국수자원공사, 국민연금공단, 인천교통공사, 한국도로공사

개인의 동일한 만족이나 효용을 나타내는 곡선

소비자가 자기 소득을 여러 재화 및 서비스의 구입에 어떻게 배분하는가를 설명하는 이론을 소비자선택이론이라고 하는데, 이 이론의 기본이 되는 것이 무차별곡선이다.

소비자가 두 상품 X와 Y만을 구입한다고 가정할 때 두 재화의 무수한 조합을 얻을 수 있는데, 그 중 동일한 만족을 주는 상품의 조합들을 연결한 곡선이 무차별곡선이다. 횡축에 X재의 수량을, 종축에 Y재의 수량을 나타내는 평면상에 만족수준을 달리하는 무차별곡선을 무수히 그릴 수 있는데, 이러한 무차별곡선의 집합을 무차별지도라고 부르기도 한다.

기출 유형 맛보기

01 주어진 예산으로 효용극대화를 추구하는 어떤 사람이 일정 기간에 두 재화 X와 Y만 소비할 때, X의 가격은 200원이고, 그가 얻는 한계효용이 600이 되는 수량까지 X를 소비한다. 아래 표는 Y의 가격이 300원일 때 그가 소비하는 Y의 수량과 한계효용 사이의 관계를 보여준다. 다음 중 효용이 극대화되는 Y의 소비량은?

Y의 수량	1개	2개	3개	4개	5개
한계효용	2,600	1,900	1,300	900	800

① 1개   ② 2개

③ 3개   ④ 4개

⑤ 5개

---

01 **정답** ④

효용이 극대화가 되는 지점은 무차별곡선과 예산선이 접하는 점이다. 따라서 무차별곡선의 기울기인 한계대체율과 예산선의 기울기 값이 같을 때, 효용이 극대화된다.

$MRS_{xy} = \dfrac{MU_x}{MU_y} = \dfrac{P_x}{P_y}$ 이고, $MU_x = 600$, $P_x = 200$, $P_y = 300$이므로

$MU_y = 900$이 되고, 한계효용이 900이 될 때까지 Y를 소비하므로, Y의 소비량은 4개가 된다.

020 밴드왜건 효과 ★☆☆

유행에 따라 상품을 구입하는 소비 현상

곡예나 퍼레이드의 맨 앞에서 행렬을 선도하는 악대차가 사람들의 관심을 끄는 효과를 내는 데에서 유래한다. 특정 상품에 대한 어떤 사람의 수요가 다른 사람들의 수요에 의해 영향을 받는 현상으로, 편승효과라고도 한다.

기출 유형 맛보기

01 다음 두 사례에 공통으로 나타난 현상으로 옳은 것은?

> [사례 1]
> 정치에 관심이 없지만 투표는 해야 된다고 생각하는 사람은 선거철마다 후보들의 공약을 보지만 항상 어느 후보에게 투표해야할지 쉽게 결정하지 못한다. 결국 선거를 앞두고 실시하는 사전 여론 조사에서 우세하다고 말하는 후보나, 직장 동료 또는 가족들이 투표하는 후보 쪽으로 투표권을 행사하곤 한다.
>
> [사례 2]
> 스트라이프 무늬를 좋아하지 않던 김 사원은 스트라이프 티셔츠가 유행해 주변 사람들이 하나 둘 스트라이프 티셔츠를 입기 시작하자, 유행에 뒤처지기 싫은 마음에 스트라이프 티셔츠를 구매해 입기 시작하였다.

① 베블런 효과(Veblen Effect)　　　　② 밴드왜건 효과(Band Wagon Effect)
③ 립스틱 효과(Lipstick Effect)　　　　④ 스놉 효과(Snob Effect)
⑤ 파노플리 효과(Panoplie Effect)

01 　정답　②

유행하는 정보를 따라 상품을 선택하거나 행동하는 현상을 밴드왜건 효과라고 한다. 밴드왜건은 행렬의 맨 앞에 서 있는 악대차를 말하는데, 이를 따라 긴 행렬이 이어지는 것에서 유래하였다.

　오답분석
① 베블런 효과(Veblen Effect) : 가격상승에도 불구하고, 일부 계층의 과시욕이나 허영심 등으로 인해 수요가 증가하는 현상을 말한다.
③ 립스틱 효과(Lipstick Effect) : 경제적 불황기에 나타나는 특이한 소비패턴으로, 소비자 만족도가 높으면서도 가격이 저렴한 사치품의 판매량이 증가하는 현상이다. 넥타이 효과라고도 한다.
④ 스놉 효과(Snob Effect) : 어떤 상품에 대해 사람들의 소비가 증가하면 오히려 그 상품의 수요가 줄어드는 효과이다. 남들과는 다른 모습을 보여주려는 심리를 반영한다고 하여 백로 효과라고도 한다.
⑤ 파노플리 효과(Panoplie Effect) : 특정 제품을 소비함으로써 그 제품을 소비할 것이라고 예상하는 집단 또는 계층과 스스로를 동일시하는 현상을 말한다.

021 부가가치 ★☆☆

개개의 기업 또는 산업이 생산과정에서 새롭게 부가한 가치

어떤 기업의 연간생산액은 그 전부를 기업이 만들어낸 것이 아니라 생산에 소요된 원재료·연료, 하청기업이 납품한 부품 등 다른 기업의 생산물이 포함되어 있으므로 이것을 공제한 나머지 부분이 부가가치가 된다. 기업은 이러한 부가 가치에 의하여 근로자의 임금이나 기업가의 이윤을 지급한다.

부가가치의 산정방법으로 생산한 가치 총액에서 투입한 자원의 가치를 빼서 구하는 감산법과 부가가치의 구성요소를 가산해서 계산하는 가산법이 있다.

> **Add**
>
> **부가가치세** : 생산 및 유통과정의 각 단계에서 창출되는 부가가치에 대하여 부과되는 조세이다. 부가가치세는 매출세가 재화 또는 용역의 공급총액에 대하여 부과되는 것과는 달리 재화 또는 용역에 새롭게 부가된 가치의 부분에 한하여 부과되므로, 이론상 세액의 계산과 징수에 있어서 매출세보다 훨씬 합리적인 조세이다.

기출 유형 맛보기

01 다음 중 부가가치세에 대한 설명으로 옳지 않은 것은?

① 국세에 해당한다.
② 조세 전가가 가능한 간접세에 해당한다.
③ 과세 대상 금액이 많을수록 높은 세율이 적용된다.
④ 등록세와 취득세보다 조세저항이 덜하기 때문에 과세가 용이하다.
⑤ 재화 또는 용역의 생산 및 거래의 모든 단계에서 새로이 창출된 부가가치를 과세대상으로 한다.

---

01 정답 ③

부가가치세는 담세자와 납세자가 다른 간접세에 해당하므로 과세 주체의 상황에 따라 다른 세율을 부과하기 어렵다는 한계점이 있다.

022 불평등지수 ★☆☆

부산항만공사

현실의 분배 상태가 균등 상태와 비교했을 때 얼마나 다른지를 수치화한 것

자유시장경제에서는 소득이나 재산상의 차이가 분명히 나타나며 이런 현실의 불평등을 표현하고자 분배 상태와 균등 상태 사이의 괴리감을 수치화한 지수를 말한다. 통상적으로 지니계수를 통해 나타낼 수 있는데, 전체 소득 계층을 모아두고 저소득층과 고소득층의 비율을 통해 소득 불균등 정도를 계산한다.

기출 유형 맛보기

01 다음은 불평등지수에 대한 설명이다. 빈칸 ㉠~㉢에 들어갈 내용을 순서대로 바르게 나열한 것은?

- 지니계수가 ___㉠___ 수록, 소득불평등 정도가 크다.
- 십분위분배율이 ___㉡___ 수록, 소득불평등 정도가 크다.
- 앳킨슨지수가 ___㉢___ 수록, 소득불평등 정도가 크다.

	㉠	㉡	㉢
①	클	클	클
②	클	클	작을
③	클	작을	클
④	작을	클	클
⑤	작을	클	작을

---

01 정답 ③

십분위분배율은 0과 2 사이의 값을 갖고, 그 값이 작을수록 소득분배가 불평등함을 나타낸다. 이에 비해 지니계수와 앳킨슨지수는 모두 0과 1 사이의 값을 갖고, 그 값이 클수록 소득분배가 불평등함을 나타낸다.

023 베블런 효과 ★☆☆

가격이 오르는 데도 일부 계층의 과시욕이나 허영심 등으로 인해 수요가 줄어들지 않는 현상

상류층 소비자들에 의해 이루어지는 소비 행태로, 가격이 오르는 데도 수요가 줄어들지 않고 오히려 증가하는 현상을 말한다.

과시욕이나 허영심을 채우기 위해 고가의 물품을 구입하는 사람들의 경우, 값이 오르면 오를수록 수요가 증가하지만 값이 떨어지면 누구나 손쉽게 구입할 수 있다는 이유로 구매를 하지 않는 경향이 있다. 이를 소비편승효과라고도 한다.

기출 유형 맛보기

01 다음 사례가 설명하는 효과로 옳은 것은?

> 영국 정부는 1696년에 주택에 달린 창문의 개수에 따라 세금을 내는 창문세를 도입한 적이 있다. 당시 영국인들은 개인의 소득에 대해서 세금을 부과하는 것은 정부의 지나친 간섭이며 개인의 자유에 대한 잠재적 위협이라고 생각하였다. 이에 따라 정부는 소득세 대신 사생활을 침해하지 않으면서도 외부에서 쉽게 관측하여 부과할 수 있는 창문세를 선택했던 것이다. 그러나 영국 정부는 그 정책이 가져올 결과를 미처 고려하지 못하였다. 영국인들은 세금을 회피하고자 주택의 창문을 막아 어두운 실내에서 사는 생활을 선택하였다. 사람들이 경제적 유인에 반응한다는 경제 원리를 고려하지 못한 세금 부과가 국민으로부터 빛과 공기를 차단해 버림으로써 애초 의도와는 달리 삶의 질을 악화시켰다.

① 속물 효과
② 간접 효과
③ 베블런 효과
④ 밴드왜건 효과
⑤ 파노플리 효과

---

01 정답 ②

간접 효과는 정책이 의도치 않았던 결과가 발생하는 현상을 가리킨다. 정부 정책은 직접적인 효과 외에도 사람들의 유인 구조에 영향을 끼쳐 간접적인 효과를 낳는다. 때로는 간접 효과가 가져온 손해가 긍정적인 직접 효과를 압도해 정책의 취지를 무의미하게 만든다.

오답분석
① 속물 효과 : 특정 상품을 소비하는 사람이 많아질수록 그 상품에 대한 수요는 줄어들고 가격이 오르면 오히려 수요가 늘어나는 현상을 가리킨다. 스놉 효과, 백로 효과라고도 한다.
③ 베블런 효과 : 과시를 위해 가격이 비쌀수록 수요가 증가하는 현상을 가리킨다.
④ 밴드왜건 효과 : 소비자가 유행을 따라 상품을 구매하는 현상을 말한다.
⑤ 파노플리 효과 : 특정 제품을 사면 그 제품을 소비할 것이라고 예상하는 집단 또는 계층과 자신을 동일하게 생각하는 현상을 말한다.

024 사회적 비용 ★☆☆

한국수자원공사

어느 생산자가 어떤 재화를 생산하는 경우, 이로 인해 생산자를 포함한 사회 전체가 부담하게 되는 비용

재화를 생산할 때 발생하는 사적비용과 외부효과로 인한 비용을 합친 개념이다.

사회적 비용이 존재할 때, 그 비용을 경제활동의 당사자가 부담하지 않음으로써 자원에 대한 과소평가 경향이 발생하기 때문에 자원을 과잉사용하게 된다. 따라서 이러한 과잉사용을 예방하기 위해서는 비용을 주체가 부담해야 한다는 주장이 대두되고 있다. 예시로 환경파괴에 따른 오염자 부담 원칙을 들 수 있다.

기출 유형 맛보기

01 A회사는 공장에서 생산물을 생산하면서 폐수 배출과 먼지 발생으로 부득이하게 환경을 오염시키고 있다. 이 회사의 환경오염을 막기 위한 정부의 정책은?

① 한계 사적비용에 해당하는 만큼의 세금을 부과한다.

② 한계 사적비용에 해당하는 만큼의 보조금을 지급한다.

③ 시장의 자율기능에 맡기고 정부는 개입하지 않는다.

④ 한계 사회적비용과 사적비용의 차이에 해당하는 만큼의 보조금을 지급한다.

⑤ 한계 사회적비용과 사적비용의 차이에 해당하는 만큼의 세금을 부과한다.

01 　**정답** ⑤

피구(A. C. Pigou)에 따르면 외부효과를 시장 내부화하는 방법은 외부효과만큼 조세나 보조금을 도입하는 것이다. 외부불경제가 발생하는 경우에는 재화 단위당 외부 한계비용만큼의 조세를 부과하고, 외부경제가 발생하는 경우에는 재화단위당 외부 한계편익만큼의 보조금을 지급하는 방안을 고려할 수 있다. 이상적인 교정적 조세는 부정적 외부효과를 일으키는 행위에서 비롯되는 외부 비용과 같은 금액이 되어야 한다. 경제학자들은 환경오염과 같은 외부불경제의 해결수단으로 직접적 규제보다는 교정적 조세를 선호한다. 최근에는 탄소배출권 거래 제도를 도입하여 시장기능에 맡겨 해결하거나 코즈의 정리에 따라 이해 당사자 간 협상에 의해 해결하려는 경향을 보이고 있다. 이는 더 낮은 비용으로 외부불경제를 줄일 수 있기 때문이다.

025 사회적 잉여 ★★☆

한국토지주택공사, 국민연금공단, 인천교통공사

재화 혹은 용역 거래 시 사회 전체에 발생하는 것

생산자 잉여와 소비자 잉여로 구성된다.

여기서 생산자 잉여는 생산자가 시장에 재화나 용역을 제공하고 얻는 수입이 자신의 최소 수입보다 높아서 추가로 얻게 되는 수입이고, 소비자 잉여는 소비자가 재화나 용역을 소비하면서 지불하는 비용이 실제 자신이 지불하고자 하는 비용보다 낮아서 여분으로 절약하게 되는 비용이다. 즉 생산자와 소비자가 시장에서 상품을 거래하면서 추가로 얻게 되는 각각의 잉여를 합한 것을 사회적 잉여라고 부른다.

PART 2

기출 유형 맛보기

01 어느 대학생이 노트북을 100만 원에 구매하려고 하는데, 현재 노트북 가격은 80만 원이다. 만약 노트북에 대한 물품세가 1대당 30만 원이 부과되어 노트북의 가격이 110만 원으로 상승하였을 경우 〈보기〉에서 옳은 것을 모두 고르면?

〈 보 기 〉

가. 세금이 부과되기 전 소비자 잉여는 20만 원이다.
나. 세금이 부과되고 나면 소비자 잉여는 발생하지 않는다.
다. 세금이 부과되고 나면 사회적 순손실은 20만 원만큼 발생한다.
라. 세금이 부과되고 나면 사회적 순손실은 30만 원만큼 발생한다.
마. 세금이 부과되고 나면 사회적 순손실은 80만 원만큼 발생한다.

① 가, 나
② 나, 마
③ 가, 나, 다
④ 가, 나, 라
⑤ 나, 다, 마

---

01 **정답** ③

소비자가 노트북에 대해 100만 원을 지불할 용의가 있다는 것은 노트북 구입 시 최소한 그만큼의 편익을 얻는다는 의미이다. 이 소비자가 노트북을 80만 원에 구입한다면 지불할 용의가 있는 금액보다 20만 원 적게 지불하였으므로 20만 원의 소비자 잉여를 얻는다. 그런데 물품세가 부과되어 노트북 가격이 110만 원으로 상승하면 소비자는 구입을 포기할 것이므로 소비자 잉여를 얻을 수 없게 된다. 그러므로 조세부과에 따른 사회적인 후생손실은 20만 원이 된다.

026 선물환율 ★☆☆

신용보증기금, 한국전력기술

미래의 특정 시점에 외환을 주고받는 선물환거래에 적용되는 환율

선물환거래의 계약은 거래 당일에 이루어지나 실제 자금의 결제는 거래당사자들이 협의에 따라 미래 특정 시점에 이루어진다. 실제 자금 결제가 일어나는 미래 시점에 적용되는 환율이 선물환율이다. 선물환율은 두 국가 간 이자율 차이를 이용하여 균형환율을 산출하는 이자율평가설(IRP; Interest Rate Parity)에 의해 결정된다.

> **Add**
>
> **현물환율** : 환율 종류 중의 하나로, 외환거래 후 2영업일 이내에 결제가 이루어지는 환율거래에 적용되는 환율이다.

기출 유형 맛보기

01 현물환율이 1,000원/달러, 선물환율이 1,200원/달러, 한국의 이자율이 3%, 미국의 이자율이 2%이고, 이자율평가설이 성립할 때, 〈보기〉 중 옳지 않은 것을 모두 고르면?

─〈 보 기 〉─

가. 한국의 이자율이 상승할 것이다.
나. 미국의 이자율이 상승할 것이다.
다. 현물환율이 상승할 것이다.
라. 현재 한국에 투자하는 것이 유리하다.

① 가, 나
② 가, 다
③ 나, 다
④ 나, 라
⑤ 다, 라

---

01 정답 ④

이자율평가설에 따르면, 현물환율(S), 선물환율(F), 자국의 이자율(r), 외국의 이자율(r_f) 사이에 다음과 같은 관계가 존재한다.

$$(1+r)=(1+r_f)\frac{F}{S}$$

공식의 좌변은 자국의 투자수익률, 우변은 외국의 투자수익률을 의미한다.
즉, 균형에서는 양국 간의 투자수익률이 일치하게 된다.

문제에 주어진 자료를 공식에 대입해 보면 $1.03 < 1.02 \times \frac{1,200}{1,000}$ 로서, 미국의 투자수익률이 더 큰 상태이다. 이 상태에서 균형을 달성하기 위해서는, 좌변이 커지거나 우변이 작아져야 한다. 따라서 한국의 이자율이 상승하거나, 미국의 이자율, 선물환율이 하락, 현물환율이 상승해야 한다. 그리고 현재 미국의 투자수익률이 더 큰 상태이므로, 미국에 투자하는 것이 유리하다.

027 소득재분배 ★☆☆

소득 분배의 형평성을 추구하는 국가가 소득 분배의 불평등을 줄이기 위하여 시행하는 각종 경제정책

시장기능에 의한 소득분배는 현저하게 불평등한 것이 일반적이므로 이러한 소득의 불평등을 완화하기 위한 정부의 개입정책을 말한다.

소득재분배는 현대 정부의 중요한 정책목표가 되고 있으며 주로 조세와 보조금 등의 재정정책 수단에 의하여 그러한 목표가 달성되고 있다. 그러나 소득재분배를 논의하는 데 있어 문제가 되는 점이 있다. 과연 무엇이 공평하고 정의로운 소득 분배이며 이러한 적정분배의 기준을 어떻게 마련할 수 있는가 하는 점이다.

따라서 소득재분배는 공평성을 확보하면서도 효율성에 대한 부정적 영향을 최소화할 수 있는 알맞은 견해를 통해 공정한 기준을 마련해야 한다.

기출 유형 맛보기

01 다음 〈보기〉 중 소득재분배의 정치철학에 대한 내용으로 옳지 않은 것을 모두 고르면?

─〈 보기 〉─

가. 공리주의자들의 논리는 한계효용체감의 원칙 가정에 기초한다.
나. 롤스에 의하면 정부는 무지의 베일 뒤에 있는 공정한 제삼자가 만든 것과 같은 공정한 정책을 선택해야 한다.
다. 노직(Nozick)이 주장한 자유주의에 의하면, 특정한 목표의 소득재분배를 위하여 정부가 사회구성원들의 소득을 이전시키거나 변화시켜야 한다.
라. 공리주의자들은 사회적 총효용을 극대화하기 위해 사회를 완전히 평등하게 만들어야 한다고 주장한다.

① 가, 나
② 가, 다
③ 나, 다
④ 나, 라
⑤ 다, 라

01 　정답　 ⑤

다. 노직 등이 주장한 자유주의 소득분배이론에 의하면, 특정한 목표의 소득재분배를 위하여 정부가 사회 구성원들의 소득을 이전시키거나 변화시켜서는 안 된다. 급진적 자유주의자들은 현실의 소득차이는 개인의 선택에 따른 결과이며, 이를 줄이기 위한 정부정책이 오히려 불공평을 유발한다고 주장한다.

라. 공리주의에 의하면 소득의 한계효용이 체감한다면 소득재분배는 사회후생의 증가를 가져온다. 즉, 소득의 한계효용이 체감하고, 모든 사람의 효용함수가 동일하다면 완전히 평등한 사회후생이 극대화된다. 그러나 사회구성원의 효용함수가 서로 다르다면 모든 사회구성원의 소득의 한계효용이 동일하게끔 소득분배가 이루어졌을 때 사회후생이 극대화된다.

028 소득소비곡선 ★☆☆

한국토지주택공사

가격이 일정할 때 소득증가에 의하여 나타나는 가격선과 무차별곡선과의 접점

균형 구입점을 연결한 곡선을 소득소비곡선이라 한다. 이 곡선은 가격이 일정할 때 소득의 변화가 수요에 미치는 영향을 나타낸 곡선으로 소비자 행위의 효용 극대점(균형점)이 어떻게 이동하는가를 표시하는 궤적이다.

> **Add**
>
> 가격소비곡선 : 가격이 소비에 미치는 효과를 알아보는 지표이다. 분석대상 상품에 대한 소비자의 개별수요곡선을 도출하는 데 이용할 수 있다.

기출 유형 맛보기

01 완전보완재 관계인 X재와 Y재를 항상 1 : 1의 비율로 사용하는 소비자가 있다. 이 소비자가 효용극대화를 추구할 때, X의 가격소비곡선과 소득소비곡선에 대한 내용으로 옳은 것은?(단, X재와 Y재의 가격이 0보다 크다고 가정한다)

① 가격소비곡선과 소득소비곡선의 기울기는 모두 1이다.

② 가격소비곡선의 기울기는 1이고 소득소비곡선은 수평선이다.

③ 가격소비곡선은 수평선이고 소득소비곡선의 기울기는 1이다.

④ 가격소비곡선은 수직선이고 소득소비곡선의 기울기는 1이다.

⑤ 가격소비곡선의 기울기는 1이고 소득소비곡선은 수직선이다.

---

01 **정답** ①

두 재화가 완전보완재일 때는 대체효과가 0이므로 가격효과는 소득효과와 일치하게 된다. 따라서 두 재화가 완전보완재일 때는 가격소비곡선과 소득소비곡선이 모두 원점을 통과하는 직선의 형태가 된다. 문제의 경우 X재와 Y재를 항상 1 : 1의 비율로 사용하므로 기울기는 1이 된다.

029 소비자물가지수 ★☆☆

한국수자원공사

소비자가 구입하는 상품이나 서비스의 가격변동을 나타내는 지수

도매물가지수와 함께 일상적인 소비자의 생활에 직접 영향을 미치는 물가의 변동을 좇는 중요한 경제지표로, 소비자가 구입하는 상품이나 서비스의 가격변동을 나타낸다. 인플레이션을 나타내는 가장 대표적인 지표로 가계의 평균생계비나 화폐구매력을 측정할 때도 사용되며, 소비자의 생계비를 산출하는 특수한 목적지수로 노사 간의 임금을 조정하는 기초자료가 된다. 소비자물가지수는 물가변동의 크기를 측정하여 경제동향 분석이나 경제정책 수립 등에 광범위하게 이용되고 있다. 화폐의 구매력을 측정할 수 있는 수단, 상품의 수급동향을 파악하는 경제정책지표와 경기판단지표 등 각종 경제지표의 디플레이터(Deflator)로 이용된다.

기출 유형 맛보기

01 다음 글의 빈칸 (가) ~ (다)에 들어갈 내용을 순서대로 바르게 나열한 것은?

> 원유수입가격 상승 시 원유수입국의 소비자물가지수는 __(가)__ 하고, 생산자물가지수는 __(나)__ 하며, GDP 디플레이터는 __(다)__ 한다.

	(가)	(나)	(다)
①	불변	불변	상승
②	상승	불변	상승
③	불변	상승	상승
④	상승	상승	불변
⑤	상승	상승	상승

---

01 정답 ⑤

원유수입가격이 상승하면 원유를 원자재로 사용하는 기업들의 생산비용이 상승하게 되므로 생산자물가지수는 상승하게 된다. 생산자물가지수가 상승하면 시차를 두고 소비자물가지수 또한 상승하여 전반적인 물가가 상승하게 되므로 GDP 디플레이터도 상승하게 된다.

030 소비자 잉여 ★★★
한국도로공사, 한국가스기술공사, 한국마사회, 한국전력기술

어떤 상품에 대해 소비자가 생각하는 수요가격에서 실제 시장가격을 뺀 차액

소비자 잉여는 19세기 중반 프랑스의 듀피(Jules Dupuit)가 생각해 낸 개념으로 구매자가 실제로 치르는 대가와 그가 상품에 대해 지불해도 좋다고 생각하는 대가 사이의 차액을 말한다. 예를 들어 성냥, 소금, 신문 등은 이러한 재화가 없을 때 겪어야 할 불편함에 대해 값이 싼 재화라 할 수 있다.

> **Add**
>
> **생산자 잉여** : 생산자가 상품을 시장에 판매할 때 얻는 수입이 생산자가 꼭 필요로 하는 최저수입보다 커서 추가적으로 발생하는 잉여이다.

기출 유형 맛보기

01 다음 중 소비자 잉여와 생산자 잉여에 대한 설명으로 옳지 않은 것은?

① 소비자 잉여는 소비자의 선호 체계에 의존한다.
② 완전경쟁일 때보다 기업이 가격차별을 실시할 경우 소비자 잉여가 줄어든다.
③ 완전경쟁시장에서는 소비자 잉여와 생산자 잉여의 합인 사회적 잉여가 극대화된다.
④ 독점시장의 시장가격은 완전경쟁시장의 가격보다 높게 형성되지만 소비자 잉여는 줄어들지 않는다.
⑤ 소비자 잉여는 어떤 상품에 소비자가 최대한으로 지급할 용의가 있는 가격에서 실제 지급한 가격을 차감한 차액이다.

---

01 정답 ④

독점시장의 시장가격은 완전경쟁시장의 가격보다 높게 형성되므로 소비자 잉여는 줄어든다.

031 속물 효과 ★☆☆

어떤 상품에 대한 사람들의 소비가 증가하면 오히려 그 상품의 수요가 줄어드는 효과

가격에 따라 가치가 정해진다고 믿는 사람들에게서 가장 많이 보여지는 효과로, 스놉 효과라고도 부른다. 특정 계층이 타인과 차별화된 상품을 추구하면서 비롯된 것으로 부유층이 아무나 살 수 없는 고가의 명품을 선호하다 명품이 대중화되면 안 되는 것이 대표적이다. 속물 효과를 활용한 마케팅도 활성화되어 있다. 백화점, 영화관 등에서 VIP제도를 만들어 일정 금액 이상을 구매한 고객에 한해 VIP라운지 등 각종 혜택을 부여하는 것 등이다.

기출 유형 맛보기

01 다음 중 〈자료 1〉과 〈자료 2〉의 상황에 옳은 것은?

〈자료 1〉

평소 대형 SUV 차량에 관심이 많았던 형진은 신차 구매에 앞서 A자동차의 팰리세이드와 B자동차의 모하비 등 비슷한 크기의 다양한 차종들 사이에서 망설이고 있었다. 그러던 어느 날, 군대 동기 우성이 출시와 동시에 구매한 2020년식 팰리세이드를 출고 받아 현재 상당히 만족해하고 있다는 소식을 들었다. 우성의 소식을 들은 형진은 팰리세이드를 구매하기로 마음먹었다.

〈자료 2〉

자동차 업계에 따르면 지난달 A자동차는 국내 시장에서 지난해 같은 기간보다 6.4% 증가한 5만 3,406대를 팔았다. 반면, B자동차는 판매량이 10.2% 줄어든 3만 2,222대를 기록했다. A자동차의 판매량을 이끈 것은 그랜저(7,720대)와 싼타페(7,023대)에 새로 출시된 대형 SUV 팰리세이드(5,769대)가 더해졌기 때문이다. 이 세 모델만 해도 전체 판매량의 38%에 달한다.

---

① 펭귄 효과   ② 디드로 효과
③ 속물 효과   ④ 베블런 효과
⑤ 스필오버 효과

---

01 **정답** ①

펭귄 효과란 다른 사람이 물건을 사면 그 뒤를 따라서 같은 물건을 사는 형태를 말한다.

오답분석

② 디드로 효과 : 하나의 물건을 갖게 되면 그것에 어울리는 다른 물건을 계속해서 사게 되는 현상을 뜻한다.
③ 속물 효과 : 어떤 제품의 대중적인 수요가 증가하면 더 이상 그 제품을 구매하려 하지 않고, 다른 희귀한 제품을 구매하고 싶어 하는 현상으로 스놉 효과라고도 한다.
④ 베블런 효과 : 과시를 위해 가격이 비쌀수록 수요가 증가하는 현상을 가리킨다.
⑤ 스필오버 효과 : 특정 지역에 나타나는 현상이나 혜택이 흘러 넘쳐 다른 지역에까지 퍼지거나 영향을 미치는 현상을 가리킨다.

032 수요곡선 ★★☆

한국토지주택공사, 한국남동발전

어떤 소비재에 대한 가격과 수요량의 관계를 그래프로 나타낸 것으로, 세로축은 상품가격을 가로축을 수요량을 나타낸다.

일부 예외는 있으나 가격과 수요량은 상품의 가격이 낮아질수록 수요량이나 판매량은 늘어나는 반비례의 관계이다. 따라서 수요 곡선은 일반적으로 왼쪽에서 오른쪽으로 갈수록 아래로 휘어지는 우하향의 곡선을 그린다.

> **Add**
>
> **공급곡선** : 생산물의 가격과 공급량 사이의 관계를 그래프로 나타낸 것으로, 가격이 상승하면 공급량이 증가하기 때문에 수요곡선과 달리 우상향 정비례 모양을 볼 수 있다.

기출 유형 맛보기

01 어떤 재화의 수요곡선은 우하향하고 공급곡선은 우상향한다. 이 재화의 공급자에 대해 재화 단위당 일정액의 세금을 부과했을 때, 효과에 대한 분석으로 옳은 것은?

① 단위당 부과하는 세금액이 커지면 자중적 손실(Deadweight Loss)은 세금액 증가와 동일하다.

② 다른 조건이 일정할 때 수요가 가격에 탄력적일수록 소비자가 부담하는 세금의 비중은 더 커진다.

③ 다른 조건이 일정할 때 수요가 가격에 탄력적일수록 세금부과에 따른 자중적 손실(Deadweight Loss)은 적다.

④ 세금부과 후에 시장가격은 세금부과액과 동일한 금액만큼 상승한다.

⑤ 과세부과에 따른 자중적 손실(Deadweight Loss)의 최소화를 기하는 것은 효율성 측면과 관련이 있다.

---

01 정답 ⑤

오답분석

① 수요곡선이 우하향하고 공급곡선이 우상향하는 경우 물품세가 부과되면 조세부과에 따른 자중적 손실의 크기는 세율의 제곱에 비례한다.

②·③ 다른 조건이 일정할 때 수요가 가격에 탄력적이면 소비자 부담은 작아지고 자중적 손실은 커진다.

④ 단위당 조세액 중 일부만 소비자에게 전가되므로 세금부과 후에 시장가격은 단위당 조세액보다 작게 상승한다.

033 수요의 탄력성 ★★★

상품의 가격이 변동할 때, 이에 따라 수요량이 얼마나 변동하는지를 나타내는 것

수요량은 가격이 상승하면 감소하고, 가격이 하락하면 증가한다. 이 가격의 변화와 수요량의 변화와의 관계를 나타내는 것을 수요의 가격 탄력성이라고 한다.

> (수요의 탄력성)＝(수요변동률)÷(가격변동률)

Add

노동공급의 임금탄력성 : 노동공급량의 퍼센트 변화율을 임금의 퍼센트 변화율로 나눈 것이다. 통상 탄력성이 1보다 크면 탄력적이라 하고 0과 1 사이에 있으면 비탄력적이라 한다. 극단적으로 완전 비탄력적인 경우(탄력성이 0), 즉 수직선을 갖는 노동공급곡선에서는 임금이 증가(또는 감소)하더라도 노동공급량의 변화는 없다.

기출 유형 맛보기

01 다음 〈보기〉 중 통화정책의 단기적 효과를 높이는 요인으로 옳은 것을 모두 고르면?

〈 보기 〉

ㄱ. 화폐수요의 이자율 탄력성이 높은 경우
ㄴ. 투자의 이자율 탄력성이 높은 경우
ㄷ. 한계소비성향이 높은 경우

① ㄱ
② ㄴ
③ ㄱ, ㄴ
④ ㄴ, ㄷ
⑤ ㄱ, ㄴ, ㄷ

---

01 정답 ④

오답분석

ㄱ. 화폐수요의 이자율 탄력성이 높은 경우(＝이자율의 화폐수요의 탄력성은 낮음)에는 총통화량을 많이 증가시켜도 이자율의 하락폭은 작기 때문에 투자의 증대효과가 낮다. 반면, 화폐수요의 이자율 탄력성이 낮은 경우(＝이자율의 화폐수요의 탄력성은 높음)에는 총통화량을 조금만 증가시켜도 이자율의 하락폭은 커지므로 투자가 늘어나고 이로 인해 국민소득이 늘어나므로 통화정책의 효과가 높아진다.

034 새케인스학파 ★★☆

신용보증기금, 한국도로공사, 한국수자원공사

통화주의나 신고전파에 대응해 발전해 온 경제학 학파

1960 ~ 1970년대에 걸쳐서 밀턴 프리드먼을 시작으로 하는 통화주의는 실증적 연구나 항상소득가설에 따라 케인스학파적인 재량에 근거하여 재정정책과 금융정책의 문제점을 비판하였다. 이를 보완하고자 각종 가정으로부터 미시적인 가격이나 임금의 경직성을 유도해 재량적인 재정·금융정책의 유효성을 증명하려고 하는 것이 새케인스학파이다. 정부가 경제시장을 내버려두지 않고 개입해야만 긍정적인 효과가 나온다는 것이다. 다만 새케인스학파는 케인스학파와 달리 자의적인 재정·금융정책에 대해서는 비판적이다.

> **Add**
>
> **새고전학파** : 케인스학파의 이론을 비판하며, 고전학파의 전통을 계승하면서도 합리적 기대를 적극적으로 수용하는 입장을 지지하는 경제학파이다.

기출 유형 맛보기

01 다음 중 통화정책 및 재정정책에 대한 케인스학파와 통화주의자의 견해로 옳지 않은 것은?

① 케인스학파는 투자의 이자율 탄력성이 매우 크다고 주장한다.
② 케인스학파는 통화정책의 외부시차가 길다는 점을 강조한다.
③ 통화주의자는 $k\%$ 준칙에 따른 통화정책을 주장한다.
④ 케인스학파에 따르면 이자율이 매우 낮을 때 화폐시장에 유동성 함정이 존재할 수 있다.
⑤ 동일한 재정정책에 대해서 통화주의자가 예상하는 구축효과는 케인스학파가 예상하는 구축효과보다 크다.

---

01 정답 ①

케인스학파는 정부가 경제에 대해 보다 적극적으로 간섭하고 나서야 한다고 주장한다. 또한 비용보다는 수익 측면에 초점을 맞추어 기업가들이 수익성 여부에 대한 기대에 입각해서 투자를 한다고 보고, 고전학파와는 달리 투자의 이자율 탄력성이 낮다고 보고 있다.

035 신용창조 ★☆☆

한국토지주택공사, 한국도로공사

시중은행에 의한 예금통화의 창조. 넓은 의미에서는 신용화폐의 창조를 의미

은행이 예금된 돈의 일부를 예금자에게 빌려주고 그것을 다시 예금시켜서 원래의 몇 배로 만들어 내는 일을 말한다. 중앙은행이 찍어낸 돈이 은행을 통해 시중에 유통되면서 또 다른 돈을 만들어내는 일련의 과정 또한 작은 의미의 '신용창조'라고 부른다. 신용창조는 2008년 글로벌 위기에 대처하면서 미국을 비롯한 세계 각국의 중앙은행들이 '발권력'을 동원해 부실 금융사와 기업지원에 나서면서 다시 한번 화제의 중심이 되고 있다.

Add

신용평점제도 : 금융기관에서 개인의 신용도를 과학적이고 통계적으로 분석해 고객의 신용도를 예측하는 개인신용평가 기법이다.

기출 유형 맛보기

01 법정 지급준비율이 20%에서 100%로 인상되면, 신규 예금 1,000만 원으로 만들어질 수 있는 최대의 예금 통화액은 얼마나 감소하는가?(단, 신규 예금을 포함하고, 민간은 현금을 보유하지 않는다고 가정한다)

① 변화가 없다
② 1,000만 원 감소
③ 2,000만 원 감소
④ 3,000만 원 감소
⑤ 4,000만 원 감소

---

01 **정답** ⑤

지급준비금은 은행이 고객들의 예금 반환 요구에 대비해 갖고 있는 돈이다. 지급준비율(지준율)은 예금 중 지급준비금으로 보유하는 돈의 비율이다. 법정 지준율을 중앙은행이 정하면, 중앙은행이 찍어낸 돈은 은행을 통해 시중에 유통되면서 또 다른 돈을 만들어낸다. 이를 신용창조(예금창조)라고 한다. 예금창조액은 지준율의 역수다.

예를 들어 지준율이 20%일 때, 1,000만 원의 예금으로 만들어지는 예금창조액은 예금액(1,000만 원)÷지준율(0.2)＝5,000만 원이다. 지준율이 100%로 인상되면 예금통화액은 1,000만 원÷1＝1,000만 원이 돼 4,000만 원이 감소한다.

036 신고전학파 ★★☆

한국도로공사, 국민연금공단, 한국수자원공사

애덤 스미스의 '보이지 않는 손'으로 상징되는 고전파 경제학을 계승한 학파

영국 고전학파의 경제 이론, 특히 리카도(Ricardo, D.)의 이론을 계승하여 발전시킨 경제학파이다. 밀(Mill, J. S.)이 제기한 노동자 계급의 장래에 관한 문제로 출발하였고, 케임브리지 대학을 중심으로 마셜(Marshall, A.)을 비롯한 피구 등이 대표적인 학자이다. '합리적 인간'이 논리의 바탕이며, 시장은 인위적인 정책이 필요 없으며 자율적으로 두면 가격의 기능에 의해 생산과 소비가 적절히 조화되고 경제도 안정적으로 성장한다는 것이다. 시장에 인위적으로 개입하지 않는 '작은 정부'를 옹호한다.

기출 유형 맛보기

01 다음 중 고전학파와 케인스학파의 거시경제관에 대한 설명으로 옳지 않은 것은?

① 고전학파는 공급이 수요를 창출한다고 보는 반면 케인스학파는 수요가 공급을 창출한다고 본다.
② 고전학파는 화폐가 베일(Veil)에 불과하다고 보는 반면 케인스학파는 화폐가 실물경제에 영향을 미친다고 본다.
③ 고전학파는 저축과 투자가 같아지는 과정에서 이자율이 중심적인 역할을 한다고 본 반면 케인스학파는 국민소득이 중심적인 역할을 한다고 본다.
④ 고전학파는 실업문제 해소에 대해 케인스학파와 동일하게 재정정책이 금융정책보다 더 효과적이라고 본다.
⑤ 고전학파는 자발적인 실업만 존재한다고 보는 반면 케인스학파는 비자발적 실업이 존재한다고 본다.

---

01 정답 ④

고전학파에 따르면 임금이 완전 신축적이므로 항상 완전고용을 달성한다. 그러므로 고전학파는 실업문제 해소를 위해 정부의 개입은 불필요하다고 주장한다. 반면 케인스학파는 실업문제 해소를 위해 재정정책이 금융정책보다 더 효과적이라고 주장한다.

037 솔로 - 스완 모형 ★★☆

한국자산관리공사, 한국가스공사, 한국마사회

장기 경제 성장을 설명하는 경제 모형

솔로-스완 모형이란 1956년에 로버트 솔로와 트레버 스완이 독립적으로 고안한 경제 모형으로, 신고전학파 생산함수를 기반으로 외생적 인구 증가, 외생적 기술 진보를 가정하였다. 자본과 노동이 고정비율로 결합하는 것을 가정하는 해로드-도마 모형과는 달리 자본과 노동 사이의 대체가 가능한 생산함수를 가정한다. 생산함수는 한계생산성이 체감하고, 규모에 대한 수익 불변의 특성을 갖는다.

기출 유형 맛보기

01 솔로-스완 경제성장모형에서 균제상태(Steady State)의 1인당 산출량을 증가시키는 요인으로 옳은 것을 다음 〈보기〉에서 모두 고르면?(단, 다른 조건이 일정하다고 가정한다)

> ─────〈 보 기 〉─────
>
> ㄱ. 저축률의 증가
> ㄴ. 인구증가율의 증가
> ㄷ. 감가상각률의 하락

① ㄱ   ② ㄱ, ㄴ
③ ㄱ, ㄷ   ④ ㄴ, ㄷ
⑤ ㄱ, ㄴ, ㄷ

---

01 정답 ③

실제투자액과 필요투자액이 일치하므로 1인당 자본량이 더 이상 변하지 않는 상태를 균제상태라고 한다.
균제상태에서는 1인당 자본량이 더 이상 변하지 않으므로 자본증가율과 인구증가율이 일치하고, 경제성장률과 인구증가율도 일치한다.

038 실망노동자 ★☆☆

취업의사가 있으나 노동시장에 의해 1년 동안 구직을 하지 못한 사람

경제활동인구 중에서 취업할 수 있는 능력과 의사를 가지고 있으나 노동시장의 여건 등을 이유로 직장을 구하지 못한 사람 중 지난 1년 동안 구직을 경험하지 못한 사람을 말한다. 실망노동자는 비경제활동인구에 포함되므로 실업률 통계에는 들어가지 않기 때문에 실망노동자가 증가할수록 공식적인 실업률은 하락한다.

> **Add**
>
> **불완전취업** : 취업의식, 소득, 취업시간 등을 종합적으로 고려했을 때 만족할 만한 충분한 조건의 취업상태에 있지 못한 것

기출 유형 맛보기

01 다음 중 실업자로 분류되는 경우는?

① 두 달 후에 있을 공무원 시험을 치기 위해 공부하고 있는 A씨
② 서류 전형에서 거듭 낙방한 후, 산속에 들어가 버섯 재배업을 시작한 B씨
③ 주중 내내 부모님의 식당일을 도와 생활비를 얻어 쓰는 C씨
④ 대학 졸업 후 부모님에 얹혀살면서 취업의 필요성을 느끼지 않는 D씨
⑤ 다니던 직장에 만족하지 못해 사직한 후, 외국계 회사에 면접을 보러 다니는 E씨

---

01 정답 ⑤

오답분석

① 구직활동을 하고 있지 않으므로 비경제활동인구이다.
② 구직활동은 포기했지만 수입을 목적으로 버섯재배업을 시작하였으므로 경제활동인구 중 취업자로 분류된다.
③ 가족이 경영하는 사업체에서 주중 내내 일하고 있으므로 취업자로 분류된다.
④ 구직활동을 포기한 실망노동자로 비경제활동인구로 분류된다.

039 오쿤의 법칙 ★☆☆

한국토지주택공사

미국의 경제학자 오쿤이 실업률과 경제 성장률 사이에 일반적으로 관측되는 부의 관계를 실증적
으로 밝힌 이론

오쿤의 법칙이란 한 나라의 실업률과 경제 성장률 사이에 경험적으로 관찰되는 안정적인 음의
상관관계이다. 이 법칙은 미국의 경제학자인 오쿤(Arthur Okun)의 이름을 따서 만들어졌다.
그는 1962년 실업과 경제성장 사이의 어떠한 관계가 있다는 것을 밝혀냈는데, 대략 실업률이
1% 늘어날 때, 산출량이 약 2.5% 정도 하락한다는 사실을 알아냈다.

이 관계는 GDP 또는 GNP 성장률과 실업률의 변화를 이용하여 귀납적으로 증명되고 있다.
오쿤의 법칙은 노동 생산성이 상승하고 경제 활동 인구 비율이 증가하면, 실업률의 감소 없이
산출량의 증가가 가능하다는 것을 보여준다는 데서 고용 없는 성장을 설명하는 데 유용하게
쓰이기도 한다.

기출 유형 맛보기

01 다음 중 오쿤의 법칙(Okun's Law)에 대한 설명으로 옳은 것은?

① 어떤 시장을 제외한 다른 모든 시장이 균형 상태에 있으면 그 시장도 균형을 이룬다는 법칙
② 실업률이 1% 늘어날 때마다 국민총생산이 2.5%의 비율로 줄어든다는 법칙
③ 소득수준이 낮을수록 전체 생계비에서 차지하는 식료품 소비의 비율이 높아진다는 법칙
④ 가난할수록 총지출에서 차지하는 주거비의 지출 비율이 점점 더 커진다는 법칙
⑤ 악화(惡貨)는 양화(良貨)를 구축한다는 법칙

---

01 **정답** ②

오쿤의 법칙에 따르면 경기 회복기에는 고용의 증가 속도보다 국민총생산의 증가 속도가 더 크고, 불황기에는 고용의
감소 속도보다 국민총생산의 감소 속도가 더 크다. 구체적으로 실업률이 1% 늘어날 때마다 국민총생산은 2.5%의 비율로
줄어드는데, 이와 같은 실업률과 국민총생산의 밀접한 관계를 오쿤의 법칙이라 한다.

오답분석
① 왈라스 법칙(Walars' Law)에 대한 설명이다.
③ 엥겔의 법칙(Engel's Law)에 대한 설명이다.
④ 슈바베의 법칙(Schwabe's Law)에 대한 설명이다.
⑤ 그레셤의 법칙(Gresham's Law)에 대한 설명이다.

040 우월전략 ★☆☆

게임이론 특히 전략형 게임에서, 상대방이 어떠한 전략을 선택하는지와 관계없이 자신의 보수를
더욱 크게 만드는 전략

우월전략은 내쉬균형에 속해있으며, 상대방이 어떤 전략을 쓰는지에 상관없이 항상 자신의 이
익이 최대가 되는 것을 선택한다. 그러나 모든 게임에서 우월전략이 존재하는 것은 아니며, 우
월전략의 종류로는 강학 우월전략과 약한 우월전략이 있다.

기출 유형 맛보기

01 다음의 보수행렬(Payoff Matrix)을 갖는 게임에 대한 설명으로 옳지 않은 것은?

		참가자 을	
		전략 A	전략 B
참가자 갑	전략 A	(10, 6)	(4, 4)
	전략 B	(4, 4)	(6, 10)

① 우월전략균형이 존재하지 않는다.
② 내쉬균형이 1개 존재한다.
③ 두 참가자가 서로 다른 전략을 선택하면 내쉬균형이 달성되지 않는다.
④ 내쉬균형 상태에서는 각 참가자가 자신의 전략을 바꿀 유인이 존재하지 않는다.
⑤ 게임의 보수를 모두 절반으로 줄여도 내쉬균형은 변화하지 않는다.

---

01 정답 ②

갑, 을 모두가 전략 A를 선택하는 경우와, 모두가 전략 B를 선택하는 경우에 각각 내쉬균형이 성립하므로 내쉬균형은
2개가 존재한다.

오답분석

① 우월전략균형은 각 참가자의 우월전략이 만나는 균형을 의미하고, 우월전략은 상대방의 전략과 관계없이 자신의 보수
를 가장 크게 하는 전략이다. 갑이 전략 A를 선택하면 을은 전략 A를 선택하는 것이 유리하고, 갑이 전략 B를 선택하면
을도 전략 B를 선택하는 것이 유리하므로, 을의 입장에서 우월전략은 존재하지 않는다. 반대로 갑의 입장에서도 마찬가
지다.
③ 제시된 게임에서 내쉬균형은 두 참가자가 같은 전략을 선택하는 경우에 달성된다.
④ 내쉬균형은 상대방의 전략이 공개되었을 때 누구도 자기 전략을 변화시키려고 하지 않으려는 상태를 말한다.
⑤ 내쉬균형의 달성은 보수를 같은 비율로 줄이거나 늘린다고 달라지는 것이 없다.

041 완전경쟁시장 ★★★

근로복지공단, 한국자산관리공사, 국민연금공단, 한국석유공사

모든 기업이 동질적인 재화를 생산하는 시장

어떤 공급자나 수요자도 악의적인 공급 및 구매량의 조절을 통해 시장에 영향을 줄 수 없을 정도로 이미 너무 많은 공급자와 수요자가 시장 상태에 있는 형태를 말한다.

완전경쟁시장은 다음과 같은 네 가지 특징을 가진다.

첫째, 수요자와 공급자의 수가 아주 많아서 개별 수요자나 공급자가 수요량이나 공급량을 변경해도 전혀 시장가격에 영향을 끼칠 수가 없다.

둘째, 완전경쟁시장에서 거래되는 같은 상품은 판매 조건과 질적인 면에서 모두 같아야 한다.

셋째, 완전경쟁시장에서는 새로운 기업이 시장으로 들어오는 것과 비능률적인 기업이 시장에서 견디지 못하여 퇴출되는 것 모두 자유로워야 한다.

넷째, 완전경쟁시장에서는 상품의 가격·품질 등 시장 정보에 대하여 수요자와 공급자가 일반적으로 잘 알고 있어야 한다.

기출 유형 맛보기

01 완전경쟁시장에서의 단기 생산에서 다양한 비용함수를 그래프로 그렸을 때, 〈보기〉에서 이들 사이의 관계를 설명한 내용으로 옳지 않은 것을 모두 고르면?

〈 보기 〉

가. 평균총비용이 감소하면 한계비용<평균총비용
나. 평균총비용이 감소하면 한계비용<평균가변비용
다. 평균가변비용이 감소하면 한계비용<평균총비용
라. 평균가변비용이 감소하면 한계비용>평균가변비용
마. 평균가변비용이 상승하고 평균총비용이 하락하는 구간이면 한계비용 상승

① 가, 다
② 가, 라
③ 나, 라
④ 나, 마
⑤ 다, 마

---

01 정답 ③

나. 평균총비용이 감소하더라도 한계비용곡선이 평균가변비용곡선의 최저점을 통과하기 전에는 평균가변비용이 한계비용보다 많지만, 한계비용이 평균가변비용곡선을 통과한 후에는 한계비용이 평균가변비용보다 많아지게 된다.

라. 평균가변비용이 감소하면 한계비용이 평균가변비용보다 적다.

042 엥겔 법칙 ★☆☆

독일의 통계학자 엥겔이 1875년 근로자의 가계조사에서 발견한 식습관 경험 법칙

저소득 가정일수록 가계비 중에서도 식료품비의 비중이 높아지는 것을 말한다. 독일의 통계학자 엥겔은 노동자의 가구 153세대의 지출을 조사하여 분석한 결과 소득이 증가할수록 음식비 지출 비중은 점차 감소하고, 필수재 지출은 소득의 증감에 비교적 영향을 받지 않는다는 사실을 발견했다. 또 주거비와 각종 공과금에 대한 지출 비중 역시 소득 수준에 관계없이 거의 일정하고, 문화비 지출 비중은 소득 증가에 따라 급속하게 증가한다는 것도 알아냈다.

식료품은 생존을 위해 필수적인 지출이므로, 수입이 높든 낮든 기본적으로 지출해야 한다. 그러나 일정 수준 이상은 소비할 필요가 없다. 그로 인해 소득 수준이 낮은 사람일수록 식료품비가 차지하는 비중이 높고, 고소득층일수록 반대의 비중을 지닌다.

기출 유형 맛보기

01 최근 식료품 가격 상승으로 인한 서민들의 불만이 고조되고 있는 상황이다. 이러한 상황은 서민들의 소득은 그대로인 상태에서 식료품 가격만 상승하여 엥겔지수가 높아졌기 때문에 더 심각한 것이다. 다음 〈보기〉 중 이에 대한 설명으로 옳은 것을 모두 고르면?

〈 보기 〉

가. 식료품은 소득탄력성이 0이다.
나. 식료품 관련 지출이 증가하였다.
다. 식료품은 수요의 가격탄력성이 1보다 작다.
라. 식료품은 가격이 오르면 수요량이 증가한다.

① 가, 나 　　　　　　　　　② 가, 다
③ 나, 다 　　　　　　　　　④ 나, 라
⑤ 다, 라

---

01 **정답** ③

엥겔지수란 1857년 독일 통계학자 에른스트 엥겔(Ernst Engel)이 만들어낸 지수로서 총 가계지출액 중에서 식료품비가 차지하는 비율을 의미한다. 엥겔의 법칙(Engel's law)에 따르면 저소득 가계일수록 식료품비가 차지하는 비율이 높고, 고소득 가계일수록 식료품비가 차지하는 비율이 낮아진다. 이는 식료품은 필수재인데 필수재의 소득탄력성은 $0 < \varepsilon_M < 1$ 이기 때문이라고 할 수 있다(가). 소득이 일정한 상태에서 엥겔지수가 높아졌다는 것은 그만큼 식료품비에 대한 지출이 증가했다는 것을 의미한다(나). 또한 식료품의 가격이 올랐음에도 불구하고 지출이 늘었으므로 식료품에 대한 수요는 가격에 대하여 비탄력적임을 알 수 있고 식료품은 수요의 가격탄력성이 1보다 작다(다).

043 외부효과 ★☆☆

한국동서발전

금전적 거래 없이 개인, 기업 등 경제 주체의 행위가 다른 경제 주체에게 혜택이나 손해를 미치는 효과 혹은 현상

어떤 경제주체의 행위가 다른 경제주체에게 긍정적 또는 부정적인 영향을 미치고 있음에도 이에 대한 금전적 거래 없이 보상이나 가격 지불이 이루어지지 않는 상황을 말한다.

외부효과는 효과의 성격에 따라 크게 긍정적 외부효과인 '외부경제'와 부정적 외부효과인 '외부불경제'로 나누어진다. 또 발생 과정에 따라 소비의 외부효과와 생산의 외부효과로 분류하기도 한다. 외부효과가 발생하는 경제활동에서 시장은 자원을 효과적으로 배분하는 기능을 둔화시키게 되므로, 정부가 개입하여 직접 생산하거나 규제하게 된다.

기출 유형 맛보기

01 다음 중 외부효과로 인한 비효율적 자원배분을 개선하는 방법으로 옳지 않은 것은?

① 과수원 주인과 양봉업자의 경우처럼 외부효과를 주고받는 두 기업이 합병한다.
② 정부가 오염배출권을 경매를 통해 팔고, 오염배출 기업들 사이에 이를 거래할 수 있게 한다.
③ 정부가 기초 연구개발(R&D) 기관에 보조금을 지급하거나 민간인이 R&D 기관에 기부금을 낸다.
④ 외부효과에 관련된 당사자가 많고 거래비용이 클 경우에는 정부가 개입하지 않고 자발적인 협상을 하도록 한다.
⑤ 외부경제를 초래하는 새로운 기술에 대해 특허권을 보장함으로써 기술 개발자에게 법적으로 유효한 재산권을 인정해준다.

---

01 정답 ④

외부성 또는 외부효과란 어떤 경제주체의 생산 혹은 소비활동이 다른 경제주체의 경제적 후생에 의도하지 않은 영향을 미치면서도 이에 대한 보상은 이뤄지지 않는 현상을 말한다. 외부효과는 경제주체에게 유리한 영향을 미치는 긍정적 외부효과(외부경제)와 불리한 영향을 미치는 부정적 외부효과(외부불경제)로 나뉜다. 외부불경제의 예로는 대기 오염, 소음공해 등을 들 수 있고, 외부 경제의 예로는 과수원 주인과 양봉업자의 관계, 신기술 개발 등을 들 수 있다. 외부효과에 따른 시장실패를 막을 수 있는 수단에는 정부의 직접적 규제, 세금 부과, 보조금 지급, 당사자 간 협상 등이 있다.

044 이자율 ★★☆

원금에 대한 이자의 비율

이자는 화폐의 처음에 대하여 지불하는 가격으로 기간당 지급되는 이자를 원금의 비율로서 표시한 것이 이자율이다. 빅셀은 이자율의 개념을 자연이자율, 화폐이자율, 정상이자율로 구분하였다. 명목이자율과 실질이자율 간에는 다음과 같은 관계가 성립한다.

$$(명목이자율)=(실질이자율)+(예상 인플레이션율)$$

기출 유형 맛보기

01 다음 글의 빈칸에 공통으로 들어갈 개념으로 옳은 것은?

> 정부는 화폐 생산을 독점한다. 정부가 화폐를 찍어 낼 때 드는 비용은 화폐 가치에 비하면 일부에 불과하다. 정부가 화폐를 찍어 낼 때 얻는 수익을 _____라고 부르는데, 세금 및 차입과 함께 정부가 국가의 재원을 마련할 수 있는 방법이다. _____는 정부가 돈을 빌리거나 세금을 올리는 대신에 화폐를 찍어 내면서 지출을 충당하는 것이다. 하지만 실질적으로 _____는 일종의 세금과 같다. 화폐를 찍어 내면 돈의 공급이 늘어나고 인플레이션이 생긴다. 따라서 _____는 가격을 인상해서 사람들이 가지고 있는 돈의 실질 가치를 낮추는 '인플레이션 세금'이라고 생각할 수 있다. 다른 세금과 마찬가지로 정부는 다른 사람들의 구매력을 줄여서 자신의 구매력을 늘린다. _____는 정부의 재원을 마련하는 유용한 방법이지만 위험할 수도 있다. 심각할 경우 하이퍼인플레이션을 일으킬 수 있기 때문이다.

① 구축 효과(Crowding－out Effect) ② 피구 효과(Pigou Effect)
③ 피셔 효과(Fisher Effect) ④ 먼델－토빈 효과(Mundell－Tobin Effect)
⑤ 시뇨리지 효과(Seigniorage Effect)

---

01 정답 ⑤

시뇨리지(Seigniorage)란, 화폐의 실질적인 가치에서 화폐를 제조하는 비용과 유통내용을 뺀 나머지를 의미한다. 화폐 주조 차익 또는 인플레이션 조세(Inflation Tax)라고도 한다. 시뇨리지 효과를 얻기 위해 화폐를 무리하게 발행하면 화폐 가치가 떨어지고 물가 상승이 일어날 수 있으므로, 각국의 중앙은행들이 화폐 발행을 관리하고 있다.

오답분석
① 구축 효과 : 정부지출이 증가할수록 이자율이 상승하여 민간의 투자를 감소시키는 효과를 말한다.
② 피구 효과 : 피구는 소비함수가 소득뿐 아니라 이자율이나 실질잔고에 의해서도 영향을 받을 수 있다고 보았다. 예컨대 불황으로 물가가 낮아진다면 이는 곧 사람들의 실질잔고를 증가시켜 소비를 촉진하고 결과적으로 총수요를 증대시킬 수 있다.
③ 피셔 효과 : 피셔 효과에 따르면, 명목이자율은 실질이자율과 기대인플레이션율의 합으로 구성되며, 기대인플레이션율의 변화는 실질이자율에는 영향을 미치지 못하고 명목이자율에만 영향을 미친다.
④ 먼델－토빈 효과 : 먼델－토빈 효과에 따르면 통화량의 증가가 실질 이자율의 하락으로 이어져서 경제의 실제 부분인 생산, 소비 등에 영향을 끼치는 효과를 말한다.

045 이자율 기간구조 ★★☆

HUG 주택도시보증공사, 신용보증기금

채권의 만기에 따라 이자율이 달라지는 구조

채권은 만기가 다르면 수익률도 달라 서로 격차가 있게 되는데 이와 같은 구조를 가리킨다. 표를 살펴볼 때 일반적으로 세로에 금리, 가로에 기간을 둔 곡선 형태로 나타낸다.

기간이 길어질수록 금리는 높아지며, 이자율 곡선 또한 오른쪽으로 올라가는 형식을 취한다. 회사채는 안전 자산인 국고채와 달리 원금 상환이 불가능해지는 채무 불이행 위험(Default Risk)이 존재한다. 두 채권 사이의 금리 차이를 신용 스프레드(Credit Spread)라고 부르는 이유다.

기출 유형 맛보기

01 다음 〈보기〉 중 한 나라의 총수요를 증가시키는 요인을 모두 고르면?

〈 보기 〉

가. 소득세 인하
나. 이자율 하락
다. 정부지출의 감소
라. 무역상대 국가의 소득 감소

① 가, 나　　　　　　　　　　② 가, 다
③ 나, 다　　　　　　　　　　④ 나, 라
⑤ 다, 라

01 　**정답** ①

총수요는 가계소비, 기업투자, 정부지출, 순수출의 합으로 구성된다. 소득이 높을수록 가계소비의 크기가 커지고, 이자율이 낮을수록 기업투자의 크기가 커지므로 총수요가 증가하게 된다.

046 인수합병(M&A) ★★★

한국철도공사, 한국토지주택공사, 부산교통공사, 서울교통공사

기업의 인수와 합병

'인수'란 한 기업이 다른 기업을 자회사나 관련 회사로 그대로 두고 주식이나 실질적인 경영권을 획득하는 것이며, '합병'이란 두 개 이상의 기업들이 법률적으로나 사실적으로 하나의 기업으로 통합하는 것을 말한다. 인수합병의 목적은 기존 사업의 사업에 대한 한계를 극복하고 새로운 사업에 소요되는 기간와 투자비용을 줄이고자 하는 것이다. 또한 이미 그 사업에 숙련된 전문인력이나 기업 자체의 이미지를 그대로 가져올 수 있고, 경쟁사라면 인수를 통해 시장 점유율 또한 확대할 수 있다.

M&A는 성격에 따라 우호적 M&A와 적대적 M&A가 있다. 일반적인 M&A 방법으로는 주식인수, 영업양수, 자산취득, 위임장대결, 합병 등이 있으며 적대적 M&A는 주로 주식매수와 위임장대결을 통해 이루어진다.

기출 유형 맛보기

01 다음 중 M&A에 대한 설명으로 옳지 않은 것은?

① 합병의 동기 중 재무시너지란 합병에 따른 현금흐름의 증가로 기업가치가 증대되는 효과를 얻는 것을 말한다.

② 숙련된 전문 인력 및 기업의 대외적 신용확보의 목적으로 M&A가 이루어지기도 한다.

③ 적대적 M&A는 주로 주식매수와 위임장대결을 통해 이루어진다.

④ 실질적인 인수기업이 소멸하고 피인수기업이 존속하게 되는 것을 역합병이라고 한다.

⑤ 주식 매수만으로 기업 인수가 어려운 경우 불특정다수의 소액주주에게 의결권을 위임받아 M&A를 시도하는 방법을 위임장 대결이라고 한다.

---

01 정답 ①

합병의 동기에는 시너지효과가설, 저평가가설, 경영자주의가설, 대리이론 등이 있다. 시너지효과가설이란 합병 전 각 개별기업 가치의 단순 합보다 합병 후 기업가치가 더 커지는 시너지효과를 얻기 위한 합병의 동기를 의미한다. 시너지효과에는 영업시너지와 재무시너지가 있다. 영업시너지란 합병에 따라 현금흐름이 증가하여 기업가치가 증대되는 것을 의미하며, 재무시너지는 합병에 따라 자본비용이 감소하여 기업가치가 증대되는 효과를 의미한다.

047 재고자산 ★☆☆

한국관광공사, 도로교통공단

유동자산 중 상품이나 제품을 재고조사하여 실재의 현 재고를 확인할 수 있는 자산

판매에 이용될 제품의 생산에 현실적으로 소비하기 위하여 보유하고 있는 자산이다. 상업에서는 상품·적송품·미착품 등으로 분류한다. 제조공업에서는 제품·반제품·재공품·원재료·저장품·부산품·소모품 등으로 분류된다. 재고자산은 물자적 형태 혹은 성질에 기준을 두지 않고 원래 판매목적을 위해 보유하는 자산이라는 특징을 가진다.

기출 유형 맛보기

01 다음은 ㈜시대의 매출 및 매입 관련 자료이다. 2022년의 매출총이익률을 이용하여 구한 2023년의 기말 재고자산 가액은 얼마인가?

구분	2022년	2023년
매출액	400,000	500,000
매출에누리 및 환입	40,000	20,000
기초재고	100,000	110,000
당기매입	280,000	400,000
매입에누리 및 환출	0	10,000
기말재고	110,000	×××

① 140,000   ② 150,000
③ 160,000   ④ 162,500
⑤ 180,100

---

01 정답 ①

먼저 2022년의 매출총이익을 구하기 위해 매출원가[(기초재고)+(당기매입)−(기말재고)]를 구할 때, 당기 매입액은 매입에누리나 환출 등을 차감한 순금액으로 반영하므로 매출원가는 100,000+(280,000−0)−110,000=270,000이다. 매출총이익[(매출액)−(매출원가)]을 계산함에 있어 매출액 역시 매출에누리나 환입 등을 차감한 순금액으로 반영하므로 2022년의 매출총이익은 (400,000−40,000)−270,000=90,000이며, 매출총이익률[(매출총이익)÷(매출액)]은 90,000÷360,000=25%(매출원가율 75%)이다.
2022년의 매출총이익률이 2023년에도 동일한 경우 2023년의 매출원가는 2023년의 순매출액에 매출원가율 75%를 곱한 금액이므로 (500,000−20,000)×0.75=360,000이며, 2022년의 기말재고 가액은 110,000+(400,000−10,000)−360,000=140,000이다.

048 재고순환지표 ★☆☆

기업이 시장으로 물건을 내보내는 출하의 증가율과 판매하지 못하고 창고에 쌓아두는 재고의 증가율의 차이를 보여주는 지표

재고순환지표의 장점은 경기의 변화를 가장 민감하게 반영하여 단기적 경기 변화를 감지할 수 있다는 것이다. 경제가 성장하여 소비가 증가하면 생산량을 바로 늘리기는 어렵기 때문에 보유하고 있던 재고를 이용하여 늘어난 소비에 대응한다.

이에 따라 출하량은 증가하고 재고량은 감소하여 재고순환지표가 높아진다. 반대로 경기가 악화되어 소비가 감소하면 생산량을 바로 조절하기가 어렵기 때문에 출하량은 감소하고 재고량은 증가하여 재고순환지표가 낮아진다. 반면에 기간이 길어지면 기업은 소비 수준에 따라 생산량을 조절하기 때문에 장기적인 경기 변화를 포착하는 데에는 적절하지 않다.

기출 유형 맛보기

01 다음 여러 가지 경제지표 중 경기에 선행하는 지표로 옳지 않은 것은?

① 내수 출하지수   ② 구인구직비율
③ 건설수주액   ④ 수출입물가지수
⑤ 재고순환지표

---

01 정답 ①

경기지표
- 선행종합지수 : 제조업 재고순환지표, 소비자 기대 지수, 기계류내수 출하지수, 건설수주액, 수출입물가비율, 구인구직비율, 코스피 지수, 장단기 금리 차이
- 동행종합지수 : 광공업생산지수, 건설기성액, 서비스업 생산지수, 도소매판매액지수, 내수 출하지수, 수입액, 비농림어업 취업자 수
- 후행종합지수 : 생산자제품 재고지수, 소비자물가지수 변화율, 소비재수입액, 취업자 수, CP 유통수익률

049 최고가격제 ★☆☆

정부가 시장가격보다 낮은 수준으로 가격 통제를 하여 그 이상의 가격으로 거래가 이루어지는 것을 제한하는 제도

인플레이션에 대한 규제와 소비자 보호 등을 목적으로 이러한 정책을 실시하는 경우가 있다. 또한 특정 상품이나 서비스뿐만 아니라 공공요금이나 이자율 등도 적용대상이 된다. 예시로 정부가 시행하는 아파트분양가상한제나 이자율상한제 등이 있다. 하지만 최고가격제는 초과수요를 불러일으키는 등 여러 가지 부작용을 나타낼 수 있다.

기출 유형 맛보기

01 정부가 어떤 목적에서 한 재화의 가격을 시장 균형가격보다 낮은 수준에서 규제하려고 한다. 이에 대한 설명으로 옳지 않은 것은?

① 초과수요가 발생한다.
② 암시장이 형성될 수 있다.
③ 재화의 품질을 향상시키는 효과가 있다.
④ 부동산 임대시장에서 이와 유사한 가격정책이 많이 사용된다.
⑤ 공급의 가격탄력성이 커질수록 사회후생 손실이 크다.

---

01 정답 ③

한 재화의 가격을 시장 균형가격보다 낮은 수준에서 규제하려는 방법은 최고가격제(가격상한제)에 대한 설명이다. 가격상한제는 물가를 안정시키고 소비자를 보호하기 위한 목적으로 아파트 분양가격, 임대료, 금리 등을 통제하기 위해 사용된다. 그러나 가격상한제를 실시하면 초과수요가 발생하기 때문에 암시장이 형성될 부작용이 존재한다. 또한 재화의 품질이 저하되는 문제도 발생한다.

050 코즈의 정리 ★★☆

소유권이 잘 확립되고 거래비용이 없을 때 시장 참여자가 자발적인 협상을 통해 외부성 문제를 해결할 수 있다는 이론

이 이론은 미국 경제학자 로널드 코즈가 1937년 발표한 논문 '기업의 본성(The Nature of the Firm)'에서 처음으로 제기했다. 코즈의 정리는 부정적 외부 효과뿐만 아니라 긍정적 외부 효과에 대해서도 작동하며, 협상 등에 필요한 거래 비용이 크거나 이해 당사자가 많으면 협상이 이뤄지기 어렵다. 또한 외부 효과를 일으키는 행위에 대한 권리가 누구에게 있는지에 상관없이 협상을 통해 모든 사람이 이익을 얻을 수 있도록 진행돼 시장은 효율적인 결과에 도달할 수 있다. 시장 실패가 발생하는 상황 가운데 대부분은 거래비용이 높거나 이해 당사자들 간의 정보가 명확하지 않기 때문에 실현 가능성이 낮다는 단점이 있다.

기출 유형 맛보기

01 다음 사례에서 코즈의 정리(Coase's Theorem)와 부합하는 결과로 옳은 것은?

> A와 B는 사무실을 공유하고 있다. 흡연을 원하는 A는 흡연을 통해 30,000원 가치의 효용을 얻고, 상쾌한 공기를 원하는 B는 금연을 통해 15,000원 가치의 효용을 얻는다.

① B는 A에게 20,000원을 주고 사무실에서 금연을 제안하고, A는 제안을 받아들인다.
② B는 A에게 15,000원을 주고 사무실에서 금연을 제안하고, A는 제안을 받아들인다.
③ A는 B에게 10,000원을 주고 사무실에서 흡연을 허용할 것을 제안하고, B는 받아들인다.
④ A는 B에게 25,000원을 주고 사무실에서 흡연을 허용할 것을 제안하고, B는 받아들인다.
⑤ A는 B에게 35,000원을 주고 사무실에서 흡연을 허용할 것을 제안하고, B는 받아들인다.

---

01 정답 ④

흡연 허용 시 A가 얻는 효용이 30,000원이고, 금연 허용 시 B가 얻는 효용이 15,000원이므로 사무실에서 흡연을 허용할 때의 사회적 가치가 더 크다. 이는 흡연을 허용 시 개인 A가 지불할 용의가 있는 최대금액이 30,000원이고, 흡연을 허용하는 대신 개인 B가 최소한 받고자 하는 금액이 15,000원이므로 코즈의 정리에 따라 두 사람 사이에 협상이 이루어지면 사무실에서 흡연을 허용하는 대신에 개인 A가 개인 B에게 15,000 ~ 30,000원 사이의 금액을 지불하게 될 것이다.

051 콜옵션 ★★☆

옵션거래에서 특정한 기초자산을 미래의 특정 시기에 미리 정한 행사가격으로 살 수 있는 권리를 현재 시점에서 구매하는 계약

옵션이 파생금융시장에서 사용될 경우, 살 수 있는 권리를 말한다. 자산의 종류에는 제한이 없으나 일반적으로는 옵션거래에서 거래되고 있는 주식·사채 등이 포함된다.

> **Add**
>
> **풋옵션** : 옵션거래에서 특정한 기초자산을 장래의 특정 시기에 미리 정한 가격으로 팔 수 있는 권리를 구매하는 계약으로 콜옵션과 반대의 개념이다.

기출 유형 맛보기

01 다음 중 원/달러 환율이 상승 추세일 때, 이익을 보는 경우는?

① 달러 콜옵션 매입 ② 달러 풋옵션 매입
③ 달러 콜옵션 매각 ④ 달러 풋옵션 매각
⑤ 매입이나 매각 모두 하지 않음

---

01 정답 ①

원/달러 환율이 상승하여 달러 가치가 높아질 때, 콜옵션을 매입한 경우 이익을 보게 된다.

052 콥 - 더글러스 생산함수 ★★☆

국가철도공단, 한국가스기술공사

생산요소의 투입량과 산출량과의 관계를 나타내는 1차동차형 생산함수

콥(C. W. Cobb)과 더글러스(P. H. Douglas)에 의해 1928년 발표되었다. 더글러스가 분배 이론으로서의 한계생산력설의 타당성을 임금과 관련시켜 검증하고, 신뢰성을 높이고자 수학자인 콥의 협력을 얻어 계측한 생산함수이다.

$$P = b \times L^{\alpha} \times K^{(1-\alpha)}$$

여기서 P는 산출량(생산량), L은 노동투입량, K는 고정 자본량을, 그리고 b는 상수항을 각각 나타낸다. 콥 더글러스 생산함수의 특징은 노동량과 자본량에 대한 지수의 합이 1이 된다는 점이다. 따라서 노동량과 자본량을 동시에 k배 증가시키면 생산량도 마찬가지로 k배 증가한다. 이를 1차동차의 관계라 한다. 또한 노동의 한계생산력은 노동자 1인당 생산량인 P/L에 α를 곱하여 계산할 수 있고, 마찬가지로 자본의 한계생산력은 P/K에 $(1-\alpha)$를 곱하여 구할 수 있다.

기출 유형 맛보기

01 콥 – 더글러스(Cobb – Douglas) 생산함수 $Q = AK^{\alpha}L^{(1-\alpha)}$에 대한 설명으로 옳지 않은 것은? (단, K는 자본, L은 노동, Q는 생산량, $0 < \alpha < 1$, A는 상수, $A > 0$이다)

① 규모에 대한 수익불변의 특성을 갖는다.
② 1차동차성을 갖는다.
③ 자본의 평균생산은 체증한다.
④ 노동의 한계생산은 체감한다.
⑤ 생산요소 간 대체탄력성은 1로 일정하다.

---

01 정답 ③

자본의 평균생산은 체감한다.

053 쿠르노 모형 ★★☆

한국자산관리공사, 한국농어촌공사, 울산항만공사

경제학자 쿠르노(A. Cournot)가 주창한 과점 모형으로, 시장에 두 개의 기업이 있는 경우(복점)를 분석하는 모형

쿠르노 모형에서의 기업은 현재 상대 기업의 산출량을 그대로 유지할 것이라는 예상하에, 자신의 행동을 선택한다. 이 점이 쿠르노 모형의 가장 중요한 특징 중 하나이다. 이런 면에서 본다면 두 기업 모두 추종자로 행동한다는 것을 의미한다. 또한 한계비용은 0으로 가정한다. 그렇기 때문에 차후에 나올 그래프의 균형이 MR곡선과 수평선이 만나는 지점에서 형성된다. 하지만 0이 아닌 경우도 존재한다.

> **Add**
>
> **복점** : 한 시장 내에 두 개의 생산자만 존재하는 경우를 말하며, 과점의 한 형태이다.

기출 유형 맛보기

01 기업들이 각자의 생산량을 동시에 결정하는 쿠르노(Cournot) 복점모형에서 시장 수요곡선이 $P=60-Q$로 주어지고, 두 기업의 한계비용은 30으로 동일하다. 이때, 내쉬(Nash) 균형에서 각 기업의 생산량과 가격은?(단, P는 가격, Q는 총생산량, Q는 Q_1+Q_2이고, Q_1은 기업 1의 생산량, Q_2는 기업 2의 생산량이다)

	Q_1	Q_2	P
①	5	5	50
②	10	10	40
③	10	10	50
④	15	10	35
⑤	20	15	10

---

01 정답 ②

쿠르노 모형에서 완전경쟁기업의 생산량이 a이라면, 독점기업의 생산량은 $\frac{a}{2}$, 복점기업의 생산량은 $\frac{a}{3}$이다. 완전경쟁시장의 생산량은 $P=60-Q=30$, $Q=30$이므로, 각 복점기업의 생산량은 10이다. 따라서 복점시장의 총생산량은 20이므로, 시장가격 $P=60-20=40$이다.

054 통화론자 ★★☆

신용보증기금, 국민연금공단

경제 내에서 화폐의 역할을 강조하며, 정부의 경제 정책 수단 중 통화 정책을 가장 중요시하는 경제학자

이들은 통화 정책을 제외한 모든 경제적 문제는 시장이 해결할 수 있다고 믿으며 대표적인 통화주의자로는 시카고 대학의 프리드먼(M. Friedman)이 있다. 통화주의의 이론적 근거는 신화폐수량설이다.

Add

신화폐수량설 : 미국 시카고대학의 프리드먼 교수가 제창한 학설이다. 고전적 화폐수량설은 화폐의 유통속도와 실질생산량이 대체로 일정하다고 보아 통화량의 변화와 가격의 변화가 비례한다고 본 데 비해 그는 양자가 일정하다는 가정을 포기하고 화폐를 하나의 자산으로 보았다. 화폐의 수요에 결정적 영향을 미치는 것은 이자율이 아니라 실질소득이나 부의 스톡이라는 것이 기본시각이다.

기출 유형 맛보기

01 화폐수량방정식은 $M \times V = P \times Y$이다(M은 통화량, V는 화폐유통속도, P는 산출물의 가격, Y는 산출량이고, 화폐유통속도는 일정하다). 甲국의 화폐유통속도가 乙국의 화폐유통속도보다 크고 양국의 중앙은행이 각각 통화량을 5% 증가시켰다. 이때 화폐수량설에 따른 추론으로 옳은 것은?(단, 甲국과 乙국에서 화폐수량설이 독립적으로 성립한다)

① 물가상승률은 甲국이 乙국보다 높다.
② 물가상승률은 乙국이 甲국보다 높다.
③ 산출량증가율은 甲국이 乙국보다 높다.
④ 산출량증가율은 乙국이 甲국보다 높다.
⑤ 甲국과 乙국의 명목산출량은 각각 5% 증가한다.

---

01 정답 ⑤

문제에서 甲국의 화폐유통속도가 乙국의 화폐유통속도보다 크다는 것은 아무런 단서가 되지 못한다. 대신 화폐유통속도가 변하지 않으므로 고정된 값으로 정하고 문제를 풀어야 한다.
甲국 : $M \times V = P \times Y$에서 M은 5% 증가하고 V는 고정된 값이다. 따라서 명목산출량인 $P \times Y$ 역시 5% 증가해야 한다. 乙국 역시 마찬가지로 V는 甲국보다 작은 값이지만 고정된 값이므로 명목산출량은 5% 증가해야 한다.

오답분석
① · ② · ③ · ④는 주어진 자료만으로는 판단할 수 없다.

055 통화승수 ★★☆

한국교통안전공단, 신용보증기금, HUG 주택도시보증공사

총통화량을 한국은행이 공급하는 본원통화로 나눈 수치

현금과 예금의 합인 통화량을 중앙은행이 공급하는 현금통화인 본원통화로 나눈 값이며, 중앙은행이 본원통화 1원을 공급할 때 창출되는 통화량을 나타내는 수치이다.

즉, 통화승수는 한국은행이 본원통화 1원을 공급했을 때 이의 몇 배에 달하는 통화를 창출하였는가를 나타내주는 표로 보면 된다. 통화승수는 현금통화비율과 지급준비율에 의하여 결정되는데, 현금통화비율은 단기적으로 안정적이며 지급준비율은 중앙은행에 의하여 정책적으로 결정된다. 현금 보유 성향과 지급준비율이 적을수록 통화승수는 증가한다. 따라서 통화승수도 단기적으로 안정적이거나 예측이 가능하므로 중앙은행은 본원통화 공급규모를 조절함으로써 전체적인 통화량 수준을 간접적으로 조절할 수 있게 된다.

기출 유형 맛보기

01 다음 중 통화승수에 대한 설명으로 옳지 않은 것은?

① 통화승수는 법정지급준비율을 낮추면 커진다.
② 통화승수는 이자율 상승으로 요구불예금이 증가하면 작아진다.
③ 통화승수는 대출을 받은 개인과 기업들이 더 많은 현금을 보유할수록 작아진다.
④ 통화승수는 은행들이 지급준비금을 더 많이 보유할수록 작아진다.
⑤ 화폐공급에 내생성이 없다면 화폐공급곡선은 수직선의 모양을 갖는다.

---

01 정답 ②

이자율 상승으로 요구불예금이 증가하면 시장에 있는 현금들이 예금 쪽으로 들어와서 민간 화폐보유성향이 낮아져 통화승수가 증가한다.

PART 2 경제 · **171**

056 통화정책 ★★☆

한국토지주택공사, 한국자산관리공사, 근로복지공단

국가의 경제가 원활하게 돌아가게 하기 위해 중앙은행이 돈의 양을 조절하는 정책

통화정책의 목표는 국가의 물가를 안정시키고 국제수지의 균형을 지키는 것이다. 중앙은행은 기준금리 수준을 정하고 이에 맞춰 통화량을 조절하며, 이로 인해 콜금리, 채권금리, 은행예금 및 대출금리 등이 급격하게 변동하게 되어 경제에 영향을 미친다. 일반적으로 사용하는 내용은 공개시장 조작, 재할인율 정책, 지급준비율 정책 등이 있다.

기출 유형 맛보기

01 다음 〈보기〉 중 통화정책의 단기적 효과를 높이는 요인으로 옳은 것을 모두 고르면?

〈 보기 〉

ㄱ. 화폐수요의 이자율 탄력성이 높은 경우
ㄴ. 투자의 이자율 탄력성이 높은 경우
ㄷ. 한계소비성향이 높은 경우

① ㄱ   ② ㄴ
③ ㄱ, ㄴ   ④ ㄴ, ㄷ
⑤ ㄱ, ㄴ, ㄷ

---

01 정답 ④

화폐수요의 이자율 탄력성이 높은 경우(=이자율의 화폐수요 탄력성은 낮음)에는 총통화량을 많이 증가시켜도 이자율의 하락폭은 작기 때문에 투자의 증대효과가 낮다. 반면, 화폐수요의 이자율 탄력성이 낮은 경우(=이자율의 화폐수요 탄력성은 높음)에는 총통화량을 조금만 증가시켜도 이자율의 하락폭은 커지므로 투자가 늘어나고 이로 인해 국민소득이 늘어나므로 통화정책의 효과가 높아진다.

057 파레토 법칙 ★★☆

한국전기안전공사, 해양환경공단, 한국주택금융공사

소득분포에 관한 통계적 법칙으로서, 파레토가 유럽제국의 조사에서 얻은 경험적 법칙

최근에 많이 사용하는 '80 : 20 법칙'과 같은 말이다. 즉, 상위 20% 사람들이 전체 부의 80%를 가지고 있다거나, 상위 20% 고객이 매출의 80%를 만들어낸다든가 하는 의미로 쓰이나 80과 20은 절대적인 숫자는 아니다. 전체성과의 대부분이 몇 가지 소수의 요소에 의존한다는 의미이다. 이 이론은 모바일 시대를 맞아 틈새상품이 시장을 주도하는 '롱 테일 경제'와 함께 사회, 경제현상을 설명하고 있다.

기출 유형 맛보기

01 다음 중 파레토 효율성에 대한 설명으로 옳지 않은 것은?

① 파레토 효율적인 자원배분은 일반적으로 무수히 많이 존재한다.

② 일정한 조건이 충족될 때 완전경쟁시장에서의 일반균형은 파레토 효율적이다.

③ 파레토 효율적인 자원배분이 평등한 소득분배를 보장해주는 것은 아니다.

④ 파레토 효율적인 자원배분하에서는 항상 사회후생이 극대화된다.

⑤ 어느 한 사람의 효용을 감소시키지 않고서는 다른 사람의 효용을 증가시킬 수 없는 상태를 파레토 효율적이라고 한다.

---

01 정답 ④

사회후생의 극대화는 자원배분의 파레토 효율성이 달성되는 효용가능경계와 사회무차별곡선이 접하는 점에서 이루어진다. 그러므로 파레토 효율적인 자원배분 하에서 항상 사회후생이 극대화되는 것은 아니며, 사회후생 극대화는 무수히 많은 파레토 효율적인 점들 중의 한 점에서 달성된다.

058 평균소비성향(APC) ★☆☆

가구가 벌어들인 소득 중 조세, 연금 등 비소비지출을 제외한 처분가능소득 가운데 소비지출의 비중을 나타내는 성향

숫자가 100을 넘을 경우에는 가처분소득보다 지출이 크며 보통 높은 소득수준에서의 평균소비성향은 낮은 소득수준에서의 수치보다 작다. 평균소비성향의 공식은 아래와 같다.

> (평균소비성향)=[(최종소비지출)/(국민총가처분소득)]×100

Add

– **항상소득** : 어떤 사람이 그의 일생동안에 획득할 수 있으리라고 기대되는 평균소득이다.
– **항상소득가설** : 항상소득이 소비를 결정한다는 이론으로 미국 경제학자 밀턴 프리드먼이 제창한 소비함수이론이다. 소득은 정기적이고 확실한 항상소득과 임시적 수입인 변동소득(일시소득)으로 구분된다. 프리드먼은 실질소득 가운데 항상소득의 비율이 클수록 소비성향이 높고 변동소득의 비중이 클수록 저축성향이 높아진다고 분석했다. 이 가설은 소비함수를 분석할 때 소득계층 간 소비성향의 횡단적 격차, 경기순환 측면에서 저축률 변화, 평균소비성향의 장기안정 문제 등을 잘 설명한다.

기출 유형 맛보기

01 다음 중 소비이론에 대한 설명으로 옳지 않은 것은?

① 케인스의 소비함수에 따르면 평균소비성향은 한계소비성향보다 크다.
② 항상소득가설에 따르면 항상소득의 한계소비성향은 일시소득의 한계소비성향보다 작다.
③ 생애주기가설에 따르면 총인구에서 노인층의 비중이 상승하면 국민저축률은 낮아진다.
④ 쿠즈네츠는 장기에는 평균소비성향이 대략 일정하다는 것을 관찰하였다.
⑤ 상대소득가설에 따르면 소득이 감소하여도 소비의 습관성으로 인해 단기적으로 소비는 거의 감소하지 않는다.

---

01 정답 ②

항상소득가설에 의하면 항상소득의 증가는 소비의 증가에 크게 영향을 미치지만 임시소득이 증가하는 것은 소비에 거의 영향을 미치지 않는다. 따라서 항상소득의 한계소비성향은 일시소득의 한계소비성향보다 크다.

059 평균저축성향 ★☆☆

한국수자원공사

소득총액 중 저축이 차지하는 비율

저축성향에는 2종류가 있는데, 그 중에서 소득을 저축하려는 경향으로 소득총액 중 저축이 차지하는 비율을 평균저축성향이라고 한다. 소득을 Y, 저축을 S로 나타내며 평균저축성향은 S/Y로 표시된다. 만약 소득이 100이고 그 중 20을 저축한다면, 평균저축성향은 20÷100=0.2가 된다.

Add

한계저축성향(MPS) : 추가소득 중에서 소비되지 않고 저축되는 비율이다. 소비자는 추가소득을 소비 또는 저축할 수 있기 때문에 MPS=1-MPC(한계소비성향)로 나타낸다. 추가 1달러 중 90센트가 소비되면 나머지는 저축된다. 그리고 MPS=1-0.90=0.10이다. 저축은 투자자금을 제공하므로 MPS는 경제의 잠재적 투자와 성장의 지표가 될 수 있다.

$$MPS = \frac{(저축의 \ 변화)}{(소득의 \ 변화)}$$

기출 유형 맛보기

01 다음 중 소비이론에 대한 설명으로 옳은 것은?

① 항상소득가설에 따르면, 호황기에 일시적으로 소득이 증가할 때 소비가 늘지 않지만 불황기에 일시적으로 소득이 감소할 때 종전보다 소비가 줄어든다.
② 생애주기가설에 따르면, 소비는 일생동안의 소득을 염두에 두고 결정되는 것은 아니다.
③ 한계저축성향과 평균저축성향의 합은 언제나 1이다.
④ 케인스의 소비함수에서는 소비가 미래에 예상되는 소득에 영향을 받는다.
⑤ 절대소득가설에 따르면, 소비는 현재의 처분가능소득으로 결정된다.

---

01 정답 ⑤

오답분석
① 불황기의 평균소비성향이 호황기의 평균소비성향보다 크다. 호황기에는 일시적인 소득이 증가하여 이러한 일시소득이 대부분 저축되는 반면, 불황기에는 일시적인 소득이 감소하여 돈의 차입 등을 통해 종전과 비슷한 소비수준을 유지한다.
② 생애주기가설에 따르면 소비는 일생동안의 총 소득에 의해 결정된다.
③ 한계소비성향과 한계저축성향의 합이 언제나 1이다.
④ 케인스의 소비함수에서는 예상되는 소득의 수준과 상관없이 소비한다. 소득이 0일 때에도 일정한 소비가 있으며 소득이 없다면 과거의 저축 또는 돈을 빌려서 소비한다. 따라서 케인스의 소비함수는 장기에 있어서 소득과 소비의 관계를 제대로 설명하지 못하는 한계점을 가지고 있다.

060 피구세(Pigouvian tax) ★★☆

외부불경제가 발생하였을 때 정부가 개입하여 경제주체에게 세금으로 비용을 부담시키는 것

피구세는 20세기 초 영국의 경제학자인 피구(Pigou)에 의해 제창되었다. A가 어떤 행위를 가하였을 때 어떤 의도를 가지든 가지지 않든 B는 특정한 영향을 받게 되는데 이를 '외부효과 (Externalities)' 또는 '외부성'이라고 한다. 본래 A는 이 외부효과에 대한 비용을 지불할 의무를 가지고 있지 않지만, 외부효과의 결과가 심각하여 외부불경제가 발생하게 될 때, 정부가 A에게 피구세를 부담하게 하여 문제를 어느 정도 해소한다.

기출 유형 맛보기

01 다음 〈보기〉 중 환경오염대책인 교정적 조세(피구조세)와 오염배출권거래제도에 대한 설명으로 옳은 것을 모두 고르면?

> ─────〈 보기 〉─────
>
> 가. 오염배출권거래제도를 이용하면 최초에 오염배출권이 기업들에게 어떻게 배분되는가와 관계없이 오염배출량은 효율적인 수준이 된다.
> 나. 교정적 조세는 시장에서 거래될 수 있는 오염배출권이라는 희소자원을 창조한다.
> 다. 교정적 조세를 이용하든 오염배출권제도를 이용하든 오염배출량은 항상 동일한 수준에서 결정된다.
> 라. 교정적 조세를 부과할 때에 오염배출권의 공급은 가격에 대해 완전비탄력적이다.
> 마. 시장에서 자유롭게 거래될 수 있는 오염배출권거래제도는 오염배출권만 있으면 오염물질을 방출할 수 있으므로 환경문제를 심화시킨다.

① 가, 라   ② 가, 마
③ 나, 다   ④ 나, 라
⑤ 다, 마

---

01 정답 ①

교정적 조세(Corrective Taxation)란 피구세와 같이 외부성에 따른 자원배분의 효율성을 시정하기 위해 부과하는 조세를 의미한다.

오답분석

나. 오염배출권은 오염배출권제도가 시행될 때 만들어지는 것이지 피구세가 부과될 때 생겨나는 것은 아니다.
다. 피구세의 세율이 어떻게 정해지느냐에 따라 오염배출량이 달라지므로 피구세와 오염배출권제도하에서 오염배출량이 반드시 동일하다는 보장은 없다.
마. 오염배출권이 자유로이 거래될 수 있다면 오염을 줄이는 데 비용이 적게 드는 당사자는 오염배출권을 매각하고 직접 오염을 줄일 것이고, 오염을 줄이는 데 비용이 많이 드는 당사자는 오염면허를 매입하고 오염을 배출할 것이다. 그러므로 오염배출권이 자유로이 거래될 수 있다면 적은 비용으로 오염을 줄일 수 있는 당사자가 오염을 줄이게 된다. 오염배출권 제도는 환경문제와 같은 외부성을 해결하는 데 있어 시장유인을 사용하는 방법이다.

061 필립스 곡선 ★★★

한국토지주택공사, 한국전력기술, 한국농어촌공사

실업률과 화폐임금상승률 사이의 반비례 관계를 나타내는 모델

영국의 경제학자 필립스(A. W. Phillips)에 의해 발표된 것이다. 필립스는 영국의 경제통계로부터 화폐임금상승률과 실업률 사이에는 역의 함수관계가 있음을 알게 되었다. 실업률이 낮을수록 화폐임금상승률 또는 물가상승률이 높으며, 반대로 화폐임금상승률이 낮을수록 실업률은 높다는 것이다. 필립스 곡선은 특정한 실험이나 연구가 아니라 단순히 경험적 관계에서 도출한 것에 불과하지만 완전고용과 물가안정이라는 두 가지 경제정책 사이의 모순을 지적하여 정책문제의 분석에 큰 공헌을 하였다.

기출 유형 맛보기

01 다음 중 일반적인 필립스 곡선에 나타나는 실업률과 인플레이션의 관계에 대한 설명으로 옳지 않은 것은?

① 장기적으로 인플레이션과 실업률 사이에 특별한 관계가 없다.

② 실업률을 낮추기 위하여 확장적인 통화정책을 사용하는 경우 인플레이션이 일어난다.

③ 단기적으로는 인플레이션율과 실업률이 반대방향으로 움직이는 경우가 대부분이다.

④ 인플레이션에 대한 높은 기대 때문에 인플레이션이 나타난 경우에도 실업률은 하락한다.

⑤ 원자재 가격이 상승하는 경우 실업률이 감소하지 않더라도 인플레이션이 심화된다.

---

01 **정답** ④

필립스 곡선이란 인플레이션율과 실업률 간에 단기 상충관계가 존재함을 보여주는 곡선이다. 하지만 장기적으로 인플레이션율과 실업률 사이에는 특별한 관계가 성립하지 않는다. 대상기간이 길어지면 사람들의 인플레이션에 대한 기대가 바뀔 수 있고 오일 쇼크와 같은 공급 충격도 주어질 수 있기 때문에 장기적으로는 필립스 곡선이 성립하지 않는 것이다. 따라서 인플레이션 기대나 원자재 가격 상승 때문에 물가가 상승할 때는 실업률이 하락하지 않을 수 있다.

062 한계기술대체율 ★☆☆

동일한 생산수준을 유지하면서 노동을 추가로 한 단위 더 고용할 때 포기해야 하는 자본량

생산자가 한 생산요소의 투입량을 단위별로 감소시켰을 때, 동일한 생산수준을 유지하기 위해 증가시켜야 하는 다른 생산요소의 양을 말한다.

장기생산함수에서는 모든 생산요소들이 변하기 쉬우므로 일정한 수량의 생산물을 생산하기 위하여 여러 가지 서로 다른 생산요소의 조합이 가능하다. 노동의 고용량이 증가함에 따라 노동과 자본 간의 한계기술대체율이 점점 감소하는 현상을 한계기술대체율 체감의 법칙이라고 한다.

기출 유형 맛보기

01 생산요소 노동(L)과 자본(K)만을 사용하는 생산물시장에서 독점기업의 등량곡선과 등비용선에 대한 설명으로 옳지 않은 것은?(단, MP_L은 노동의 한계생산, w는 노동의 가격, MP_K는 자본의 한계생산, r은 자본의 가격이다)

① 등량곡선과 등비용선만으로 이윤극대화 생산량을 구할 수 있다.

② 등비용선 기울기의 절대값은 두 생산요소 가격의 비율이다.

③ 한계기술대체율이 체감하는 경우, '$(MP_L/w) > (MP_K/r)$'인 기업은 노동투입을 증가시키고 자본투입을 감소시켜야 생산비용을 감소시킬 수 있다.

④ 한계기술대체율은 등량곡선의 기울기를 의미한다.

⑤ 한계기술대체율은 두 생산요소의 한계생산물 비율이다.

---

01 정답 ①

등량곡선과 등비용선으로 알 수 있는 것은 비용제약하에서 산출량이 극대화되는 지점, 또는 주어진 생산량을 최소의 비용으로 생산할 수 있는 지점이다.

063 한계소비성향 ★☆☆

근로복지공단

추가 소득 중 저축되지 않고 소비되는 금액의 비율

소득의 증가분에 대한 소비의 증가분을 나타내는 수식으로서 일반적으로 소득수준이 낮을 때 높게 나타나지만 소득수준이 높아짐에 따라 하락하는 경향이 있다.

$$(경제전체한계소비성향) = \frac{(금년도\ 최종소비지출) - (전년도\ 최종소비지출)}{(금년도\ 국민총가처분가능소득) - (전년도\ 국민총가처분소득)}$$

> **Add**
>
> **소비성향** : 소득에 대한 소비의 비율이다. 소비성향은 소득의 대소나 계층에 따른 소비 또는 저축에 대한 심리적 경향을 나타낸다. 가계는 자신의 소득을 소비와 저축의 두 가지로 나누어 사용하기 때문에, 소비성향과 저축성향의 합계는 언제나 1이 된다.

기출 유형 맛보기

01 다음 〈보기〉 중 IS−LM 모형에서 확장적인 재정정책이 국민소득에 미치는 효과에 대한 설명으로 옳은 것을 모두 고르면?

〈 보기 〉

가. 화폐수요의 이자율탄력성이 높을수록 소득증가 효과가 커진다.
나. 민간투자의 이자율탄력성이 작을수록 소득증가 효과가 커진다.
다. 한계소비성향이 높을수록 소득증가효과가 커진다.
라. 소득세율이 낮을수록 소득증가효과가 커진다.

① 가, 나
② 가, 라
③ 나, 다
④ 나, 다, 라
⑤ 가, 나, 다, 라

---

01 **정답** ⑤

확장적인 재정정책을 실시하면 IS곡선이 정부지출증가분×승수만큼 오른쪽으로 이동하면서 국민소득이 증가한다. 국민소득이 증가하면 화폐수요가 증가하므로 이자율이 상승하고 이에 따라 민간투자가 감소하는 구축효과가 발생한다. 그러므로 IS−LM 모형에서는 확장적 재정정책을 실시하더라도 승수모형에서보다 국민소득이 적게 증가한다. 확장적 재정정책을 실시할 때 국민소득이 크게 증가하려면 일차적으로 IS곡선의 이동폭이 커야 하기 때문에 승수가 커야 한다. 즉, 한계소비성향이 높을수록 소득세율이 낮을수록 승수효과가 크므로 국민소득에 미치는 영향이 크다. 또한, 국민소득이 크게 증가하려면 구축효과가 작아야 한다. 구축효과는 화폐수요의 이자율 탄력성이 높을수록(LM곡선이 완만할수록) 민간투자의 이자율 탄력성이 작을수록(IS곡선이 급경사일수록) 작아진다.

PART 2

064 한계효용 ★★☆

어떤 종류의 재화가 일정한 욕망을 채우기 위하여 소비될 경우, 최후의 한 단위의 재화로부터 얻어지는 추가적인 심리적 만족

일반적으로 소비재의 양이 증가함에 따라 필요도는 점차 작아지므로, 한계효용은 감소해가는 경향이 있다. 개인이 소비하는 물건에서 얻는 일정 부분의 효용은 일반적으로 그 재화의 극소 부분의 가치 혹은 한계단위의 가치, 즉 재화의 총량에 대하여 새로 부가되는 최종 소비 단위의 효용이 알려져 있음에 불과하다. 이러한 한계효용은 재화의 존재량과 재화에 의존하는 개인의 욕망충족에 따라 달라지는데, 재화의 존재량에 역비례하고 욕망의 중요성에 정비례한다.

> **Add**
>
> **한계효용균등의 법칙** : 소비자나 기업 등의 경제주체가 한정된 자본이나 소득으로 여러 가지 재화를 구입하는 경우, 최대효용을 얻고자 한다면 그 재화에 의하여 얻어지는 한계효용이 같아야 한다는 경제 학상의 법칙이다.

기출 유형 맛보기

01 다음 중 합리적인 소비자의 효용극대화 조건으로 옳은 것은?

① 구입하는 각 재화로부터 얻어지는 총 효용이 같다.
② 각 재화의 한계효용이 1이다.
③ 각 재화의 상품단위당 한계효용이 같다.
④ 각 재화의 가격단위당 한계효용이 같다.
⑤ 각 재화의 구입액이 같아지도록 각 재화를 구입한다.

---

01 정답 ④

합리적인 소비자의 효용극대화가 이루어지기 위해서는 한계효용균등의 법칙 $\left(\dfrac{MU_X}{P_X} = \dfrac{MU_Y}{P_Y} \right)$이 성립하도록 각 재화를 구입해야 한다. 한계효용균등의 법칙에서 $\dfrac{MU_X}{P_X}$는 X재 1원어치를 더 구입하였을 때 추가로 얻는 효용을, $\dfrac{MU_Y}{P_Y}$는 Y재 1원어치를 더 구입하였을 때 추가로 얻는 효용을 의미한다. 그러므로 효용극대화를 위해서는 각 재화의 가격단위당 한계효용이 같아지도록 재화를 구입해야 한다.

065 후생경제학 ★★☆ 한국가스공사, 신용보증기금, 한국주택금융공사

경제적 후생의 개념이나 극대화의 조건을 연구하는 경제학 분야

경제정책의 목표가 사회 전체의 경제적 후생의 극대화에 있다는 전제 아래 경제적 후생의 개념 이나 극대화의 조건을 연구하는 경제학 분야이다. 후생경제학의 관심사항은 한 나라의 사회적 후생 극대화이다. 이 후생은 효율성·공평성의 개념이 들어가 있으며 그 나라가 어떤 기준을 가지고 어떤 가치관을 가지고 있는지에 따라 사회후생함수가 달라진다.

후생경제학은 특정의 성격과 한계를 갖는 것이며 경제정책의 일반적인 기본이론으로서는 부족 하지만, 소비자 전체의 만족극대화라는 목표는 널리 받아들여지기 쉽다는 점도 간과해서는 안 된다.

기출 유형 맛보기

01 다음 중 경제적 효율성 및 후생경제학에 대한 설명으로 옳은 것은?

① 후생경제학의 제1정리에 의하면 경쟁시장의 균형에서 모든 구성원들은 항상 동일한 양의 교환의 이득을 얻는다.

② 왈라스의 법칙은 총초과수요액이 0보다 크다는 것을 말하고 있다.

③ 후생경제학의 제1정리는 불완전정보 등 불확실한 상황에 대한 고려를 하고 있다.

④ 일정한 조건하에 후생경제학 제1정리의 역도 성립한다는 후생경제학 제2정리는 정부의 시장개입 과 무관하다.

⑤ 에지워스 상자의 가로 및 세로는 두 소비자가 가지고 있는 각 재화의 초기 부존량의 합에 의해 각각 결정된다.

---

01 정답 ⑤

오답분석

① 후생경제학 제1정리에서는 초기에 자원배분이 파레토 효율적이 아닌 상태에 있더라도 시장구조가 완전경쟁인 경우 교환을 통해 파레토 효율적인 자원배분 상태로 이동하게 된다. 교환이 이루어지면 각 당사자는 교환에 따른 이득을 얻게 되나 이득의 크기가 동일해진다는 보장은 없다.

② 왈라스의 법칙에 따르면 경제 전체의 총초과수요의 가치는 항상 0이 된다.

③·④ 후생경제학의 제1정리에서는 시장실패 요인이 존재하지 않는다는 조건이 충족되면 일반경쟁균형의 자원배분은 파레토 효율적이 된다고 주장한다. 한편, 후생경제학의 제2정리는 정부가 초기자원배분을 적절하게 조정하므로 자원배 분도 효율적이고 소득분배도 공평한 상태에 도달할 수 있음을 보여주는 정리이다. 후생경제학 제2정리는 정부개입의 타당성을 설명하는 이론이다.

066 ESG ★★★

기업의 비재무적 요소인 환경(Environment), 사회(Social), 지배구조(Governance)를 줄여서 뜻하는 말

ESG는 개별 기업을 넘어 자본시장과 한 국가의 성패를 가를 키워드로 부상하고 있는 투자전략이자 경영 개념이다. 기업의 ESG 성과를 활용한 투자 방식은 투자자들의 장기적 수익을 추구하는 한편, 기업들의 행동이 사회에 이익이 되도록 영향을 주고 받을 수 있다.

기출 유형 맛보기

01 다음은 국내 및 해외의 기업 및 금융기관들이 적응해나가고 있는 투자전략 중 하나에 대한 자료이다. 다음 글의 빈칸에 공통적으로 들어갈 개념으로 옳은 것은?

> 기업의 경영 가능성을 평가하기 위한 기준인 _____에 대한 관심이 뜨겁다. 국내외 기업들은 이 기준에 따른 평가에서 어떤 등급을 받았는지 적극적으로 알리고 있으며, 글로벌 기업이 이사회 내 별도 위원회를 구성하는 사례도 늘고 있다.
> 영국 매체 파이낸셜타임스(FT)는 '2020년 _____가 스테로이드를 맞은 듯 폭증하고 있다.'고 보도하기도 했다. 이러한 기업의 투자전략이 전 세계적인 추세로 자리를 잡고 있는 가운데 H제철은 체계적인 노력을 통해 철강업계 리더로 앞장서고 있다.
> H제철은 2017년부터 중장기 관리 체계를 도입해 _____ 요구에 대한 대응에 나섰다. 초기에는 다우존스 지속가능경영지수 등 대외 평가에 중점을 두고 전략적인 대응방안을 수립했으나, 2020년부터는 본격적인 _____ 전략을 수립하고 운영체계를 고도화하고 있다.

① ESG ② KPI
③ NIM ④ ROA
⑤ ROE

---

01 정답 ①

ESG는 'Environment, Social, Governance'의 머리글자를 딴 단어로 기업 활동에 친환경, 사회적 책임 경영, 지배구조 개선 등 투명 경영을 고려해야 지속 가능한 발전을 할 수 있다는 철학을 담고 있다.

오답분석

② KPI(핵심성과지표) : 개인이나 조직이 목표를 달성하기 위해 자신들의 성과를 객관적으로 평가하는 핵심적인 기준 또는 척도를 말한다.
③ NIM(순이자마진) : 은행 등 금융기관이 자산을 운용해 낸 수익에서 조달비용을 차감해 운용자산 총액으로 나눈 수치로 금융기관의 수익력을 나타내는 지표이다.
④ ROA(총자산순이익률) : 기업의 당기순이익을 자산총액으로 나눈 수치로 기업이 자산을 얼마나 효율적으로 운용했느냐를 나타내는 지표이다.
⑤ ROE(자기자본이익률) : 경영자가 기업에 투자된 자본을 사용하여 이익을 얼마나 올리고 있는가를 나타내는 기업의 이익창출능력이다.

067 GDP 디플레이터 ★★★

한국자산관리공사, 한전KDN, 서울교통공사, 국민연금공단

국내에서 생산되는 모든 재화와 서비스 가격을 반영하는 종합적 물가지수

GDP란 국내총생산(Gross Domestic Product)이라는 말의 약어이고, 디플레이터(Deflator)란 가격변동지수라는 말을 의미한다. GDP 디플레이터는 명목 GDP를 실질 GDP로 나누고 100을 곱한 값[(GDP 디플레이터)＝(명목 GDP)/(실질 GDP)×100]이다. 명목 GDP란 당해 연도의 총생산물을 당해 연도의 가격(경상가격)으로 계산한 GDP이고, 실질 GDP란 당해 연도의 총생산물을 기준 연도의 가격(불변가격)으로 계산한 GDP를 말한다.

기출 유형 맛보기

01 다음 표는 사과와 오렌지만을 생산하는 경제의 연도별 생산 현황이다. 2021년도를 기준 연도로 할 때, 2023년의 GDP 디플레이터 A와 물가상승률 B를 순서대로 바르게 나열한 것은?(단, 물가상승률은 GDP 디플레이터를 이용하여 구한다)

연도	사과		오렌지	
	가격(원)	생산량(개)	가격(원)	생산량(개)
2021	50	100	90	40
2022	60	120	100	60
2023	70	140	110	80

	A	B			A	B
①	76	40.90%		②	116	24.56%
③	116	12.93%		④	131	24.56%
⑤	131	12.93%				

---

01 정답 ⑤

2022년과 2023년의 명목GDP와 실질GDP를 계산해 보면 각각 다음과 같다.
- 명목GDP$_{2022}$＝(60×120)+(100×60)＝7,200+6,000＝13,200
- 실질GDP$_{2022}$＝(50×120)+(90×60)＝6,000+5,400＝11,400
- 명목GDP$_{2023}$＝(70×140)+(110×80)＝9,800+8,800＝18,600
- 실질GDP$_{2023}$＝(50×140)+(90×80)＝7,000+7,200＝14,200

이제 2022년과 2023년의 GDP 디플레이터를 계산해 보면 각각 다음과 같다.

- GDP$_{2022}$ 디플레이터＝$\frac{명목GDP_{2022}}{실질GDP_{2022}} \times 100 = \frac{13,200}{11,400} \times 100 ≒ 116$

- GDP$_{2023}$ 디플레이터＝$\frac{명목GDP_{2023}}{실질GDP_{2023}} \times 100 = \frac{18,600}{14,200} \times 100 ≒ 131$

따라서 2023년 물가상승률은 12.93%$\left(= \frac{131-116}{116} \times 100 \right)$이다.

068 IS - LM곡선 ★★★ 한국토지주택공사, 한국수력원자력, HUG 주택도시보증공사, 한국관광공사

생산물시장과 금융시장을 통합하고 이자율과 국민소득수준이 동시에 결정된다는 것을 나타낸 모델

IS곡선은 생산물시장의 균형, 즉 투자 I와 저축 S의 균등을 가져오는 이자율 r과 국민소득 Y와의 관계를 나타낸다. 한편, LM곡선은 금융시장에서의 균형, 즉 유동성 선호 L(화폐에 대한 수요)과 화폐공급 M의 균형을 가져오는 r와 Y와의 관계를 나타낸다. 이 두 곡선의 교차점에서 균형국민소득 Ye가 얻어진다.

기출 유형 맛보기

01 다음 중 재정정책 및 금융정책의 효과에 대한 설명으로 옳지 않은 것은?

① 투자의 이자율탄력성이 클수록, IS곡선의 기울기는 가팔라지고, 재정정책의 효과는 작아진다.
② 화폐수요의 이자율탄력성이 클수록, LM곡선의 기울기가 완만해지고 금융정책의 효과는 작아진다.
③ 한계소비성향이 클수록, 승수가 커지므로 재정정책의 효과는 커진다.
④ 한계소비성향이 클수록, IS곡선의 기울기는 완만해지고 금융정책의 효과는 커진다.
⑤ 화폐수요의 소득탄력성이 클수록 LM곡선의 기울기는 가팔라지고, 재정정책의 효과는 작아진다.

---

01 정답 ①

완만한 IS곡선이나 가파른 LM곡선에서 구축효과가 커지고, 이때 재정정책의 효과는 작아진다. IS_LM곡선에 대한 분석을 위하여, 투자의 이자율탄력성을 b, 화폐수요의 이자율탄력성을 h, 한계소비성향을 c, 화폐수요의 소득탄력성을 k라고 하자. IS곡선의 기울기는 $-\left(\dfrac{1-c}{b}\right)$로 표현된다. 따라서 투자의 이자율탄력성이 클수록, IS곡선의 기울기가 완만해지고, 구축효과가 커지기 때문에 재정정책의 효과가 작아진다.

오답분석

② LM곡선의 기울기는 $\dfrac{k}{h}$로 표현된다. 화폐수요의 이자율탄력성이 클수록 LM곡선의 기울기가 완만해지므로, 금융정책의 효과는 작아진다. 한편, 이때 LM곡선의 기울기가 완만해져서 구축효과가 작아지므로 재정정책의 효과는 커진다.
③·④ 한계소비성향이 커져서 IS곡선의 기울기가 완만해지면 금융정책의 효과가 커지고, 구축효과가 발생한다. 동시에 한계소비성향의 증가는 승수효과를 발생시켜 재정정책의 효과를 증가시키게 된다. 이때 구축효과의 절대적 크기는 승수효과보다 작기 때문에 재정정책의 절대적 효과는 커지게 된다.
⑤ 화폐수요의 소득탄력성이 클수록 LM곡선의 기울기인 $\dfrac{k}{h}$가 가팔라져서 구축효과가 커지고, 재정정책의 효과는 작아진다. 또한 LM곡선이 가팔라지지만 금융정책의 효과가 커지지는 않는다. 화폐수요의 소득탄력성이 커지면 국민소득이 감소하는 효과가 발생하여 LM곡선의 우측 이동폭이 감소하기 때문에 금융정책의 효과는 작아진다.

PART 3
행정

핵심 키워드와 더불어
Add 키워드와
기출 유형 맛보기까지

한권으로
끝내는
공기업
전공 기출
키워드

경영 경제 행정

001 가예산 ★☆☆

회계연도가 개시될 때까지 부득이한 사유로 예산안이 의회에서 의결되지 못하였을 경우 예산이 확정될 때까지 단기간에 걸쳐 잠정적으로 사용할 수 있는 예산

가예산과 비슷한 것으로는 준예산과 잠정예산이 있다. 그러나 가예산은 의회의 의결이 있어야 한다는 점에서 준예산과 그 성격이 다르며, 1개월분의 예산이라는 제한이 있는 가예산과는 달리 제한이 없는 잠정예산과도 차이점이 있다. 현재 영국, 프랑스, 벨기에 등이 이 제도를 채택하고 있으며, 우리나라에서는 지금은 사용하지 않고 있으나 과거 제1공화국 시대(1948~1960년)에 채택한 바 있었고, 제3차 개헌 시 폐지되었다. 대신 우리나라에서는 예산이 의결되지 못할 때 필수적이고 일상적인 예산을 전년도에 준하여 집행하는 제도인 준예산이 있다.

> ### Add
> - **준예산** : 국가의 예산이 법정기간 내에 성립하지 못한 경우, 정부가 일정한 범위 내에서 전 회계연도 예산에 준하여 집행하는 잠정적인 예산이다.
> - **잠정예산** : 회계연도 개시 전일까지 예산이 의회에서 의결되지 않는 경우 일정기간 동안 정부가 잠정적으로 사용할 수 있는 예산으로, 잠정예산은 새로운 회계연도가 시작되는 날로부터 최초 수개월분의 일정한 금액의 예산을 정부가 집행할 수 있게 허락하는 제도이다.

기출 유형 맛보기

01 다음 중 우리나라 예산과정에 대한 설명으로 옳은 것은?

① 정부는 회계연도마다 예산안을 편성하여 회계연도 개시 60일 전까지 국회에 제출해야 한다.

② 예산총액배분 자율편성제도는 중앙예산기관과 정부 부처 사이의 정보 비대칭성을 완화하려는 목적을 갖고 있다.

③ 예산집행의 신축성을 확보하기 위한 제도로써 이용, 총괄예산, 계속비, 배정과 재배정 제도가 있다.

④ 예산불성립 시 조치로써 가예산 제도를 채택하고 있다.

⑤ 우리나라 정부의 예산과정은 법률상으로 규정되어 있지는 않다.

---

01 정답 ②

오답분석

① 정부는 재정운용의 효율화와 건전화를 위하여 매년 당해 회계연도부터 5회계연도 이상의 기간에 대한 재정운용계획을 수립하여 회계연도 개시 120일 전까지 국회에 제출하여야 한다(국가재정법 제7조 제1항).

③ 배정과 재배정은 예산집행의 신축성이 아니라 예산집행의 재정통제 제도이다.

④ 현재 우리나라는 가예산이 아니라 준예산 제도를 채택하고 있으며, 제1공화국 때에 가예산 제도를 채택하였다.

⑤ 우리나라 정부의 예산과정은 헌법과 국가재정법·정부기업예산법·공공기관의운영에관한법률에 주로 규정되어 있다.

002 계급제 ★★☆

공무원이 가지는 개인적 특성, 즉 학력·경력·자격을 기준으로 하여, 유사한 개인적 특성을 가진 공무원을 하나의 범주로 구분해 계급을 형성하는 제도

국가기관이나 조직체에서 그 조직의 요소가 되는 각 직위를 인적 요소를 기준으로 하여 분류하는 인사관리제도이다.

계급제는 직위가 내포하고 있는 직무가 아니라 공무원의 개인적 특성에 따라 공직을 횡적으로 구분해 계층을 만들고 여기에 행정 업무를 수준별로 구분해 담당하게 하는 인간 중심적 제도(Person – oriented System)로 직위분류제와 대비된다.

기출 유형 맛보기

01 다음 중 계급제의 특징으로 옳지 않은 것은?

① 직무급 체계
② 탄력적 인사관리
③ 계급 간 구분
④ 폐쇄형 인사제도
⑤ 사람 중심의 체계

---

01 정답 ①

직무급은 직위분류제의 대표적인 특징이다.

> 계급제의 특징
> • 사람 중심의 체계로 리더가 가장 권력이 강하다.
> • 분류구조와 보수 체계가 단순하고 융통성이 있어 인사관리가 수월하고 비용이 절감된다.
> • 폐쇄적인 특징으로 외부환경에 대한 적응력이 상대적으로 낮다.
> • 현직자의 사기가 높고 일반 행정가를 양성한다.

003 관료제 ★★★

전문적인 능력을 소유함으로써 임명된 행정관(관료)이, 국민에 대한 민주책임의 보장을 면제받고, 정치지도를 행하는 통치 제도

국민에 의한 정기적인 선거세례를 받는 대의제에 대비하여 쓰이는 말이다. 관료제 이론은 독일의 사회학자 막스 베버가 제시한 모형이 대표적인 것으로 알려져 있다. 그가 다룬 관료제 이론은 실제로 존재하는 관료제에 관한 것이 아니라 추상적으로 가상할 수 있는 이념형으로서의 관료제에 관한 것이다.

베버는 이념형의 입장에서 조직을 지배하는 정당성을 기준으로 하여 권위의 유형을 전통적 권위, 카리스마적 권위, 합법적 권위로 구분하고, 이들 중 근대사회에서 정당성을 인정받을 수 있는 권위는 관료제적 권위라고 하였다. 그리고 합법적 권위 아래에서는 합법적으로 제도화된 질서에 따라 계층제가 이루어지며, 이 권위가 그대로 반영된 조직이 관료제라는 것이다.

기출 유형 맛보기

01 다음 중 베버(Weber)의 관료제에 대한 설명으로 옳지 않은 것은?

① 관료제는 일정한 자격 또는 능력에 따라 규정된 기능을 수행하는 분업의 원리에 따른다.
② 조직은 엄격한 계층제의 원리에 따라 운영된다.
③ 조직의 기능은 일정한 규칙에 의해 제한된다.
④ 이상적 관료제는 정치적 전문성에 의해 충원되는 제도를 갖는다.
⑤ 규칙과 규제가 조직에 계속성을 제공하여 조직을 예측 가능성 있는 조직, 안정적인 조직으로 유지시킨다고 보았다.

---

01 정답 ④

베버(Weber)가 제시한 이론적인 관료제는 계층제, 합법적 권위, 전문화의 원리, 높은 공식성을 특징으로 한다. 관료제는 정치적 전문성보다는 기술적 전문성에 의한 전문기술 관료제를 이상적인 관료제로 본다. 그로 인해 직무의 범위인 책임이나 권한이 명확히 한정되어 있어야 한다고 주장한다.

004 내부수익률(IRR) ★☆☆ 한국수자원공사, 한국남부발전

투자에 소요되는 지출액의 현재가치가 그 투자로부터 기대되는 현금수입액의 현재 가치와 동일하게 되는 할인율

예측한 장래의 순수익이 실현되는 것으로 가정되는 경우 일정액의 투자에 관한 수익률을 말한다. 내부수익률은 저당대부 금리, 전체 부동산 투자의 할인율, 순지분투자의 이율 등의 계산에 유효하다. 또한 프로젝트의 퍼실리티 평가기준의 하나로서 편익비용비율이나 순현재평가치 등과 같이 프로젝트의 경제 분석과 재무 분석에 이용되기도 한다.

내부수익률을 계산하기 위해서는 아래의 데이터들이 필요하다.

① 투자에 대한 순현금 흐름의 액수
② 현금 흐름 타이밍
③ 수익이 예상되는 예상 기간
④ 당초 투자액

기출 유형 맛보기

01 A사업을 집행하기 위하여 소요된 총비용은 80억 원이고, 1년 후의 예상총편익은 120억 원일 경우에, 내부수익률은 얼마인가?

① 67% ② 50%

③ 40% ④ 25%

⑤ 20%

---

01 정답 ②

내부수익률은 미래에 발생하는 총비용과 총편익의 현재가치를 같게 만들어주는 할인율로, 현재가치(P)=$A\left[\dfrac{1}{(1+r)^n}\right]$ 의 공식에 대입해보면 $80=120[1 \div (1+r)]$이 되므로, 내부수익률(r)은 0.5가 되며 따라서 50%가 정답이다.

005 대표관료제 ★★☆

사회를 구성하는 주요 집단으로부터 인구 비례에 따라 관료를 충원함으로써, 정부관료제가 그 사회의 모든 계층과 집단에 공평하게 대응하도록 하는 인사 제도

대표관료제라는 용어를 처음 사용한 킹슬리(J. D. Kingsley)는 대표관료제를 사회 내의 지배적인 세력들을 그대로 반영하도록 구성된 관료제라고 정의함으로써, 대표관료제의 구성적 측면을 강조하고 있다.

> **Add**
>
> **참여적 관료제** : 계서적 압력을 감소시켜 중간 관리층 이하 공무원들의 정책형성 참여 기회를 확대하고, 그들이 대내외적으로 자신들의 견해를 표현, 관철할 수 있는 기회를 넓혀 주는 제도를 말한다.

기출 유형 맛보기

01 다음 중 대표관료제에 대한 설명으로 옳지 않은 것은?

① 대표관료제는 정부관료제가 그 사회의 인적 구성을 반영하도록 구성함으로써 관료제 내에 민주적 가치를 반영시키려는 의도에서 발달하였다.

② 크랜츠(Kranz)는 대표관료제의 개념을 비례대표로까지 확대하여 관료제 내의 출신 집단별 구성 비율이 총인구 구성 비율과 일치해야 할 뿐만 아니라 나아가 관료제 내의 모든 직무 분야와 계급의 구성 비율까지도 총인구 비율에 상응하게 분포되어 있어야 한다고 주장했다.

③ 대표관료제의 장점은 사회의 인구 구성적 특징을 반영하는 소극적 측면의 확보를 통해서 관료들이 출신 집단의 이익을 위해 적극적으로 행동하는 적극적인 측면을 자동적으로 확보하는 데 있다.

④ 대표관료제는 할당제를 강요하는 결과를 초래해 현대 인사행정의 기본 원칙인 실적주의를 훼손하고 행정능률을 저해할 수 있다는 비판을 받는다.

⑤ 우리나라의 양성평등채용목표제나 지역인재 추천채용제는 관료제의 대표성을 제고하기 위해 도입된 제도로 볼 수 있다.

---

01 **정답** ③

소극적 대표성은 관료의 출신성분이 태도를 결정하는 것이며, 적극적 대표성은 태도가 행동을 결정하는 것을 말한다. 그러나 대표관료제는 소극적 대표성이 반드시 적극적 대표성으로 이어져 행동하지 않을 수도 있다는 한계성이 제기되므로 옳지 않은 설명이다.

006 매트릭스 조직 ★★★ 근로복지공단, 한국농어촌공사, 한국철도공사, 한국수자원공사

프로젝트 조직과 기능식 조직을 절충한 조직 형태

매트릭스 조직은 구성원 개인을 원래 종적 계열과 함께 횡적 또는 프로젝트 팀의 일원으로서 임무를 수행하게 하는 조직 형태이다. 매트릭스 조직에서는 서로 다른 기능 부서에 속해 있는 전문 인력들이 프로젝트 관리자가 이끄는 프로젝트에서 함께 일한다. 매트릭스 조직에 속한 개인은 두 명의 상급자(기능 부서 관리자, 프로젝트 관리자)로부터 지시를 받으며 보고를 하게 되며 조직의 특징은 다음과 같다.

① 계층 원리와 명령 일원화 원리가 적용되지 않는다.
② 라인과 스태프 구조가 일치하지 않는다.
③ 프로젝트가 끝나면 원래 조직 업무를 수행한다.

매트릭스 조직은 기존의 전통적인 기능조직이 지녔던 의사결정 지연이나 수비적인 경영 등의 단점을 보완한다. 다시 말해, 서로 다른 기능부서에 속해 있는 전문 인력들이 함께 일하게 되면서 신속한 의사소통, 창조성 개발, 효율적 자원 사용 등이 이루어지게 된다. 하지만 명령통일의 원칙이 깨지면서 조직질서 혼란, 권력 다툼 등의 문제가 생길 수 있으며 장기적 문제에 대해서는 오히려 미봉책을 산출할 수 있다는 단점도 있다.

Add

프로젝트 조직 : 특정한 프로젝트를 수행하기 위하여 조직 내의 인적, 물적, 재무적 자원을 결합하여 한시적으로 운영한다. 태스크포스(Task Force)라고도 불린다.

01 다음 중 조직 구조 형태의 하나인 매트릭스 구조(Matrix Organization)가 유용하게 쓰일 수 있는 조건에 해당하지 않는 것은?

① 조직의 규모가 너무 크거나 너무 작지 않은 중간 정도의 크기일 것
② 기술적 전문성이 높고 산출의 변동도 빈번해야 한다는 이원적 요구가 강력할 것
③ 조직이 사용하는 기술이 일상적일 것
④ 사업부서들이 사람과 장비 등을 함께 사용해야 할 필요가 클 것
⑤ 조직 환경이 복잡하고 불확실할 것

02 다음 중 매트릭스 조직에 대한 설명으로 옳지 않은 것은?

① 명령통일의 원리가 배제되고 이중의 명령 및 보고체제가 허용되어야 한다.
② 부서장들 간의 갈등 해소를 위해 공개적이고 빈번한 대면 기회가 필요하다.
③ 기능부서의 장들과 사업부서의 장들이 자원배분에 관한 권력을 공유할 수 있어야 한다.
④ 조직의 환경 영역이 단순하고 확실한 경우 효과적이다.
⑤ 이중적 구조로 인한 역할 갈등이 발생할 수 있다.

---

01 정답 ③

매트릭스 조직은 기능구조 전문성과 사업부서의 신속한 대응성을 결합한 조직이다. 조직 환경이 복잡하고, 불확실한 경우 효과적이며, 일상적 기술보다는 비일상적인 기술에 적합하다.

매트릭스 조직의 장단점

장점	단점
• 전문지식이나 인적·물적 자원의 효율적 활용 • 의사전달의 활성화와 조직의 유연화 • 구성원의 능력발전과 자아실현 • 불확실한 환경에의 대응	• 이중적 구조로 인한 역할 갈등 및 조정 곤란 • 불안정성으로 인한 심리적 부담과 스트레스 유발 • 기능 관리자와 프로젝트 관리자 간 권력투쟁과 갈등 발생

02 정답 ④

매트릭스 조직은 환경의 불확실성과 복잡성이 높은 경우 효과적이다.

007 보조금 ★★☆

국가 또는 지방공공단체가 목적 달성을 위해 공공·경제단체 또는 개인에 대해 교부하는 돈

보조금의 호칭은 교부금, 장려금, 조성금, 부담금 등 다양하다. 예를 들면 행정 수준을 일정하게 유지하기 위한 목적으로 자치단체의 사업을 보조하거나 특정 산업을 장려하기 위한 목적으로 민간을 장려하는 것 등이다. 보조금의 교부대상이 되는 사무 또는 사업을 보조사업이라고 한다. 교부된 금전의 사용처가 특정되기 때문에 기업이나 개인에 대한 보조 장려적 기능이 있지만 과도한 국가의 보조금 행정이 자치행정을 획일화한다는 비판도 있다.

기출 유형 맛보기

01 정부는 공공서비스를 효율적으로 공급하기 위한 방법의 하나로서 민간위탁 방법을 사용하기도 하는데, 민간위탁 방식에 해당하지 않는 것은?

① 면허 방식
② 이용권(바우처) 방식
③ 보조금 방식
④ 책임경영 방식
⑤ 자조활동 방식

---

01 정답 ④

책임경영 방식은 정부가 시장화된 방식을 이용하여 직접 공급하는 것을 말한다.

민간위탁 방식

계약 (Contracting – out)	정부의 책임 하에 민간이 서비스를 생산하는 방식
면허 (Franchise)	민간조직에게 일정한 구역 내에서 공공서비스를 제공하는 권리를 인정하는 협정을 체결하는 방식으로, 시민·이용자는 서비스 제공자에게 비용을 지불하며, 정부는 서비스 수준과 질을 규제
보조금 (Grants)	민간의 서비스 제공 활동 촉진을 위해 정부가 재정 및 현물을 지원하는 방식
바우처 (Vouchers)	금전적 가치가 있는 쿠폰 또는 카드를 제공하는 방식
자원봉사 (Volunteer)	직접적인 보수를 받지 않으면서 정부를 위해 봉사하는 사람들을 활용하는 방식
자조활동 (Self – help)	공공서비스의 수혜자와 제공자가 같은 집단에 소속되어 서로 돕는 형식으로 활동하는 방식

008 사이버네틱스 ★☆☆

국민연금공단

기술 장치·생물 유기체·인간의 여러 조직의 과정과 통제 조직에서 보이는 공통된 각종 특징을 찾아내는 과학

정보와 그 처리에 관계하는 이론이라 할 수 있다. 제2차 세계대전 후, 미국의 수학자 위너에 의해 제창되었는데, 그는 1948년에 저서 『사이버네틱스』를 공표하면서, 그 견해를 내놓았다. 이 이론이 성립하기 위해서는 자동적인 컨트롤에 관한 이론에서 보이는 몇 개의 성과, 즉 전자공학, 확률론, 수학적 논리학, 알고리즘(Algorism)의 발전에 기초하고 있다.

기출 유형 맛보기

01 다음 중 정책결정모형에 대한 설명으로 옳은 것은?

① 합리모형 – 일반적으로 인간의 제한된 분석 능력을 보완할 수 있는 기능을 포함한다.

② 점증모형 – 정책결정과정에서 정치적 합리성보다 경제적 합리성을 더욱 중요시한다.

③ 사이버네틱스모형 – 습관적인 의사결정을 설명하는 데 유용하며, 반복적인 의사결정과정의 수정이 환류된다.

④ 쓰레기통모형 – 위계적인 조직구조의 의사결정과정에 적용되며, 정책갈등상황 해결에 유용하다.

⑤ 최적모형 – 점증모형과 합리모형에 기반한 새로운 유형의 모형이다.

---

01 정답 ③

오답분석

① 합리모형 : 인간의 완전한 합리성을 전제한다. 선택지는 만족모형에 대한 설명이다.

② 점증모형 : 정치적 합리성을 더 중요시한다. 경제적 합리성을 더 중요시하는 모형은 합리모형이다.

④ 쓰레기통모형 : 조직화된 혼란 또는 갈등상황에서 의사결정과정을 설명하는데 적절한 모형이다.

⑤ 최적모형 : 점증모형과 합리모형을 비판한 모형이다.

009 승진제도 ★☆☆

동일 직렬 내에서 상위직으로 임용하는 제도

승진과 함께 보수는 물론 책임과 권한, 위신 그리고 근무 조건의 변화가 수반된다. 이러한 승진은 조직 구성원들에게 중요한 하나의 보상이 되고, 능력 개발을 자극하는 수단이 되며, 궁극적으로는 조직 목표 달성의 수단이 된다. 일반적으로 승진은 연공서열제(Seniority System)와 업적제(Merit System)로 구분된다. 전자는 조직 구성원의 경력, 근무년수, 학력, 연령 등을 강조하는 것이며, 후자는 직무 수행 능력과 실적을 강조하는 것이다.

승진의 종류에는 일반승진(심사승진, 시험승진), 근속승진, 특별승진, 공개경쟁승진 등이 있으며 승진임용 방법과 기준은 근무성적평정과 경력평정, 그 밖에 능력의 실증을 기반으로 한다.

기출 유형 맛보기

01 다음 중 우리나라 공무원의 승진제도에 대한 설명으로 옳지 않은 것은?

① 5급 이하 공무원의 승진후보자명부는 근무성적평정 60%, 경력평정 40%를 고려하여 작성된다.

② 일반직공무원(우정직공무원은 제외)이 승진하려면 7급은 2년 이상, 6급은 3년 6개월 이상 해당 계급에 재직하여야 한다.

③ 근속승진은 승진후보자명부 작성단위기관 직제상의 정원표에 일반직 6급·7급 또는 8급의 정원이 없는 경우에도 근속승진 인원만큼 상위 직급에 결원이 있는 것으로 보고 승진임용할 수 있다.

④ 공개경쟁승진은 5급으로 승진에 적용되며, 기관 구분 없이 승진자격을 갖춘 6급 공무원을 대상으로 하는 공개경쟁승진 시험의 성적에 의하여 결정된다.

⑤ 특별승진은 민원봉사대상 수상자, 직무수행능력 우수자, 제안채택시행자, 명예퇴직자, 공무사망자 등을 대상으로 일정 요건을 충족하는 경우 승진임용하거나, 승진심사 또는 승진시험에 응시할 수 있도록 하는 제도이다.

---

01 **정답** ①

원칙적으로 승진후보자명부는 근무성적평정 90%, 경력평정 10%를 고려하여 작성된다. 근무성적평가 점수의 반영비율은 95퍼센트까지 가산하여 반영할 수 있고, 경력평정 점수의 반영비율은 5퍼센트까지 감산하여 반영할 수 있다. 이 경우 변경한 반영비율은 그 변경일부터 1년이 지난 날부터 적용한다(공무원 성과평가 등에 관한 규정 제30조 제2항).

010 시장형 공기업 ★☆☆

공공기관의 운영에 관한 법률에서 말하는 공기업 중 하나의 종류로 자산규모가 2조 원 이상인 기업

시장형 공기업으로는 한국지역난방공사, 한국석유공사, 한국가스공사, 한국수력원자력, 한국남동발전, 한국남부발전, 한국동서발전, 한국서부발전, 한국중부발전, 강원랜드, 인천국제공항공사, 한국공항공사 등이 있다.

기출 유형 맛보기

01 다음 중 공공기관의 운영에 대한 법률에 따른 기관유형과 그 사례를 순서대로 바르게 나열한 것은?

① 시장형 공기업 – 한국조폐공사
② 준시장형 공기업 – 한국마사회
③ 기금관리형 준정부기관 – 한국농어촌공사
④ 위탁집행형 준정부기관 – 국민연금공단
⑤ 기타공공기관 – 한국연구재단

---

01 정답 ②

한국마사회는 준시장형 공기업에 해당한다.

공공기관의 분류

구분	기관명
시장형 공기업	자산규모와 총수입액 중 자체수입액이 대통령령으로 정하는 기준 이상인 공기업 1. 자산규모 : 2조 원 2. 총수입액 중 자체수입액이 차지하는 비중 : 100분의 85
준시장형 공기업	시장형 공기업이 아닌 공기업
기금관리형 준정부기관	국가재정법에 따라 기금을 관리하거나 기금의 관리를 위탁받은 준정부기관
위탁집행형 준정부기관	기금관리형 준정부기관이 아닌 준정부기관

011 신공공관리론 ★☆☆ 서울교통공사, 근로복지공단

전통적인 관료제를 극복하고 작은 정부를 구현하기 위해 개발된 행정학 이론

신공공관리론은 행정국가 시대의 정부 실패에 대한 대응으로 '작지만 효율적인 정부'를 구현하기 위하여, 1980년대 이후 대처 정부와 레이건 정부로 대표되는 앵글로색슨계 나라들에서 추진된 시장지향적인 정부 개혁에서 비롯되었다. 신공공관리론은 시장주의와 신관리주의의 결합으로 기존의 독점적 정부 서비스에 경쟁과 고객 선택권을 최대한 적용하여 행정서비스를 제공한다.

> **Add**
>
> **공공관리론** : 과학적 관리법의 전통과 동일한 철학적 기초에 입각해 기획·조직·통제·평가 등을 강조하고, 행정 이념으로 절약과 능률을 중시하는 관리지향 이론을 말한다. 정책학적 접근 방법을 선호하는 일부 학자들은 공공관리론의 이론적 기초가 전통적 행정학이 아니라 경제학과 경영학이라는 관점에서, 행정학과 공공관리론은 근본적으로 뿌리를 달리하는 완전히 별개의 학문이라는 주장을 펴고 있다.

기출 유형 맛보기

01 다음 〈보기〉 중 신공공관리론에 대한 설명으로 옳은 것을 모두 고르면?

> ─〈 보기 〉─
>
> ㄱ. 기업경영의 논리와 기법을 정부에 도입하여 이를 접목시키려는 노력이다.
> ㄴ. 정부 내의 관리적 효율성에 초점을 맞추고, 규칙 중심의 관리를 강조한다.
> ㄷ. 거래비용이론, 공공선택론, 주인-대리인이론 등을 이론적 기반으로 한다.
> ㄹ. 중앙정부의 감독과 통제의 강화를 통해 일선공무원의 책임성을 강화시킨다.
> ㅁ. 효율성을 지나치게 강조하는 과정에서 민주주의의 책임성이 결여될 수 있다.

① ㄱ, ㄴ, ㄷ   ② ㄱ, ㄷ, ㄹ
③ ㄱ, ㄷ, ㅁ   ④ ㄴ, ㄷ, ㅁ
⑤ ㄱ, ㄴ, ㄷ, ㅁ

---

01 정답 ③

오답분석

ㄴ. 신공공관리론은 법규나 규칙중심의 관리보다는 임무와 사명중심의 관리를 강조한다.
ㄹ. 중앙정부의 감독과 통제를 강화하는 것은 전통적인 관료제 정부의 특징이다. 신공공관리론은 분권을 강조한다.

012 신자유주의 ★☆☆

국가권력의 시장개입을 비판하고 시장의 기능과 민간의 자유로운 활동을 중시하는 이론

1970년대부터 케인스 이론을 도입한 수정자본주의의 실패를 지적하고 경제적 자유방임주의를 주장하면서 본격적으로 대두되었다. 신자유주의는 자유시장과 규제완화, 재산권을 중시한다. 신자유주의론자들은 국가권력의 시장개입을 완전히 부정하지는 않지만 국가권력의 시장개입은 경제의 효율성과 형평성을 오히려 악화시킨다고 주장했다. 따라서 준칙에 의한 소극적인 통화정책과 국제금융의 자유화를 통하여 안정된 경제성장에 도달하는 것을 목표로 하였다. 신자유주의는 자유방임경제를 지향함으로써 비능률을 해소하고 경쟁시장의 효율성 및 국가 경쟁력을 강화하는 긍정적 효과가 있는 반면, 불황과 실업, 그로 인한 빈부격차 확대, 시장개방 압력으로 인한 선진국과 후진국 간의 갈등 초래라는 부정적인 효과 또한 존재한다.

PART 3

기출 유형 맛보기

01 다음 중 신자유주의 정부 이념 및 관리 수단으로 옳지 않은 것은?

① 시장실패의 해결사 역할을 해오던 정부가 오히려 문제의 유발자가 되었다는 인식을 바탕으로 다시 시장을 통한 문제 해결을 강조하며 작은 정부(Small Government)를 추구한다.

② 민간기업의 성공적 경영기법을 행정에 접목시켜 효율적인 행정관리를 추구할 뿐 아니라 개방형 임용, 성과급 등을 통하여 행정에 경쟁원리 도입을 추진한다.

③ 케인스(Keynes) 경제학에 기반을 둔 수요 중시 거시 경제정책을 강조하므로 공급측면의 경제정책에 대하여는 반대 입장을 견지한다.

④ 정부의 민간부문에 대한 간섭과 규제는 최소화 또는 합리적으로 축소·조정되어야 한다는 입장에서 규제 완화, 민영화 등을 강조한다.

⑤ 신자유주의자들은 자유무역과 국제적 분업이라는 말로 시장개방을 주장한다.

---

01 정답 ③

신자유주의는 수요중시의 거시경제정책을 비판하며 등장했으며 시장 중심의 공급주의 경제정책을 지지한다. 신자유주의는 케인스 경제학(수요 중시 경제학)의 한계를 인식하면서 등장한 통화주의학파 및 신고전학파 경제학(공급 중시 경제학)과 관련된다.

013 신조합주의 ★☆☆

1970년대 오일쇼크로 인하여 복지국가의 한계가 드러나게 되면서 비대한 정부에 대한 치유전략

영·미계 OECD국가의 신자유주의에 대응하여 유럽 대륙계(독일, 스웨덴, 노르웨이, 오스트리아 등) 국가에서 대두된 것이 신조합주의이다. 신자유주의가 민영화를 추구한다면 신조합주의는 완전 고용 목표를 포기하지 않고 사회적 합의를 통하여 임금인상을 억제하고 경쟁력을 유지하면서 고용안정을 추구한다.

기출 유형 맛보기

01 다국적 기업과 같은 중요 산업조직이 국가 또는 정부와 긴밀한 동맹관계를 형성하고 이들이 경제 및 산업정책을 함께 만들어간다고 설명하는 이론은?

① 신마르크스주의 이론　　　　　② 엘리트 이론
③ 공공선택 이론　　　　　　　　④ 신조합주의 이론
⑤ 무의사 결정론

---

01 **정답** ④

문제에서 제시하고 있는 내용은 신조합주의(사회조합주의라고도 함) 이론에 대한 설명이다. 신조합주의(사회조합주의)는 산업조직(다국적 기업)의 영향력을 강조한 이론으로 다국적 기업이 국가와 긴밀한 동맹관계를 형성하고 주요 경제정책 및 산업정책을 만들어 간다고 설명한다.

신조합주의
- 중요 산업 조직들이 국가와 긴밀한 동맹관계 형성
- 국가는 어느 특정 집단에 의하여 통제되지 않음
- 조합주의보다 기업의 영향력을 더 강조

014 신제도주의 ★☆☆

인천교통공사, 한국에너지공단

사회의 현상을 설명하는데 있어 제도의 중요성을 강조하는 이론

기존의 행태주의가 각 국가의 특수성을 명확하게 설명하지 못하는 한계를 가지고 있고, 구제도주의에서는 제도의 범위가 너무 작아 정태적인 연구밖에 할 수 없었기 때문에 신제도주의가 등장하게 되었다. 신제도주의는 형식적 제도인 법, 규정, 문서뿐만 아니라 관행이나 문화 또한 제도에 포함된다고 여겼기 때문에 사회 수준을 거시적으로 바라보았다. 기존 제도의 문제점을 인식하여 일부 구성 요소들을 변화시키거나 운영하는 행위자가 바뀌는 경우 전체적으로 제도의 변화가 나타날 수 있다고 보는 것이다. 신제도주의는 역사적 신제도주의와 사회학적 신제도주의, 그리고 합리선택적 신제도주의로 나누어볼 수 있다.

기출 유형 맛보기

01 다음 중 신제도주의에 대한 설명으로 옳지 않은 것은?

① 제도는 공식적·비공식적 제도를 모두 포괄한다.
② 개인의 선호는 제도에 의해서 제약이 되지만 제도가 개인들 간의 상호작용의 결과에 의해서 변화할 수도 있다고 본다.
③ 역사적 제도주의는 경로의존성에 의한 정책선택의 제약을 인정한다.
④ 사회학적 제도주의에서 제도는 개인들 간의 선택적 균형에 기반한 제도적 동형화 과정의 결과물로 본다.
⑤ 합리적 선택 제도주의는 개인의 합리적 선택과 전략적 의도가 제도변화를 발생시킨다고 본다.

---

01 정답 ④

제도를 개인들 간의 선택적 균형에 기반한 결과물로 보는 것은 합리적 선택 제도주의고, 제도를 제도적 동형화 과정의 결과물로 보는 것이 사회학적 제도주의이다. 즉, 사회학적 제도주의는 사회문화적 환경에 의해 형성된 제도가 개인의 선호에 영향을 미친다는 이론이다.

015 실적주의 ★★☆

한국수자원공사, 국민연금공단

능력과 자격, 성적 등의 실적을 기본으로 하여 공무원을 임용하는 제도

공무원을 능력, 성적, 자격 등의 전문능력을 기준으로 임용하는 방법으로 공무원 임용의 부패와 정실주의의 폐단을 보완하기 위해 고안되었다. 처음에 등장하게 된 곳은 19세기 후반의 영국이며 산업혁명에 성공한 영국은 급격한 경제발전과 함께 이를 뒷받침해 줄 행정기능의 확대·강화가 필요했다. 그러나 정실주의에 의해 임용된 이들은 능력이 없어 이러한 수요를 대응할 수 없었고, 인사행정 개혁운동의 불씨가 되어 실적주의 제도를 채택하기 시작했다.

> **Add**
>
> **정실주의** : 인사권자가 개인적인 친분관계를 이용하여 공무원 임용기준으로 사용하는 인사 제도이다.

기출 유형 맛보기

01 다음 〈보기〉 중 엽관주의와 실적주의에 대한 설명으로 옳은 것을 모두 고르면?

> 〈 보기 〉
>
> ㄱ. 엽관주의는 실적 이외의 요인을 고려하여 임용하는 방식으로 정치적 요인, 혈연, 지연 등이 포함된다.
> ㄴ. 엽관주의는 정실임용에 기초하고 있기 때문에 초기부터 민주주의의 실천원리와는 거리가 멀었다.
> ㄷ. 엽관주의는 정치지도자의 국정지도력을 강화함으로써 공공정책의 실현을 용이하게 해 준다.
> ㄹ. 실적주의는 정치적 중립에 집착하여 인사행정을 소극화·형식화시켰다.
> ㅁ. 실적주의는 국민에 대한 관료의 대응성을 높일 수 있다는 장점이 있다.

① ㄱ, ㄷ　　　　　　　　　② ㄴ, ㄹ
③ ㄴ, ㅁ　　　　　　　　　④ ㄷ, ㄹ
⑤ ㄹ, ㅁ

---

01 **정답** ④

오답분석

ㄱ. 엽관주의는 정당에의 충성도와 공헌도를 기준으로 관직에 임용하는 방식의 인사제도이다.
ㄴ. 엽관주의는 국민과의 동질성 및 일체감을 확보하고, 선거를 통해 집권정당과 관료제의 책임성을 확보하고자 하는 민주주의의 실천원리로써 대두되었다.
ㅁ. 엽관주의는 국민에 대한 관료의 대응성을 높일 수 있다는 장점이 있다.

016 앨리슨 모형 ★☆☆

한국가스안전공사

앨리슨이 1962년 쿠바 미사일 위기 당시 케네디 행정부가 해상봉쇄를 선택할 수밖에 없었던 이유를 설명하고자 제시한 모형

앨리슨 모형이론은 크게 3가지로 나뉠 수 있으며, 실제 정책결정에서 세 모형 모두 동시에 작용할 수 있다. 또한 국제 정치적 사건에 대한 정책결정을 설명하고자 만들어졌으나 일반적인 정책에도 적용 가능하고 특히 우리나라는 점차 사회가 민주화되면서 그 적용 가능성이 높아지고 있다.

기출 유형 맛보기

01 다음 중 앨리슨(Allison)의 정책결정모형 중 Model Ⅱ(조직과정모형)에 대한 설명으로 옳지 않은 것은?

① 정부는 느슨하게 연결된 연합체이다.
② 권력은 반독립적인 하위조직에 분산된다.
③ 정책결정은 SOP에 의해 프로그램 목록에서 대안을 추출한다.
④ 정책결정의 일관성이 강하다.
⑤ 적용계층은 중하위 계층이다.

---

01 **정답** ④

Model Ⅱ(조직모형)는 Model Ⅰ(합리모형)에 비해 정책결정의 일관성이 약하다.

앨리슨(Allison) 모형 비교

구분	모형 Ⅰ : 합리모형	모형 Ⅱ : 조직모형	모형 Ⅲ : 정치모형
조직관	조정과 통제가 잘 된 유기체	느슨하게 묶여진 하위조직들의 결합체	독립적인 개인적 행위자들의 집합체
권력의 소재	조직의 두뇌와 같은 최고 지도자가 보유	반독립적인 하위조직들	독립된 자유재량을 가진 개인적 행위자들
행위자의 목표	조직 전체의 전략적 목표	조직 전체의 목표 +하위조직들의 목표	조직 전체의 목표 +하위조직들의 목표 +개별적 행위자들의 목표
목표의 공유도	매우 강함	약함	매우 약함
정책결정의 태도	최고 지도자 명령·지시	SOP에 의함	정치적 게임의 규칙에 따라 협상, 타협, 연합, 지배
정책결정의 일관성	매우 강함	약함	매우 약함
적용 계층	전체 계층	중하위계층	상위계층

017 염관주의 ★★☆

서울교통공사, 한국농어촌공사, 근로복지공단

선거에 의하여 정권을 잡은 사람이나 정당이 선거에서 공을 세운 사람을 관직에 임명하는 정치적 방침

염관주의는 능력이나 자질 및 자격 등에 관계없이 선거과정에서 커다란 기여를 하거나 충성한 사람이 공직에 임명되기 때문에 정당의 책임정치를 기대할 수 있다.

그러나 정권이 바뀔 때마다 사람이 대폭 교체되기 때문에 행정의 안정성과 연속성이 현저히 떨어진다. 또한 무능한 사람이 공직에 임명된다면 행정에 비능률성을 초래할 수 있다.

초기 근대 민주주의 사회, 특히 1883년 펜들턴법이 통과되기 전까지 미국에서 성행하였다.

기출 유형 맛보기

01 다음 중 인사행정제도에 대한 설명으로 옳지 않은 것은?

① 염관주의는 정당에의 충성도와 공헌도를 관직임용의 기준으로 삼는 제도이다.
② 염관주의는 국민의 요구에 대한 관료적 대응성을 확보하기 어렵다는 단점을 갖는다.
③ 행정국가 현상의 등장은 실적주의 수립의 환경적 기반을 제공하였다.
④ 직업공무원제는 계급제와 폐쇄형 공무원제, 그리고 일반행정가주의를 지향한다.
⑤ 정당관료제는 공직에의 임용을 선거에서 승리한 집권 정당이 행하는 공무원 제도이다.

01 정답 ②

염관주의는 국민의 요구에 대한 관료집단의 대응성을 정당이나 선거를 통하여 확보할 수 있다.

염관주의의 장단점

장점	단점
• 정당정치 발달에 기여	• 행정의 정치적 중립 저해
• 평등이념의 구현	• 행정의 안정성 · 일관성 · 공익성 저해
• 정책변동에 대한 대응성 확보에 유리	• 행정의 비전문성
• 민주성과 책임성 확보	• 기회균등 저해(임용의 공평성 상실)

018 영기준예산제도(ZBB) ★☆☆

예산을 편성할 때 전년도 예산에 기초하지 않고 영(0)을 기준으로 원점에서 재검토한 뒤 예산을 편성하는 방법

1970년대 미국에서 기존의 점증주의 예산제도를 비판하며 개발된 예산 제도이다. 보통 영어 명칭의 앞 글자를 따서 ZBB라고 일컬어진다. 영기준예산제도는 원점에서 출발하여 예산요구액 하나하나에 대해 타당한 근거를 요구하는 관점에 기초한다. 즉, 기존에 진행되던 사업과 신규 사업을 구분하지 않고 모든 사업을 분석해 우선순위를 매기고 그 순위에 따라 예산을 편성하는 것이다. 예산 편성은 기본적으로 세 단계를 거친다.

① 결정단위 설정 : 활동이나 단위사업 같은 예산운영의 의미 있는 최소단위를 설정하는 단계
② 결정항목 작성 : 사업을 어느 수준으로 수행하는 것이 가장 바람직한가를 결정하는 단계
③ 우선순위 결정 : 결정항목들을 평가하고 우선순위를 결정해 예산요구액을 도출하는 단계

영기준예산제도는 예산의 비대화 및 방만화를 방지하고 예산의 낭비를 막을 수 있다. 또한 탄력적인 재정운영이 가능하며 모든 계층의 관리자들을 폭넓게 참여시키는 민주적 예산 편성이 가능하다.

PART 3

기출 유형 맛보기

01 다음 중 영기준예산제도(ZBB)의 장점으로 옳지 않은 것은?

① 국방비, 공무원의 보수, 교육비와 같은 경직성 경비가 많으면 영기준예산제도의 효용이 커진다.
② 최고관리자는 각 기관의 업무수행에 대한 보다 상세한 자료를 입수할 수 있다.
③ 예산과정에 대한 관리자 및 실무자의 참여를 촉진한다.
④ 전년도 답습주의로 인한 재정의 경직성을 완화할 수 있다.
⑤ 신속하게 변동 대응성의 증진에 기여한다.

---

01 정답 ①

국방비, 인건비, 교육비 등은 공공업무의 특성상 경직성 업무와 지속적 업무가 많고 연속성이 고려되어야 하기 때문에 사업의 축소·폐지가 곤란하다. 따라서 영기준 예산제도(ZBB)의 적용이 제한된다.

오답분석

② 영기준예산제도(ZBB)는 조직의 모든 사업에 대해서 비용과 효과를 지속적으로 재평가할 수 있고, 최고관리자는 예산 문제뿐만 아니라 하위계층의 결정단위에서 수행되는 업무의 진행상황에 대한 유익하고 상세한 정보도 많이 활용할 수 있다.
③ 영기준예산제도(ZBB)는 상향적 결정방식으로 인해서 수평적·분권적이며, 참여가 확대되는 장점이 있다.
④ 영기준예산제도(ZBB)는 점증주의적 예산을 탈피하여 조직체의 모든 사업과 활동을 총체적으로 분석·평가하여 우선 순위를 결정한 뒤 가치가 낮은 사업을 축소·폐지할 수 있기 때문에 재정의 경직성을 완화할 수 있다.
⑤ 영기준예산제도(ZBB)는 신속한 예산 조정 등 변동 대응성의 증진에 기여한다는 장점이 있다.

019 예비타당성 조사 ★☆☆

대규모로 정부의 재정이 투입되는 사업의 정책적·경제적·타당성을 면밀하게 사전 검토하는 제도

타당성조사가 주로 기술적 타당성을 검토하는 반면, 예비타당성 조사는 경제적 타당성을 조사 대상으로 둔다. 세금 낭비를 막기 위해 1999년 도입되었으며, 2023년 상반기 이후로는 의무시행 요건이 대폭 완화되었다. 따라서 총 사업비가 1,000억 원 이상이면서 공공기관이나 정부가 500억 원 이상 부담하는 사업에 대해서만 예비타당성 조사가 이뤄지고 있다.

기출 유형 맛보기

01 다음 예비타당성 조사의 분석 내용 중 경제성 분석에 해당하는 것은 무엇인가?

① 상위계획과의 연관성　　　　　② 지역경제에의 파급효과
③ 사업추진 의지　　　　　　　　④ 민감도 분석
⑤ 재원조달 가능성

---

01 정답 ④

예비타당성 조사는 경제성 분석과 정책성 분석으로 이루어진다. 이 중에서 민감도 분석은 비용편익분석을 하는 경제성 분석에 포함된다.

오답분석

①·②·③·⑤ 정책성 분석에 해당한다.

예비타당성 조사
경제성 분석과 정책성 분석으로 나누어 실시한다.

구분	내용	
경제성 분석	• 수요 및 편익추정 • 경제성 및 재무성 평가	• 비용 추정 • 민감도 분석
정책성 분석	• 지역경제 파급효과 • 사업추진 위험요인 • 국고지원의 적합성 • 상위계획과 연관성	• 지역균형개발 • 정책의 일관성 및 추진의지 • 재원조달 가능성

020 예산 한정성의 법칙 ★★★

예산의 각 항목은 상호 명확한 한계를 지녀야 한다는 예산의 원칙

세출예산의 집행에서 지출권한의 한정성에는 사용 목적의 한정, 지출 금액의 한정, 지출 기간의 한정 등이 있다. 예산의 전용과 이용의 금지 또는 제한, 초과 지출의 금지 등은 이 원칙에 따르는 것이다.

예산 한정성의 원칙에는 오늘날 많은 예외를 인정하고 있다. 우리나라의 경우, 예산의 목적 외 사용금지에 대한 예외로서 예산의 이용과 전용이 있고 초과지출금지에 대한 예외로서 예비비가 있으며, 회계연도 경과 금지에 대한 예외로서 예산 이월, 계속비 등이 있다.

기출 유형 맛보기

01 다음은 예산의 원칙에 대한 설명이다. 이에 대한 용어가 바르게 짝지어진 것은?

> A : 한 회계연도의 세입과 세출은 모두 예산에 계상하여야 한다.
> B : 모든 수입은 국고에 편입되고 여기에서부터 지출이 이루어져야 한다.

	A	B
①	예산 단일의 원칙	예산 한정성의 원칙
②	예산 총계주의 원칙	예산 단일의 원칙
③	예산 한정성의 원칙	예산 총계주의 원칙
④	예산 총계주의 원칙	예산 통일의 원칙
⑤	예산 단일의 원칙	예산 총계주의 원칙

02 **정답** ④

전통적 예산원칙

원칙	내용
공개성의 원칙	국민에 대해 재정활동을 공개
명료성의 원칙	국민이 이해하기 쉽고 단순·명확해야 함
한정성의 원칙	예산 항목, 시기, 주체 등에 명확한 한계를 지녀야 함
통일성의 원칙	특정 수입과 지출의 연계 금지
사전승인의 원칙	국회가 사전에 승인
완전성의 원칙	모든 세입과 세출이 나열(예산 총계주의)
정확성의 원칙	예산과 결산이 일치
단일성의 원칙	단일 회계 내에 처리(단수 예산)

021 외적 타당성 ★☆☆

실험 또는 연구조사에서 얻은 결론들이 다른 이론적 구성 요소나 현상들에까지도 일반화될 수 있는 정도

외적 타당성은 일반화의 가능성으로 이해된다. 즉, 특정상황에서 이루어진 타당한 평가가 다른 상황에서는 얼마만큼 타당하게 적용될 수 있는지와 관련된 개념이다. 외적 타당성은 사전·사후 측정, 표본 선택시의 편견 개재, 표본 선택과 실험변수의 상호작용, 다수적 처리에 의한 간섭(Mulitple – treatment Interference) 등에 의해 저해 받을 수 있다.

기출 유형 맛보기

01 다음 중 정책평가방법에 대한 설명으로 옳지 않은 것은?

① 진실험설계는 정책을 집행하는 실험집단과 집행하지 않는 통제집단을 구성하되, 두 집단이 동질적인 집단이 되도록 한다.

② 진실험설계는 피험자들을 각 집단에 무선배정하는 것이 특징이다.

③ 정책의 실험과정에서 실험대상자와 통제대상자들이 서로 접촉하는 경우에는, 모방효과가 나타날 수 있다.

④ 준실험설계는 짝짓기(Matching) 방법으로 실험집단과 통제집단을 구성하여 정책영향을 평가하거나, 시계열적인 방법으로 정책영향을 평가한다.

⑤ 준실험설계는 자연과학 실험과 같이 대상자들을 격리시켜 실험하기 때문에, 호손효과(Hawthorne Effect)를 강화시킨다.

---

01 정답 ⑤

인위적인 통제하에 실험을 진행하는 진실험에 대한 설명이다.

정책실험별 타당도 비교

진실험	내적 타당성은 높으나, 외적 타당성과 실행 가능성이 낮다.
준실험	내적 타당성은 낮으나, 외적 타당성과 실행 가능성은 높다.
비실험	내적 타당성이 매우 낮으나, 외적 타당성과 실행 가능성은 높다.

022 인사행정 ★☆☆

정부의 목표 달성에 필요한 인적 자원(Human Resource)을 관리하는 활동 또는 체제

인사행정은 정부의 목표 달성에 필요한 인적 자원을 충원하고 유지하며, 근무 의욕을 고취하고 통제하는 상호 연관된 일련의 활동으로 구성되는 동태적인 관리활동 또는 관리체제이다.

> **Add**
>
> **개방형 직위제** : 민간인과 공무원의 공개경쟁을 거쳐 직무수행 요건을 갖춘 최적격자를 주요 공직에 임용하는 공무원 임용제도이다.

기출 유형 맛보기

01 다음 중 개방형 인사관리에 대한 설명으로 옳지 않은 것은?

① 충원된 전문가들이 관료집단에서 중요한 역할을 수행하게 한다.
② 개방형은 승진기회의 제약으로, 직무의 폐지는 대개 퇴직으로 이어진다.
③ 정치적 리더십의 요구에 따른 고위층의 조직 장악력 약화를 초래한다.
④ 공직의 침체, 무사안일주의 등 관료제의 병리를 억제한다.
⑤ 민간부문과의 인사교류로 적극적 인사행정이 가능하다.

---

01 **정답** ③

개방형 인사관리는 인사권자에게 재량권을 주어 정치적 리더십을 강화하고 조직의 장악력을 높여준다.

개방형 인사관리의 장단점

장점	단점
• 행정의 대응성 제고 • 조직의 신진대사 촉진 • 정치적 리더십 확립을 통한 개혁 추진 • 세력 형성 및 조직 장악력 강화 • 행정에 전문가주의적 요소 강화 • 권위주의적 행정문화 타파 • 우수인재의 유치 • 행정의 질적 수준 증대 • 공직침체 및 관료화의 방지 • 재직공무원의 자기개발 노력 촉진	• 조직의 응집성 약화 • 직업공무원제와 충돌 • 정실임용의 가능성 • 구성원 간의 불신 • 공공성 저해 가능성 • 민·관 유착 가능성 • 승진기회 축소로 재직공무원의 사기 저하 • 빈번한 교체근무로 행정의 책임성 저하 • 복잡한 임용절차로 임용비용 증가

023 자본예산 ★★★

기업 및 그 밖의 경제주체가 행하는 자본지출이나 투자에 대한 예산

투자효과가 장기적으로 나타나는 투자의 총괄적인 계획과 평가의 과정을 뜻한다. 중요성 자본예산은 단기적인 전략과 장기적인 전략으로 나눌 수 있으며, 기업의 장기적인 경영전략과 자금조달계획, 미래상황에 대한 분석을 토대로 신중하게 이루어져야 한다. 이는 기업의 존폐와 직접적으로 연결되므로 다각적이고 광범위한 자금수급계획이 필요하다. 최근에는 빠르게 변하는 경제 환경의 변화, 소비자 취향의 변화, 국가정책의 변화 등 여러 요인을 계획성 있게 분석하여 투자결정을 해야 한다.

자본예산의 계획과 실행은 다음과 같다.

① 투자안의 목적 설정과 투자안의 성격에 따른 분류
② 투자안 시행 시 증분현금흐름 측정
③ 투자안의 위험 평가 및 자본 비용 측정
④ 투자안의 경제성 평가
⑤ 투자안의 실행

기출 유형 맛보기

01 다음 중 자본예산제도의 장점으로 옳지 않은 것은?

① 자본예산제도는 자본적 지출에 대한 특별한 분석과 예산사정을 가능하게 한다.
② 자본예산제도에 수반되는 장기적인 공공사업 계획은 조직적인 자원의 개발 및 보존을 위한 수단이 될 수 있다.
③ 계획과 예산 간의 불일치를 해소하고 이들 간에 서로 밀접한 관련성을 갖게 한다.
④ 경제적 불황기 내지 공황기에 적자예산을 편성하여 유효수요와 고용을 증대시킴으로써 불황을 극복하는 유용한 수단이 될 수 있다.
⑤ 국가 또는 지방자치단체의 순자산 상황의 변동과 사회간접자본의 축적·유지의 추이를 나타내는 데 사용할 수 있다.

---

01 정답 ③

계획예산제도(PPBS)에 대한 설명이다.

024 전통적 예산원칙 ★☆☆　　　　　국민연금공단, 도로교통공단

19세기 입법국가 시대에 행정통제의 수단으로 마련된 예산의 원칙

입법부 우위론적 예산원칙이라고도 한다. 전통적 예산원칙은 예산의 편성·집행에 있어서 국민의 대표기관인 의회가 감독권을 충분히 발휘함으로써 행정부의 독주를 견제하기 위해 수립된 것이다. 이러한 취지에서 예산원칙을 제시한 대표 학자는 노이마르크(F. Neumark)이다.

오늘날 행정국가 시대에는 예산의 원칙을 그대로 적용할 수 없기 때문에 대폭 수정이 불가피한 상황이었다. 따라서 현재 대부분의 국가에서는 이 전통적 예산원칙과 현대적 예산원칙을 절충하여 적용하고 있다.

기출 유형 맛보기

01 다음 중 예산의 원칙과 그 예외사항에 대한 설명으로 옳은 것은?

① 특정 수입과 특정 지출이 연계되어서는 안 된다는 것은 '단일성의 원칙'이다.
② 예산은 주어진 목적, 규모 그리고 시간에 따라 집행되어야 한다는 원칙은 '예산총계주의'이다.
③ 예산구조나 과목은 이해하기 쉽도록 단순해야 한다는 것은 '통일성의 원칙'이다.
④ 특별회계는 '통일성의 원칙'과 '단일성의 원칙'의 예외적인 장치에 해당된다.
⑤ 예산과 결산이 일치해야 한다는 것은 '정확성의 원칙'이다.

01　**정답**　④

특별회계는 단일성과 통일성의 원칙에 대한 예외이다.

전통적 예산 원칙

원칙	내용	예외
공개성의 원칙	국민에 대해 재정활동을 공개	신임예산, 기밀정보비
명료성의 원칙	국민이 이해하기 쉽고 단순·명확해야 함	총괄예산
사전승인의 원칙	국회가 사전에 승인	준예산, 사고이월, 전용, 예비비
완전성의 원칙	모든 세입과 세출이 나열(예산 총계주의)	순계예산, 현물출자, 차관전대, 수입대체경비
단일성의 원칙	단일 회계 내에 처리(단수 예산)	특별회계, 추경예산, 기금
한정성의 원칙	예산 항목, 시기, 주체 등에 명확한 한계를 지녀야 함	이용, 전용, 예비비, 이월, 계속비
통일성의 원칙	특정 수입과 지출의 연계 금지	특별회계, 목적세, 기금
정확성의 원칙	예산과 결산이 일치	–

025 점증주의 모형 ★☆☆

기존의 정책을 토대로 현실에 당면한 문제들을 점진적으로 해결하고 개선해나가는 데 중점을 둔 의사결정모형

린드블롬(Charles E. Lindblom)에 의해 합리적 의사결정 모형에 대한 하나의 대안으로 제시되었다. 변화의 규모와 의사결정자의 이해 수준을 두 축으로 하는 4가지 상황을 제시하며, 점진적인 변화에 초점을 맞추어 장기적인 변화를 추구하고자 한다. 합리적 접근은 인간의 지적 한계, 제한된 지식, 소모하는 높은 비용 등의 한계가 있는데, 점증주의 모형은 이를 인정하고 능동적으로 대처할 수 있는 전략으로 보일 수 있다.

기출 유형 맛보기

01 다음 중 린드블롬(Lindblom)과 윌다브스키(Wildavsky) 등이 주장한 점증주의(Incrementalism)에 대한 설명으로 옳지 않은 것은?

① 합리적인 요소뿐만 아니라 직관과 통찰력 같은 초합리적 요소의 중요성을 강조한다.
② 기존의 정책에서 소폭의 변화를 조정하여 정책대안으로 결정한다.
③ 정책결정은 다양한 정치적 이해관계자들의 타협과 조정의 산물이다.
④ 정책의 목표와 수단은 뚜렷이 구분되지 않는다.
⑤ 목표와 수단 사이의 관계 분석은 한계가 있다.

---

01 정답 ①

합리적 요인과 초합리적 요인을 동시에 고려한 것은 드로어(Dror)가 주장한 최적모형에 대한 설명이다.

점증모형의 장점과 단점

장점	단점
• 합리모형에 비해 비현실성의 감소	• 변화에 대한 적응력이 약함
• 제한된 합리성과 정치적 합리성을 강조	• 사회가 안정화 못한 경우 부적합(후진국)
• 사회가 안정되고 다원화 · 민주화된 경우에 적합	• 근본적인 정책의 방향을 바로 잡기 곤란
• 불확실한 상황에 적합	• 보수적이고 비계획적인 모형

026 정보공개법 ★☆☆

공공기관이 보유·관리하는 정보에 대해 공개를 요구할 수 있는 권리를 보장하는 법률

국민의 알 권리를 보장하고 국정에 대한 국민의 참여와 국정 운영의 투명성을 확보하기 위해 제정한 법률이다. 우리나라에서는 1996년 공공 기관의 정보 공개에 관한 법률이라는 이름으로 제정·공포되었으며 현재는 전 세계 50개국에서 제정·시행되고 있다.

기출 유형 맛보기

01 다음 중 우리나라의 행정정보공개제도에 대한 설명으로 옳지 않은 것은?

① 국정에 대한 국민의 참여와 국정 운영의 투명성 확보를 목적으로 한다.
② 중앙행정기관의 경우 전자적 형태의 정보 중 공개대상으로 분류된 정보는 공개청구가 없더라도 공개하여야 한다.
③ 정보의 공개 및 우송 등에 드는 비용은 실비 범위에서 청구인이 부담한다.
④ 정보공개 청구는 말로써도 할 수 있으나 외국인은 청구할 수 없다.
⑤ 정보의 공개를 청구하는 자는 공공기관에 정보의 공개를 청구할 수 있다.

---

01 정답 ④

정보의 공개를 청구하는 자는 해당 정보를 보유하거나 관리하고 있는 공공기관에 정보공개청구서를 제출하거나 말로써 정보의 공개를 청구할 수 있다. 다만, 정보공개는 모든 국민, 법인과 단체뿐만 아니라 일정한 조건하에서 외국인도 청구할 수 있다.

027 정책의제설정 ★☆☆

국민연금공단, 부산교통공사

정책 과정 중 가장 첫 번째 과정으로 사회적 문제 가운데 정부가 해결할 문제를 공식적으로 정하는 과정

정부가 사회문제의 해결을 위해 정책문제로 전환하는 과정이나 행위를 의미하며 이 과정에서 주도집단, 정책체제, 환경 등의 변수들이 중요하게 작용한다.

> **Add**
>
> **콥(Cobb)과 엘더(Elder)의 4단계 정책의제**
> ① 사회 문제(Social Problem) : 사회에 존재하는 모든 문제
> ② 사회적 쟁점(Social Issue) : 국민들 사이에서 논쟁이 되는 문제
> ③ 공중의제(Public Agenda) : 사회적 쟁점 중 정부의 개입이 필요한 문제
> ④ 정부의제(Governmental Agenda) : 정부가 직접 해결하기로 결정한 문제

기출 유형 맛보기

01 다음 중 정책의제설정에 대한 설명으로 옳지 않은 것은?

① 정책의제설정은 다양한 사회문제 중 특정한 문제가 정부의 정책에 의해 해결되기 위해 하나의 의제로 채택되는 과정이다.
② 정책의제는 어떤 사회문제가 사회적으로 이슈화되어 정부의 정책적 고려의 대상이 되어야 할 단계에 이른 문제를 의미한다.
③ 공중의제는 일반공중이 실제로 정책대응을 위한 구체적인 논의의 대상으로 표명하고 있는 사회문제를 말한다.
④ 정책의제설정은 외부주도형, 동원형, 내부접근형 등의 유형이 있다.
⑤ 정책의제설정 과정에는 주도집단, 정책체제, 환경 등의 변수들이 중요하게 작용한다.

---

01 **정답** ②

공중의제에 대한 설명이다. 정책의제는 정부가 공식으로 다루기로 결정한 문제로서 '정책적 해결의 필요성을 가진 문제'이다.

> 의제 설정에 영향을 미치는 요인
> • 문제의 중요성 : 내용이 대중적이고 중요할수록 의제 채택이 용이
> • 쟁점화의 정도 : 관련 집단들에 의하여 쟁점화가 예민한 것일수록 의제화 가능성이 높음
> • 문제 인지집단의 규모 : 문제를 인지한 집단의 규모가 클수록 의제화 가능성이 높음
> • 사회적 중요성 : 사회 전체에 가져오는 충격의 강도가 클수록 의제화 가능성이 높음
> • 선례의 유무 : 관례화된 문제일수록 의제화 가능성이 높음
> • 해결책의 유무 : 해결책이 존재하면 의제화의 가능성이 높음

028 조세지출 ★☆☆

한국수자원공사

정부가 받아야 할 세금을 받지 않음으로써 간접적으로 지원해 주는 조세 감면

사회적·경제적 목적을 달성하기 위해, 특정 활동 또는 특정 집단에 세제상의 혜택을 제공해 지원하는 것을 말한다. 각종 형태의 조세감면이 대표적인 예로, 이는 예산지출과 대비되는 개념이다. 예산지출은 정부가 미리 과세를 통해 확보된 재원을 특정분야에 직접 지원하는 형태이기 때문이다. 조세지출은 동일한 액수만큼의 보조금을 준 것과 같다는 의미에서 숨은 보조금(Hidden Subsidies)이라 부르기도 한다.

기출 유형 맛보기

01 다음 중 우리나라의 재정정책 관련 예산제도에 대한 설명으로 옳은 것은?

① 지출통제예산은 구체적 항목별 지출에 대한 집행부의 재량 행위를 통제하기 위한 예산이다.

② 우리나라의 통합재정수지에 지방정부예산은 포함한다.

③ 우리나라의 통합재정수지에서는 융자지출을 재정수지의 흑자 요인으로 간주한다.

④ 계획예산제도는 상향적 예산제도로, 구성원의 참여가 활발하다.

⑤ 조세지출예산제도는 국회 차원에서 조세감면의 내역을 통제하고 정책효과를 판단하기 위한 제도이다.

---

01 정답 ⑤

오답분석

① 지출통제예산은 항목별 구분을 없애고, 총액으로 지출을 통제하는 예산제도이다. 구체적인 항목별 지출에 대해서는 집행부에 대해 재량을 확대하는 성과지향적 예산이다.

② 지방정부예산도 통합재정수지에 포함되지만 우리나라는 중앙정부 기준으로만 작성하고 있다.

③ 우리나라 통합재정수지는 융자지출을 재정수지의 적자 요인으로 간주한다.

④ 계획예산제도는 하향적·집권적 예산제도로, 구성원의 참여가 배제된다.

029 주민자치제도 ★☆☆

주민들이 조직한 지방단체에 의해 지역사회의 공적 문제를 스스로 결정, 집행하는 것

주민자치제도는 지방 주민이 주체가 되어 지방의 공공사무를 결정하고 처리하는 주민 참여에 중점을 두는 제도를 말한다. 이러한 주민자치의 관점에 의하면, 국가 이익을 대표하는 중앙정부와 지방 이익을 대표하는 지방정부가 대립한다는 것은 있을 수 없다.

기출 유형 맛보기

01 다음 중 주민자치에 대한 설명으로 옳지 않은 것은?

① 지방주민의 의사와 책임하에 스스로 그 지역의 공공사무를 처리한다.
② 지방자치단체는 지방의 자치행정기관으로서 이중적 지위를 갖는다.
③ 지방의 공공사무를 결정하고 처리하는 데는 주민의 참여가 중요하다.
④ 지방사무에 관해 자치단체 고유사무와 중앙정부 위임사무를 구별하지 않는다.
⑤ 주민의 자치사무를 처리한다는 측면에서 정치적 의미가 강하다.

01 정답 ②

주민자치에서의 지방자치단체는 순수한 자치단체이다. 그러나 자치행정기관과 지방행정기관이라는 지방자치단체의 이중적 지위는 단체자치의 특징이므로 옳지 않은 설명이다.

주민자치와 단체자치의 비교

변수	주민자치	단체자치
발달·채택국가	영국, 미국	프랑스, 독일(대륙법계), 일본
자치의 의미	정치적 의미	법률적 의미
권한부여의 방식	개별적 지정주의	포괄적 수권(예시)주의
자치권의 인식	고유권설	전래권설
자치권의 범위	상대적으로 광범	상대적으로 협소
자치의 초점	지방정부와 주민의 관계	중앙과 지방자치단체의 관계
중앙통제의 방식	입법통제, 사법통제 중심(중앙통제가 약함)	행정통제 중심(중앙통제가 강함)
중앙과 지방관계	기능적 협력관계	권력적 감독관계
지방정부의 형태	기관통합형(의원내각제식)	기관대립형(대통령제식)
자치단체의 성격 및 지위	단일적 성격 및 지위(자치단체)	이중적 성격 및 지위 (자치단체＋국가의 하급행정기관)
자치사무(고유사무)와 위임사무	구분하지 않음 [자치사무(고유사무)만 존재, 위임사무가 존재하지 않음]	엄격히 구분[자치사무(고유사무)＋위임사무]
지방세제(조세제도)	독립세주의	부가세주의

030 주민투표제 ★☆☆

한국농어촌공사

주민이 직접 투표로 지방자치단체의 중요한 정책 등을 결정하는 제도

지방자치를 활성화하기 위해 주민들이 직접 참여하게끔 하는 제도이며, 주민의 정치적 참여와 책임의식을 높이고 지역 발전이 이루어질 수 있는 장점을 지닌다. 그러나 주민투표가 활성화되지 못할 경우 지방행정에 붕괴가 오게 되고, 지방 의회의 기능이 축소되어 기능이 줄어드는 부작용을 가질 수 있다. 우리나라는 2003년 12월에 주민투표법이 제정된 이후 2004년 7월 30일부터 정식 도입되어 현재까지 운영되고 있다.

기출 유형 맛보기

01 다음 중 우리나라의 지방자치제도에 대한 설명으로 옳지 않은 것은?

① 지방의회는 매년 1회 그 지방자치단체의 사무에 대하여 시·도에서는 14일의 범위에서, 시·군 및 자치구에서는 9일의 범위에서 감사를 실시한다.

② 지방의회 의장 또는 부의장에 대한 불신임의결은 재적의원 3분의 1 이상의 발의와 재적의원 과반수의 찬성으로 행한다.

③ 지방자치단체장은 주민투표의 전부 또는 일부 무효의 판결이 확정된 때에는 그 날부터 20일 이내에 무효로 된 투표구의 재투표를 실시하여야 한다.

④ 주민투표의 투표일은 주민투표 발의일로부터 23일 이후 첫 번째 수요일로 한다.

⑤ 지방자치단체의 조례는 지방자치단체장이 공포해야 효력을 가진다.

---

01 정답 ②

지방의회의 의장이나 부의장이 법령을 위반하거나 정당한 사유 없이 직무를 수행하지 아니하면 지방의회는 불신임을 의결할 수 있다(지방자치법 제62조 제1항). 불신임의결은 재적의원 4분의 1 이상의 발의와 재적의원 과반수의 찬성으로 행한다(동조 제2항).

오답분석

① 지방자치법 제49조 제1항에서 확인할 수 있다.

③ 주민투표법 제26조 제1항에서 확인할 수 있다.

④ 주민투표법 제14조 제1항에서 확인할 수 있다.

⑤ 지방자치법 제32조에서 확인할 수 있다.

031 지방자치 ★★☆

한국가스기술공사, 국민연금공단

일정한 지역을 기초로 하는 지방자치단체가 중앙정부로부터 상대적인 자율성을 가지고 그 지방의 행정사무를 자치기관을 통하여 자율적으로 처리하는 활동과정

지방자치는 단체자치와 주민자치가 결합된 것으로서 자신이 속한 지역의 일을 주민 자신이 처리한다는 민주정치의 가장 기본적인 요구에 기초를 두고 있다.

기출 유형 맛보기

01 다음 중 우리나라의 지방자치제도에 대한 설명으로 옳지 않은 것은?

① 주민의 지방정부에 대한 참정권은 법률에 의해 제한되며 지방정부의 과세권 역시 법률로 제한된다.
② 우리나라 지방자치단체의 구성은 기관통합형이 아닌 기관대립형을 택하고 있다.
③ 지방자치단체는 법령의 범위 안에서 자치에 관한 규정을 제정할 수 있다.
④ 지방세무서, 지방노동청, 지방산림청 등의 특별지방행정기관은 중앙부처에서 설치한 일선 집행기관으로서 고유의 법인격은 물론 자치권도 가지고 있지 않다.
⑤ 기관위임사무는 지방자치단체장이 국가사무를 위임받아 수행하는 것이며 소요 경비는 지방의회의 심의를 거쳐 지방정부 예산으로 부담한다.

02 다음 중 지방자치에 대한 설명으로 옳지 않은 것은?

① 민주주의의 훈련
② 다양한 정책실험의 실시
③ 공공서비스의 균질화
④ 지역주민에 대한 행정의 반응성 제고
⑤ 중앙정부로부터 상대적인 자율성 확보

---

01 **정답** ⑤

기관위임사무는 지방자치단체장이 국가 또는 상급 지자체사무를 위임받아 수행하는 것이다. 따라서 기관위임사무의 소요 경비는 전액 위임기관의 예산으로 부담한다.

02 **정답** ③

지방자치는 각각의 지역 실정에 맞고 지역주민에 대해 대응성을 높이는 데 장점을 갖는다. 하지만 이는 지방 서로 간의 형평성이나 균형은 실현할 수 없다. 공공서비스의 균질화는 중앙집권이 갖는 장점이다.

032 지방분권화 ★☆☆

국민연금공단

중앙정부에 과도하게 집중되어 있는 행정기능과 권한을 지방정부에 이양하여 지방자립을 도모하는 것

통치 권력을 중앙 정부에 집중하지 않고 지방자치단체에 분산하는 제도이다. 지방 행정의 특수성을 살리고 주민의 참여의욕을 고양시킬 수 있다는 장점이 있다. 현재의 서구형 민주주의의 발전을 지방분권화의 실현을 위한 중요한 밑거름으로 삼고 있으나 중앙집권적 성향이 높은 우리나라의 경우, 하급기관의 불신이 크고 우리 실정에 맞는 분권화의 계획·조직·통제·조정 등의 업무가 아직 마련되어 있지 못해 이론적 수준과 여론의 수준에서만 논의되고 있는 실정이다. 분권화는 의사결정의 권한을 위임 또는 전결의 방식으로 분산하는 것이 효과적이다.

기출 유형 맛보기

01 다음 중 지방분권과 지방자치 등의 추진을 위해 설치된 대통령 소속 위원회로 현재 운영 중인 것은?

① 정부혁신지방분권위원회   ② 자치분권위원회

③ 지방분권촉진위원회   ④ 지방자치발전위원회

⑤ 지방시대위원회

01 정답 ⑤

자치분권 및 지방행정체제 개편을 추진하기 위하여 대통령 소속으로 자치분권위원회를 둔다(지방분권법 제44조).

지방분권 관련 근거 법률과 추진기구

정부	근거법률	추진기구
김대중	중앙행정권한의 지방이양 촉진 등에 관한 법률	지방이양추진위원회
노무현	지방분권특별법	정부혁신지방분권위원회
이명박	지방분권촉진에 관한 특별법	지방분권촉진위원회
박근혜	지방분권 및 지방행정체제 개편에 관한 특별법	지방자치발전위원회
문재인	지방자치분권 및 지방행정 체제개편에 관한 특별법	자치분권위원회
윤석열	지방자치분권 및 지역균형에 관한 특별법	지방시대위원회

033 직위분류제 ★★★

한국토지주택공사, 한국수자원공사, 부산교통공사, 한국농어촌공사

조직 내의 직위를 각 직위가 내포하고 있는 직무 종류별로 분류하고, 직무 수행의 곤란성과 책임성에 따라 직급별·등급별로 분류해 관리하는 인사행정 제도

사람을 중심으로 하여 공직구조를 형성하는 계급제와는 달리 직무의 특성이나 차이를 중심으로 하여 공직의 구조를 형성하는 직무 지향적 공무원 제도(Job – oriented Career System)다. 직위분류제를 채택하고 있는 나라는 미국을 비롯한 캐나다·파나마·필리핀·호주·뉴질랜드 등이다.

기출 유형 맛보기

01 다음 중 직위분류제에 대한 설명으로 옳지 않은 것은?

① 계급제가 사람의 자격과 능력을 기준으로 한 계급구조라면 직위분류제는 사람이 맡아서 수행하는 직무와 그 직무수행에 수반되는 책임을 기준으로 분류한 직위구조이다.
② 직위분류제는 책임명료화·갈등예방·합리적 절차수립을 돕는다는 장점이 있다.
③ 직무 수행의 책임도와 자격 요건이 다르지만, 직무의 종류가 유사해 동일한 보수를 지급할 수 있는 직위의 횡적 군을 등급이라고 한다.
④ 직위분류제는 인적자원 활용에 주는 제약이 크다는 비판을 받는다.
⑤ 직렬은 직무의 종류가 유사하고 그 책임과 곤란성의 정도가 상이한 직급의 군이다.

---

01 정답 ③

등급은 직무의 종류는 상이하지만 직무 수행의 책임도와 자격요건이 유사하여 동일한 보수를 지급할 수 있는 횡적 군을 말한다.

직위분류제와 계급제

구분	직위분류제	계급제
분류기준	직무의 종류·곤란도·책임도	개인의 자격·신분·능력
초점	직무중심	인간·조직중심
추구하는 인재상	전문행정가	일반행정가
보수정책	직무급	생활급·자격급
인사배치	비신축적	신축적
신분보장	약함	강함
인사운용	탄력성이 낮음	탄력성이 높음
능력발전	불리	유리

034 최적모형(= 초합리모형) ★★★

서울교통공사, 국민연금공단, 한국도로공사, 한국수자원공사, HUG 주택도시보증공사

정책결정에 합리적 요소와 초합리적 요소를 모두 포괄하여 정책결정 체제의 성과를 최적화하려는 의사결정 모형

드로(Y. Dror)가 제시한 정책결정모형으로, 이 모형은 기존의 합리적 결정 방식이 지나치게 수리적 완벽성을 추구하여 현실성을 잃는 것을 경계하고, 그 반대로 다른 접근 방식들이 너무 현실지향적이 되는 것을 막는다는 의도로 모색되었다.

기출 유형 맛보기

01 다음 중 정책결정모형 가운데 드로(Y. Dror)의 최적모형에 대한 설명으로 옳지 않은 것은?

① 합리적 정책결정모형 이론이 과도하게 계량적 분석에 의존해 현실 적합성이 떨어지는 한계를 보완하기 위해 제시되었다.

② 정책결정자의 직관적 판단도 중요한 요소로 간주한다.

③ 경제적 합리성의 추구를 기본 원리로 삼는다.

④ 느슨하게 연결되어 있는 조직의 결정을 다룬다.

⑤ 양적 분석과 함께 질적 분석 결과도 중요한 고려 요인으로 인정한다.

---

01 정답 ④

앨리슨(Allison)의 조직모형에 대한 설명이다. 조직모형은 느슨하게 연결된 하위조직들의 연합체를 다룬다.

035 파킨슨의 법칙 ★☆☆

업무량 증가와 공무원 수의 증가는 서로 관련이 없고, 공무원 수는 일의 분량과 관계없이 증가하는 거대 조직의 비효율성을 비판하는 법칙

관료조직의 인력, 예산, 하위조직 등이 업무량과 무관하게 점차 비대해지는 현상을 의미하며 조직의 생산성을 위해서는 자유방임보다는 어느 정도의 제약이 옳다는 사실을 말한다. 정해진 임무를 수행하기 위해서는 그에 적합한 최적의 시간과 자원이 있고 이를 바르게 배분해야 하며, 시간과 자원이 증가한다고 하여 업무의 퀄리티가 높아지는 것은 아니다.

기출 유형 맛보기

01 다음 글의 빈칸에 들어갈 내용으로 옳은 것은?

> _____은 공무원 수는 본질적 업무량의 증감과 무관하게 일정비율로 증가한다는 내용이다.

① 로머와 로젠탈의 회복수준 이론　　② 파킨슨의 법칙
③ 니스카넨의 예산극대화 가설　　④ 지대추구이론
⑤ 리바이어던 가설

01 　정답　②

파킨슨(Parkinson)이 1914년부터 28년간 영국의 행정조직을 관찰한 결과 제시된 법칙으로 공무원 수는 본질적 업무량(행정수요를 충족시키기 위한 업무량)의 증감과 무관하게 일정비율로 증가한다는 것이다.

　오답분석
① 로머와 로젠탈(Tomas Romer & Howard Rosenthal)의 회복수준 이론은 투표자와 관료의 상호작용을 다음과 같은 단순한 상황에서 검토하였다. 관료들은 국민투표에서 유권자들 앞에 제시될 각 부처의 재원조달계획을 마련하며, 그것은 다수결투표에 의해 가부가 결정된다. 제안이 부결되면 지출수준은 외생적인 어떤 방법으로 결정된 회귀(Reversion) 수준에서 확정된다. 로머와 로젠탈은 관료들의 문제, 즉 유권자 앞에 제시되는 예산안을 편성하는 문제, 또 지출수준이 최종적으로 어떻게 결정되는지를 설명하는 문제를 검토하였다.
③ 니스카넨(Niskanen)이 1971년에 제기한 가설을 말하며, 관료들은 자신들의 영향력과 승진기회를 확대하기 위해 예산 규모의 극대화를 추구한다는 것을 의미한다. 관료들이 오랜 경험 등을 활용하여 재정선택과정을 독점한다는 점에서 재정선택의 독점모형이라고도 한다.
④ 지대추구이론은 정부의 규제가 반사적 이득이나 독점적 이익(지대)를 발생시키고 기업은 이를 고착화시키기 위한 로비 활동을 한다는 것을 말한다.
⑤ 리바이어던(Leviathan)은 구약성서에 나오는 힘이 강하고, 몸집이 큰 수중동물로 정부재정의 과다팽창을 비유한다. 현대의 대의민주체제가 본질적으로 정부부문의 과도한 팽창을 유발하는 속성을 지닌다. 일반대중이 더 큰 정부지출에 적극적으로 반대하지 않는 투표성향(투표 거래, 담합)을 보이므로, 현대판 리바이어던의 등장을 초래한다.

036 행태주의 ★★☆

경험에 의한 체계적인 관찰을 통하여 획득되는 객관적 증거를 중시하는 사회과학의 방법론

행태주의 방법론에 의한 과학을 흔히 행동과학(Behavioral Science)이라고도 한다. 사회학·인류학·심리학·정치학·경제학·언어학 등 인간의 행위를 주제로 하는 사회과학이 전통적으로 철학적 – 사변적인 것을 특징으로 하였으나, 경험에 의한 실증적 근거의 객관성을 내세우는 행동과학(Behavioral Science)을 종래의 사회과학과 구별 지으려는 학자들도 존재하였다.

기출 유형 맛보기

01 다음 중 갈등에 대한 설명으로 옳지 않은 것은?

① 집단 간 갈등의 해결은 구조적 분화와 전문화를 통해서 찾을 필요가 있다.

② 행태주의적 관점은 조직 내 갈등은 필연적이고 완전한 제거가 불가능하기 때문에 갈등을 인정하고 받아들여야 한다는 입장이다.

③ 갈등을 해결하기 위해서는 목표수준을 차별화할 필요가 있다.

④ 업무의 상호의존성이 갈등상황을 발생시키는 원인이 될 수 있다.

⑤ 지위부조화는 행동주체 간의 교호작용을 예측 불가능하게 하여 갈등을 야기한다.

---

01 정답 ①

구조적 분화와 전문화는 집단 간 갈등을 조성한다. 분화된 조직을 통합하거나, 인사교류를 통해 갈등을 해소할 수 있다

037 행정위원회 ★☆☆

행정부에 속하지만 일반행정청으로부터 독립하여 법적 구속력을 갖는 결정뿐 아니라 이를 집행하는 기능까지 수행하는 행정관청

행정위원회는 미국에서 발달하기 시작한 제도로, 자본주의의 고도화에 따른 사회적·경제적 요청에 따라 당면한 문제들을 해결하기 위해 등장하였다. 현재는 각국에 널리 보급되어진 행정조직 유형 중 하나로, 우리나라에 설치되어 있는 행정위원회는 감사원·각급 선거관리위원회·각급 노동위원회·금융통화운영위원회·각국 토지수용위원회 등이 있다.

기출 유형 맛보기

01 다음 중 우리나라 행정기관 소속 위원회에 대한 설명으로 옳지 않은 것은?

① 행정위원회와 자문위원회 등으로 크게 구분할 수 있다.
② 방송통신위원회, 금융위원회, 국민권익위원회는 행정위원회에 해당된다.
③ 관련분야 전문지식이 있는 외부전문가만으로 구성하여야 한다.
④ 자문위원회의 의사결정은 일반적으로 구속력을 갖지 않는다.
⑤ 행정 위원회를 통해 신중한 문제해결이 가능하다.

---

01 정답 ③

위원회는 외부전문가뿐만 아니라 내부 공무원들도 참여한다.

위원회의 기능

장점	단점
• 신중한 문제해결이 가능	• 신속한 정책결정이 곤란함
• 참여를 통해서 민주성 확보	• 시간과 비용이 과다하게 소요됨
• 행정의 중립성 확보	• 책임소재가 불분명함
• 정책의 계속성 확보	• 타협적인 결정의 가능성
• 계층제를 완화	

PART 4
적중예상문제

01 │ 경영
적중예상문제

※ 정답 및 해설은 문제 바로 뒤쪽의 p.246에 있습니다.

01 다음 중 캐리 트레이드(Carry Trade)에 대한 설명으로 옳지 않은 것은?

① 토빈세(Tobin's Tax)는 캐리 트레이드를 활성화하기 위한 세금이다.

② 재정거래(Arbitrage)와 관련이 깊다.

③ 금리 차이와 환율 움직임에 따라 수익률이 좌우된다.

④ 최근 금리가 낮은 대표적 국가로는 미국 일본 유럽 등을 꼽을 수 있다.

⑤ 금리가 낮은 나라에서 자금을 조달해 금리가 높은 나라의 자산에 투자하는 것이다.

02 다음 중 용어와 개념에 대한 설명이 옳지 않은 것은?

① 주식회사 : 주식회사란 주식을 소유하고 있는 주주가 그 회사의 주인이 되는 형태이다.

② 유한회사 : 유한회사의 주인은 사원으로 이때 사원은 출자액의 한도 내에서만 회사의 채무에 대해 변제책임을 진다.

③ 합자회사 : 무한책임사원으로 이루어지는 회사로서 무한책임사원이 경영하고 사업으로부터 생기는 이익의 분배에 참여하는 회사이다.

④ 합명회사 : 가족 또는 친척이나 친구와 같이 극히 친밀한 사람들이 공동으로 사업을 하기에 적합한 회사이다.

⑤ 협동조합 : 협동조합은 경제활동으로 지역사회에 이바지하기 위해 설립된 단체이다.

03 다음 중 네트워크 붕괴를 목적으로 다수의 잘못된 통신이나 서비스 요청을 특정 네트워크 또는 웹 서버에 보내는 방식을 의미하는 것은?

① 스푸핑(Spoofing)

② 스니핑(Sniffing)

③ 서비스 거부 공격(Denial of Service Attack)

④ 신원도용(Identity Theft)

⑤ 피싱(Phishing)

04 다음 중 최고경영자층의 의사결정을 지원하기 위한 목적으로 개발된 경영정보시스템의 명칭은?

① ERP
② EDI
③ POS
④ EIS
⑤ TPS

05 다음 중 수단성(Instrumentality) 및 유의성(Valence)을 포함한 동기부여이론은?

① 기대이론(Expectancy Theory)
② 2요인이론(Two Factor Theory)
③ 강화이론(Reinforcement Theory)
④ 목표설정이론(Goal Setting Theory)
⑤ 인지평가이론(Cognitive Evaluation Theory)

06 다음 중 자료 작성 등에 있어 많은 기간의 준비가 필요한 반면에 미래 전환기를 예언하는 최선의 방식은?

① 인과모형
② 브레인스토밍법
③ 델파이법
④ 시계열분석법
⑤ 상관분석법

07 다음 중 한 사람의 업무담당자가 기능부문과 제품부문의 관리자로부터 동시에 통제를 받도록 이중 권한 구조를 형성하는 조직구조는?

① 기능별 조직
② 사업부제 조직
③ 매트릭스 조직
④ 프로젝트 조직
⑤ 팀제 조직

08 다음 중 자본예산기법과 포트폴리오에 대한 설명으로 옳지 않은 것은?

① 포트폴리오의 분산은 각 구성주식의 분산을 투자비율로 가중평균하여 산출한다.

② 비체계적 위험은 분산투자를 통해 제거할 수 있는 위험이다.

③ 단일 투자안의 경우 순현가법과 내부수익률법의 경제성 평가 결과는 동일하다.

④ 포트폴리오 기대수익률은 각 구성주식의 기대수익률을 투자비율로 가중평균하여 산출한다.

⑤ 두 투자안 중 하나의 투자안을 선택해야 하는 경우 순현가법과 내부수익률법의 선택 결과가 다를 수 있다.

09 다음 중 슘페터가 주장한 기업가 정신의 핵심요소가 아닌 것은?

① 비전의 제시와 실현욕구　　　　② 창의성과 혁신

③ 성취동기　　　　　　　　　　　④ 인적 네트워크 구축

⑤ 도전정신

10 다음 중 BCG 매트릭스에 대한 설명으로 옳지 않은 것은?

① 세로축은 시장성장률, 가로축은 상대적 시장점유율을 나타낸다.

② 원의 크기는 매출액 규모를 나타낸다.

③ 시장성장률은 높지만 시장점유율이 낮은 사업의 경우 안정적 현금 확보가 가능하다.

④ 시장성장률은 낮고 상대적 시장점유율이 높은 영역은 현금젖소(Cash Cow) 영역이다.

⑤ 기업의 경영전략 수립에 있어 하나의 기본적인 분석도구로 활용되는 사업포트폴리오 분석기법이다.

11 다음 중 제약회사 등에서 많이 사용하는 상표전략으로 각 제품마다 다른 상표를 적용하는 전략은?

① 개별상표   ② 가족상표

③ 상표확장   ④ 복수상표

⑤ 사적상표

12 다음 중 단위당 소요되는 표준작업시간과 실제작업시간을 비교하여, 절약된 작업시간에 대한 생산성 이득을 노사가 각각 50 : 50의 비율로 배분하는 임금제도는?

① 임프로쉐어 플랜

② 스캘론 플랜

③ 메리크식 복률성과급

④ 테일러식 차별성과급

⑤ 럭커 플랜

13 다음 중 다각화 전략의 장점으로 옳지 않은 것은?

① 새로운 성장동력을 찾아 기업 자체의 성장성을 잃지 않을 수 있다.

② 개별 사업부문들의 경기순환에 의한 리스크를 줄일 수 있다.

③ 범위의 경제성 또는 시너지 효과는 실질적으로 기업의 이익을 증대시킬 수 있다.

④ 복합기업들이 여러 시장에 참여하고 있기 때문에 어떤 한 사업분야에서 가격경쟁이 치열하다면, 다른 사업분야에서 나오는 수익으로 가격경쟁을 가져갈 수 있다.

⑤ 글로벌경쟁이 심화될수록 경쟁력이 높아질 수 있다.

14 다음 중 델파이 기법에 대한 설명으로 옳지 않은 것은?

① 전문가들을 두 그룹으로 나누어 진행한다.
② 많은 전문가들의 의견을 취합하여 재조정 과정을 거친다.
③ 의사결정 및 의견개진 과정에서 타인의 압력이 배제된다.
④ 전문가들을 공식적으로 소집하여 한 장소에 모이게 할 필요가 없다.
⑤ 미래의 불확실성에 대한 의사결정 및 중장기예측에 좋은 방법이다.

15 다음 중 경영전략의 수준에 대한 설명으로 옳지 않은 것은?

① 경영전략은 조직규모에 따라 차이가 있으나 일반적으로 기업차원의 전략, 사업부 단위 전략, 기능별 전략으로 구분한다.
② 성장, 유지, 축소, 철수, 매각, 새로운 사업에의 진출 등에 관한 전략적 의사결정은 기업차원의 전략 영역에 포함된다.
③ 기능별 전략은 사업단위들간의 시너지 효과를 높이는 데 초점을 둔다.
④ 사업부 전략은 각 사업영역과 제품분야에서 어떻게 경쟁우위를 획득하고 유지해 나갈 것인지를 결정하는 전략을 말한다.
⑤ 포터가 말하는 본원적 경쟁전략에는 원가우위 전략, 차별화 전략, 집중화 전략이 있다.

16 다음 중 리더의 구성원 교환이론(Leader Member Exchange Theory; LMX)에 대한 설명으로 옳지 않은 것은?

① 구성원들의 업무와 관련된 태도와 행동들은 리더가 그들을 다루는 방식에 달려있다.
② 리더가 여러 구성원들을 동일하게 다루지 않는다고 주장한다.
③ LMX 이론의 목표는 구성원, 팀, 조직에 리더십이 미치는 영향을 설명하는 것이다.
④ 조직의 모든 구성원들은 동일한 차원으로 리더십에 반응한다.
⑤ 이론에 따르면 리더는 팀의 구성원들과 강한 신뢰감, 감정, 존중이 전제된 관계를 형성한다.

17 다음 중 신제품을 가장 먼저 받아들이는 그룹에 이어 두 번째로 신제품의 정보를 수집하여 신중하게 수용하는 그룹은?

① 조기 수용자(Early Adopters)
② 혁신자(Innovators)
③ 조기 다수자(Early Majority)
④ 후기 다수자(Late Majority)
⑤ 최후 수용자(Laggards)

18 다음 중 자본시장선(CML)과 증권시장선(SML)에 대한 설명으로 옳은 것은?

① 자본시장선을 이용하여 타인자본 비용을 산출할 수 있다.
② 자본시장선을 이용하여 비효율적 포트폴리오의 균형가격을 산출할 수 있다.
③ 자본시장선은 위험자산만을 고려할 경우의 효율적 투자기회선이다.
④ 증권시장선은 포트폴리오 기대수익률과 포트폴리오 표준편차간의 선형관계를 나타낸다.
⑤ 증권시장선 위에 존재하는 주식은 주가가 과소평가된 주식이다.

19 다음 중 현금 및 현금성자산의 총액에 변동을 초래하지 않는 거래는?

① 보통예금통장에 이자수익 20,000원이 입금되었다.
② 물품대금으로 받은 타인발행수표 1,200,000원을 보통예금에 예입하였다.
③ 외상매입금 750,000원을 당좌수표를 발행하여 거래처에 지급하였다.
④ 외상매출금 1,000,000원을 90일 만기 양도성예금증서로 받았다.
⑤ 회사의 수도료 160,000원을 현금으로 지급하였다.

20 다음 중 경영통제의 과정을 바르게 나열한 것은?

① 표준의 설정 → 편차의 수정 → 실제성과의 측정
② 표준의 설정 → 실제성과의 측정 → 편차의 수정
③ 실제성과의 측정 → 편차의 수정 → 표준의 설정
④ 실제성과의 측정 → 표준의 설정 → 편차의 수정
⑤ 편차의 수정 → 실제성과의 측정 → 표준의 설정

02 | 경제
적중예상문제

※ 정답 및 해설은 문제 바로 뒤쪽의 p.250에 있습니다.

01 다음 중 상품시장을 가정할 때 완전경쟁시장의 균형점이 파레토 효율적인 이유로 옳지 않은 것은?

① 완전경쟁시장 균형점에서 가장 사회적 잉여가 크기 때문이다.

② 완전경쟁시장 균형점에서 사회적 형평성이 극대화되기 때문이다.

③ 완전경쟁시장 균형점에서 소비자는 효용 극대화, 생산자는 이윤 극대화를 달성하기 때문이다.

④ 완전경쟁시장 균형점에서 재화 한 단위 생산에 따른 사회적 한계편익과 사회적 한계비용이 같기 때문이다.

⑤ 시장수요곡선의 높이는 사회적 한계편익을 반영하고, 시장공급곡선의 높이는 사회적 한계비용을 완전하게 반영하기 때문이다.

02 다음 경제이론과 관련이 있는 것은?

> 1980년대 말 버블경제의 붕괴 이후 지난 10여 년간 일본은 장기침체를 벗어나지 못하고 있다. 이에 대한 대책의 하나로 일본 정부는 극단적으로 이자율을 낮추고 사실상 제로금리정책을 시행하고 있으나, 투자 및 소비의 활성화 등 의도했던 수요확대 효과가 전혀 나타나지 않고 있다.

① 화폐 환상   ② 유동성 함정

③ 구축 효과   ④ J커브 효과

⑤ 피셔 방정식

03 다음 중 인플레이션에 의해 나타날 수 있는 현상으로 보기 어려운 것은?

① 구두창비용의 발생   ② 메뉴비용의 발생

③ 통화가치 하락   ④ 총요소생산성의 상승

⑤ 단기적인 실업률 하락

04 다음 중 독점에 대한 설명으로 옳지 않은 것은?

① 독점기업의 총수입을 극대화하기 위해서는 수요의 가격탄력성이 1인 점에서 생산해야 한다.

② 원자재 가격의 상승은 평균비용과 한계비용을 상승시키므로 독점기업의 생산량이 감소하고 가격은 상승한다.

③ 독점의 경우 자중손실(Deadweight Loss)과 같은 사회적 순후생손실이 발생하기 때문에 경쟁의 경우에 비해 효율성이 떨어진다고 볼 수 있다.

④ 독점기업은 시장지배력을 갖고 있기 때문에 제품 가격과 공급량을 각각 원하는 수준으로 결정할 수 있다.

⑤ 특허권 보장기간이 길어질수록 기술개발에 대한 유인이 증가하므로 더 많은 기술개발이 이루어질 것이다.

05 다음 사례들은 시장에서 기업들이 행하는 마케팅이다. 이에 대한 설명으로 옳지 않은 것은?

> • A백화점은 휴대폰으로 백화점 어플을 설치하면 구매 금액의 5%를 할인해주는 정책을 시행하고 있다.
> • B교육업체는 일찍 강의를 수강신청하고 결제하면 강의료의 10% 할인해주는 얼리버드 마케팅을 진행하고 있다.
> • C전자회사는 해외에서 자사 제품을 국내보다 더 낮은 가격으로 판매하고 있다.

① 소비자후생이 감소하여 사회후생이 줄어든다.

② 기업은 이윤을 증대시키는 것이 목적이다.

③ 기업이 소비자를 지급용의에 따라 분리할 수 있어야 한다.

④ 소비자들 간에 차익거래가 이뤄지지 않도록 하는 것이 중요하다.

⑤ 일정 수준의 시장지배력이 있어야 이런 행위가 가능하다.

06 다음 〈보기〉 중 상품시장과 생산요소시장이 완전경쟁시장이고, 기업은 이윤극대화를 추구할 때 단기 노동수요에 관한 설명으로 옳은 것을 모두 고르면?

〈 보기 〉

ㄱ. 노동의 한계생산물가치(VMP_L)와 한계수입생산물(MRP_L)은 일치한다.

ㄴ. 상품의 가격이 상승하면 노동수요곡선이 좌측으로 이동한다.

ㄷ. 기술진보로 노동의 한계생산물이 증가하면 노동수요곡선이 우측으로 이동한다.

① ㄱ

② ㄴ

③ ㄱ, ㄴ

④ ㄱ, ㄷ

⑤ ㄴ, ㄷ

07 다음 중 고전학파의 이자율에 대한 내용으로 옳은 것은?

① 피셔효과로 인해 화폐의 중립성이 성립된다.

② IS－LM곡선에 의해 균형이자율이 결정된다.

③ 유동성선호가 이자율 결정에 중요한 역할을 한다.

④ 화폐부문과 실물부문의 연결고리 역할을 한다.

⑤ 화폐시장에서 화폐에 대한 수요와 화폐의 공급에 의해 결정된다.

08 다음 중 케인스의 소비함수에 대한 설명으로 옳지 않은 것은?

① 한계소비성향은 0보다 크고 1보다 작다.

② 소비는 현재 소득의 함수이다.

③ 소득이 없어도 기본적인 소비는 있다.

④ 소득이 증가할수록 평균소비성향은 증가한다.

⑤ 소득과 소비의 장기적 관계를 설명할 수 없다.

09 제품 A만 생산하는 독점기업의 생산비는 생산량에 관계없이 1단위당 60원이고, 제품 A에 대한 시장수요곡선은 $P = 100 - 2Q$이다. 다음 중 이 독점기업의 이윤극대화 가격(P)과 생산량(Q)은?

	P	Q		P	Q
①	40원	30개	②	50원	25개
③	60원	20개	④	70원	15개
⑤	80원	10개			

10 다음 중 독점적 경쟁의 특징으로 옳지 않은 것은?

① 완전경쟁과 마찬가지로 다수의 기업이 존재하며, 진입과 퇴출이 자유롭다.
② 독점적 경쟁기업은 차별화된 상품을 생산함으로써, 어느 정도 시장지배력을 갖는다.
③ 독점적 경쟁기업 간의 경쟁이 판매서비스, 광고 등의 형태로 일어날 때, 이를 비가격경쟁이라고 한다.
④ 독점적 경쟁기업은 독점기업과 마찬가지로 과잉설비를 갖지 않는다.
⑤ 독점적 경쟁기업의 상품은 독점기업의 상품과 달리 대체재가 존재한다.

11 다음은 후생경제학에 대한 내용이다. 빈칸에 들어갈 용어를 바르게 나열한 것은?

> • ___㉮___ 이론에 따르면 일부의 파레토효율성 조건이 추가로 충족된다고 해서 사회후생이 증가한다는 보장은 없다.
> • 파레토효율성을 통해 ___㉯___ 을 평가하고, 사회후생함수(사회무차별곡선)를 통해 ___㉰___ 을 평가한다.
> • 후생경제학 제1정리에 따르면 모든 경제주체가 합리적이고 시장실패 요인이 없으면 ___㉱___ 에서 자원배분은 파레토효율적이다.

① ㉮ : 차선, ㉯ : 효율성, ㉰ : 공평성, ㉱ : 완전경쟁시장
② ㉮ : 코즈, ㉯ : 효율성, ㉰ : 공평성, ㉱ : 완전경쟁시장
③ ㉮ : 차선, ㉯ : 효율성, ㉰ : 공평성, ㉱ : 독점적경쟁시장
④ ㉮ : 코즈, ㉯ : 공평성, ㉰ : 효율성, ㉱ : 독점적경쟁시장
⑤ ㉮ : 차선, ㉯ : 공평성, ㉰ : 효율성, ㉱ : 완전경쟁시장

12 다음 〈보기〉 중 최고가격제에 대한 설명으로 옳은 것을 모두 고르면?

─〈 보기 〉─

ㄱ. 암시장을 출현시킬 가능성이 있다.
ㄴ. 초과수요를 야기한다.
ㄷ. 사회적 후생을 증대시킨다.
ㄹ. 최고가격은 시장의 균형가격보다 높은 수준에서 설정되어야 한다.

① ㄱ, ㄴ   ② ㄱ, ㄷ
③ ㄱ, ㄹ   ④ ㄴ, ㄷ
⑤ ㄷ, ㄹ

13 다음 〈보기〉 중 실업에 관한 설명으로 옳은 것을 모두 고르면?

─〈 보기 〉─

ㄱ. 실업급여의 확대는 탐색적 실업을 증가시킬 수 있다.
ㄴ. 일자리에 대한 정보가 많아질수록 자연실업률은 낮아질 수 있다.
ㄷ. 구직단념자(Discouraged Worker)는 비경제활동인구로 분류된다.

① ㄱ   ② ㄱ, ㄴ
③ ㄴ   ④ ㄴ, ㄷ
⑤ ㄱ, ㄴ, ㄷ

14 다음 〈보기〉 중 총수요곡선을 우측으로 이동시키는 요인으로 옳은 것을 모두 고르면?

─〈 보기 〉─

ㄱ. 주택담보대출의 이자율 인하
ㄴ. 종합소득세율 인상
ㄷ. 기업에 대한 투자세액공제 확대
ㄹ. 물가수준 하락으로 가계의 실질자산가치 증대
ㅁ. 해외경기 호조로 순수출 증대

① ㄱ, ㄴ, ㄹ   ② ㄱ, ㄷ, ㅁ
③ ㄱ, ㄹ, ㅁ   ④ ㄴ, ㄷ, ㄹ
⑤ ㄴ, ㄷ, ㅁ

15 다음 〈보기〉 중 소득분배에 대한 설명으로 옳은 것을 모두 고르면?

―――――――――――〈 보기 〉―――――――――――

가. 생산물시장 및 생산요소시장이 완전경쟁일 때, 기업이 고용하는 노동의 한계생산력 가치는 임금과 일치한다.

나. 생산요소가 노동과 자본뿐이라고 할 때, 요소의 대체탄력도가 1보다 작다면 노동의 상대가격상승은 자본의 분배비율을 크게 만든다.

다. 10분위분배율의 크기가 크면 클수록, 또는 지니계수의 크기가 작을수록 소득은 더욱 균등하게 분배되었다고 본다.

라. 간접세 비중이 높아지면 지니계수가 낮아진다.

① 가, 나　　　　　　　　　② 가, 다
③ 가, 라　　　　　　　　　④ 나, 다
⑤ 나, 라

16 기업 A가 생산하는 재화에 투입하는 노동의 양을 L이라 하면, 노동의 한계생산은 $27-5L$이다. 이 재화의 가격이 20이고 임금이 40이라면, 이윤을 극대로 하는 기업 A의 노동수요량은?

① 1　　　　　　　　　② 2
③ 3　　　　　　　　　④ 4
⑤ 5

17 다음 중 과점시장의 굴절수요곡선 이론에 대한 설명으로 옳지 않은 것은?

① 한계수입곡선에는 불연속한 부분이 있다.
② 굴절수요곡선은 원점에 대해 볼록한 모양을 갖는다.
③ 한 기업이 가격을 내리면 나머지 기업들도 같이 내리려 한다.
④ 한 기업이 가격을 올리더라도 나머지 기업들은 따라서 올리려 하지 않는다.
⑤ 기업은 한계비용이 일정 범위 내에서 변해도 가격과 수량을 쉽게 바꾸려 하지 않는다.

18 다음 중 수요의 가격탄력성이 0이면서 공급곡선은 우상향하고 있는 재화에 대해 조세가 부과될 경우, 조세부담의 귀착에 대한 설명으로 옳은 것은?

① 조세부담은 모두 소비자에게 귀착된다.

② 조세부담은 모두 판매자에게 귀착된다.

③ 조세부담은 양측에 귀착되지만 소비자에게 더 귀착된다.

④ 조세부담은 양측에 귀착되지만 판매자에게 더 귀착된다.

⑤ 조세부담은 소비자와 판매자에게 똑같이 귀착된다.

19 다음 〈보기〉 중 여러 가지 비용곡선에 대한 설명으로 옳은 것을 모두 고르면?

── 〈 보기 〉 ──

ㄱ. 평균비용곡선은 평균가변비용곡선의 위에 위치한다.

ㄴ. 평균비용곡선이 상승할 때 한계비용곡선은 평균비용곡선 아래에 있다.

ㄷ. 평균고정비용곡선은 우하향한다.

ㄹ. 총가변비용곡선의 기울기와 총비용곡선의 기울기는 다르다.

ㅁ. 평균비용은 평균고정비용에 평균가변비용을 더한 값이다.

① ㄱ, ㄴ, ㄷ　　　　　　　② ㄱ, ㄷ, ㅁ

③ ㄱ, ㄹ, ㅁ　　　　　　　④ ㄴ, ㄷ, ㄹ

⑤ ㄴ, ㄹ, ㅁ

20 A국의 2022년 명목 GDP는 100억 원이었고, 2023년 명목 GDP는 150억 원이었다. 기준년도인 2022년 GDP 디플레이터가 100이고, 2023년 GDP 디플레이터는 120인 경우, 2023년의 전년 대비 실질 GDP 증가율은?

① 10%　　　　　　　　　　② 15%

③ 20%　　　　　　　　　　④ 25%

⑤ 30%

03 | ^{행정} 적중예상문제

※ 정답 및 해설은 문제 바로 뒤쪽의 p.254에 있습니다.

01 다음 중 사회자본(Social Capital)이 형성되는 모습으로 보기 어려운 것은?

① 지역주민들의 소득이 지속적으로 증가하고 있다.
② 많은 사람들이 알고 지내는 관계를 유지하는 가운데 대화・토론하면서 서로에게 도움을 준다.
③ 이웃과 동료에 대한 기본적인 믿음이 존재하며 공동체 구성원들이 서로 신뢰한다.
④ 지역 구성원들이 삶과 세계에 대한 도덕적・윤리적 규범을 공유하고 있다.
⑤ 다양한 매체를 활용하여 사람들 간의 관계를 맺고 대화 및 정보를 공유하며 서로 도움이 된다.

02 다음 중 정부 성과평가에 대한 설명으로 옳지 않은 것은?

① 성과평가는 개인의 성과를 향상시키기 위한 방법을 모색하기 위해서 사용될 수 있다.
② 총체적 품질관리(Total Quality Management)는 개인의 성과평가를 위한 도구로 도입되었다.
③ 관리자와 구성원의 적극적인 참여는 성과평가 성공에 있어서 중요한 역할을 한다.
④ 조직목표의 본질은 성과평가제도의 운영과 직접 관련성을 갖는다.
⑤ 성과평가에서는 평가의 타당성, 신뢰성, 객관성을 확보하는 것이 중요하다.

03 다음은 정책과정을 바라보는 이론적 관점들 중 하나를 제시한 것이다. 그 내용으로 옳은 것은?

> 사회의 현존 이익과 특권적 분배 상태를 변화시키려는 요구가 표현되기도 전에 질식・은폐되거나,
> 그러한 요구가 국가의 공식 의사결정단계에 이르기 전에 소멸되기도 한다.

① 정책은 많은 이익집단의 경쟁과 타협의 산물이다.
② 정책 연구는 모든 행위자들이 이기적인 존재라는 기본 전제 하에서 경제학적인 모형을 적용한다.
③ 실제 정책과정은 기득권의 이익을 수호하려는 보수적인 성격을 나타낼 가능성이 높다.
④ 정부가 단독으로 정책을 결정・집행하는 것이 아니라 시장(Market) 및 시민사회 등과 함께 한다.
⑤ 정부는 정책과정에 대한 적극적인 시민참여의식을 촉진시키는 역할을 한다.

04 다음 중 공무원의 행동규범에 대한 설명으로 옳지 않은 것은?

① 공직자가 공익을 현저히 침해하는 경우 국민 300명 이상의 연서로 감사원에 감사를 청구할 수 있다.

② 우리나라의 공무원은 정치적 중립을 지키도록 법률로 명문화되어 있다.

③ 공직자윤리법에서는 부정부패를 방지하기 위해 공직자의 재산 등록 및 공개, 퇴직 공무원의 취업 제한 등을 규정하고 있다.

④ 공직자는 부패 사실을 알게 되었을 경우 부패행위를 신고하도록 의무화되어 있다.

⑤ 모든 공무원은 형의 선고·징계 처분 또는 국가공무원법에 정하는 사유에 의하지 아니하고는 그 의사에 반해 휴직·강임 또는 면직을 당하지 아니한다.

05 다음 중 지방자치법 및 주민소환에 관한 법률상 주민소환제도에 대한 설명으로 옳지 않은 것은?

① 시·도지사의 소환청구 요건은 주민투표권자 총수의 100분의 10 이상이다.

② 비례대표의원은 주민소환의 대상이 아니다.

③ 주민소환투표권자의 연령은 주민소환투표일 현재를 기준으로 계산한다.

④ 주민소환투표권자의 4분의 1 이상이 투표에 참여해야 한다.

⑤ 주민소환이 확정된 때에는 주민소환투표대상자는 그 결과가 공표된 시점부터 그 직을 상실한다.

06 다음 중 직위분류제와 관련된 개념들에 대한 설명으로 옳지 않은 것은?

① 직위 : 한 사람의 근무를 요하는 직무와 책임이다.

② 직급 : 직위에 포함된 직무의 성질 및 난이도, 책임의 정도가 유사해 채용과 보수 등에서 동일하게 다룰 수 있는 직위의 집단이다.

③ 직렬 : 직무의 종류는 유사하나 난이도와 책임수준이 다른 직급 계열이다.

④ 직류 : 동일 직렬 내에서 담당 직책이 유사한 직무군이다.

⑤ 직군 : 직무의 종류는 다르지만 직무 수행의 책임도와 자격 요건이 상당히 유사해 동일한 보수를 지급할 수 있는 직위의 횡적군이다.

07 다음 중 막스 베버(M. Weber)가 제시한 이념형 관료제에 대한 설명으로 옳지 않은 것은?

① 관료의 충원 및 승진은 전문적인 자격과 능력을 기준으로 이루어진다.

② 조직 내의 모든 결정행위나 작동은 공식적으로 확립된 법규체제에 따른다.

③ 하급자는 상급자의 지시나 명령에 복종하는 계층제의 원리에 따라 조직이 운영된다.

④ 민원인의 만족 극대화를 위해 업무처리 시 관료와 민원인과의 긴밀한 감정교류가 중시된다.

⑤ 조직 내의 모든 업무는 문서로 처리하는 것이 원칙이다.

08 다음 중 정책평가에서 인과관계의 타당성을 저해하는 여러 가지 요인에 대한 설명으로 옳지 않은 것은?

① 성숙효과 : 정책으로 인하여 그 결과가 나타난 것이 아니라 그냥 가만히 두어도 시간이 지나면서 자연스럽게 변화가 일어나는 경우이다.

② 회귀인공요소 : 정책대상의 상태가 정책의 영향력과는 관계없이 자연스럽게 평균값으로 되돌아 가는 경향이다.

③ 호손효과 : 정책효과가 나타날 가능성이 높은 집단을 의도적으로 실험집단으로 선정함으로써 정책의 영향력이 실제보다 과대평가되는 경우이다.

④ 혼란변수 : 정책 이외에 제3의 변수도 결과에 영향을 미치는 경우 정책의 영향력을 정확히 평가하기 어렵게 만드는 변수이다.

⑤ 허위변수 : 정책과 결과 사이에 아무런 인과관계가 없으나 마치 정책과 결과 사이에 인과관계가 존재하는 것처럼 착각하게 만드는 변수이다.

09 다음 중 제도화된 부패의 특징으로 옳지 않은 것은?

① 부패저항자에 대한 보복

② 비현실적 반부패 행동규범의 대외적 발표

③ 부패행위자에 대한 보호

④ 공식적 행동규범의 준수

⑤ 부패의 타성화

10 다음 중 정책결정 모형에 대한 설명으로 옳지 않은 것은?

① 사이먼(Simon)은 결정자의 인지능력의 한계, 결정상황의 불확실성 및 시간의 제약 때문에 결정은 제한적 합리성의 조건하에 이루어지게 된다고 주장한다.

② 점증모형은 이상적이고 규범적인 합리모형과는 대조적으로 실제의 결정상황에 기초한 현실적이고 기술적인 모형이다.

③ 혼합모형은 점증모형의 단점을 합리모형과의 통합으로 보완하려는 시도이다.

④ 쓰레기통모형에서 가정하는 결정상황은 불확실성과 혼란이 심한 상태로 정상적인 권위구조와 결정규칙이 작동하지 않는 경우이다.

⑤ 합리모형에서 말하는 합리성은 정치적 합리성을 의미한다.

11 다음 중 우리나라 지방자치단체의 자치권에 대한 설명으로 옳지 않은 것은?

① 지방자치단체는 자치재정권이 인정되어 조례를 통해서 독립적인 지방 세목을 설치할 수 있다.

② 행정기구의 설치는 대통령령이 정하는 범위 안에서 지방자치단체의 조례로 정한다.

③ 자치사법권이 부여되어 있지 않다.

④ 중앙정부가 분권화시킨 결과가 지방정부의 자치권 확보라고 할 수 있다.

⑤ 중앙과 지방의 기능배분에 있어서 포괄적 예시형 방식을 적용한다.

12 다음 중 행정학의 접근방법에 대한 설명으로 옳지 않은 것은?

① 행태론적 접근방법은 현상에서 가치 문제가 많이 개입되어 있을수록 이론의 적합성이 떨어지기 때문에 의도적으로 이러한 문제를 연구 대상이나 범위에서 제외시킬 수 있다.

② 체제론적 접근방법은 자율적으로 목표를 설정하고 그 방향으로 체제를 적극적으로 변화시켜 나가려는 측면보다 환경 변화에 잘 적응하려는 측면을 강조한다.

③ 신제도주의는 행위 주체의 의도적이고 전략적인 행동이 제도에 영향을 미칠 수 있다는 점을 부정하고, 제도설계와 변화보다는 제도의 안정성 차원에 관심을 보이고 있다.

④ 논변적 접근방법의 진정한 가치는 각자 자신들의 주장에 대한 논리성을 점검하고 상호 타협과 합의를 도출하는 민주적 절차에 있다.

⑤ 법적·제도적 접근방법은 연구가 지나치게 기술적(Descriptive) 수준에 머물고 정태적이라는 비판에 부딪혔다.

13 다음 〈보기〉에서 조직이론에 대한 설명으로 옳은 것을 모두 고르면?

───────〈 보기 〉───────

ㄱ. 베버(M. Weber)의 관료제론에 따르면 규칙에 의한 규제는 조직에 계속성과 안정성을 제공한다.
ㄴ. 행정관리론에서는 효율적 조직관리를 위한 원리들을 강조한다.
ㄷ. 호손(Hawthorne)실험을 통하여 조직 내 비공식집단의 중요성이 부각되었다.
ㄹ. 조직군 생태이론(Population Ecology Theory)에서는 조직과 환경의 관계를 분석함에 있어 조직의 주도적·능동적 선택과 행동을 강조한다.

① ㄱ, ㄴ
② ㄱ, ㄴ, ㄷ
③ ㄱ, ㄴ, ㄹ
④ ㄱ, ㄷ, ㄹ
⑤ ㄴ, ㄷ, ㄹ

14 다음 중 신공공관리론(NPM)의 오류에 대한 반작용으로 대두된 신공공서비스론(NPS)에서 주장하는 원칙에 해당하는 것은?

① 지출보다는 수익 창출
② 노젓기보다는 방향잡기
③ 서비스 제공보다 권한 부여
④ 고객이 아닌 시민에 대한 봉사
⑤ 시장기구를 통한 변화 촉진

15 다음 중 합리적 정책결정 과정에서 정책문제를 정의할 때의 주요 요인이라고 보기 어려운 것은?

① 관련 요소 파악
② 관련된 사람들이 원하는 가치에 대한 판단
③ 정책대안의 탐색
④ 관련 요소들간의 인과관계 파악
⑤ 관련 요소들간의 역사적 맥락 파악

16 다음 중 정책의제 설정에 대한 설명으로 옳지 않은 것은?

① 일반적으로 정책의제는 정치성, 주관성, 동태성 등의 성격을 가진다.

② 정책대안이 아무리 훌륭하더라도 정책문제를 잘못 인지하고 채택하여 정책문제가 여전히 해결되지 않은 상태로 남아있는 현상을 2종 오류라 한다.

③ 킹던(J. Kingdon)의 정책의 창 모형은 정책문제의 흐름, 정책대안의 흐름, 정치의 흐름이 어떤 계기로 서로 결합함으로써 새로운 정책의제로 형성되는 것을 말한다.

④ 콥(R.W. Cobb)과 엘더(C.D. Elder)의 이론에 의하면 정책의제 설정과정은 사회문제 – 사회적 이슈 – 체제의제 – 제도의제의 순서로 정책의제로 선택됨을 설명하고 있다.

⑤ 정책의제의 설정은 목표설정기능 및 적절한 정책수단을 선택하는 기능을 하고 있다.

17 다음 중 정책집행에 대한 설명으로 옳지 않은 것은?

① 정책의 희생집단보다 수혜집단의 조직화가 강하면 정책집행이 곤란하다.

② 집행은 명확하고 일관되게 이루어져야 한다.

③ 규제정책의 집행과정에서도 갈등은 존재한다고 본다.

④ 정책집행 유형은 집행자와 결정자와의 관계에 따라 달라진다.

⑤ 정책집행에는 환경적 요인도 작용한다.

18 다음 중 조직구조에 대한 설명으로 옳은 것은?

① 매트릭스 조직은 수평적인 팀제와 유사하다.

② 정보통신기술의 발달로 통솔의 범위는 과거보다 좁아졌다고 판단된다.

③ 기계적 조직구조는 직무의 범위가 넓다.

④ 유기적인 조직은 안정적인 행정환경에서 성과가 상대적으로 높다.

⑤ 수평적 전문화 수준이 높을수록 업무는 단순해진다.

19 다음 중 다면평가제도의 장점에 대한 설명으로 옳지 않은 것은?

① 평가의 객관성과 공정성 제고에 기여할 수 있다.

② 계층제적 문화가 강한 사회에서 조직간 화합을 제고해준다.

③ 피평가자가 자기의 역량을 강화할 수 있는 기회를 제공해준다.

④ 조직 내 상하간, 동료간, 부서간 의사소통을 촉진할 수 있다.

⑤ 팀워크가 강조되는 현대 사회의 새로운 조직 유형에 부합한다.

20 다음 〈보기〉 중 국회의 예산심의에 대한 설명으로 옳은 것을 모두 고르면?

〈 보기 〉

ㄱ. 상임위원회의 예비심사를 거친 예산안은 예산결산특별위원회에 회부된다.

ㄴ. 예산결산특별위원회의 심사를 거친 예산안은 본회의에 부의된다.

ㄷ. 예산결산특별위원회를 구성할 때에는 그 활동기한을 정하여야 한다. 다만, 본회의의 의결로 그 기간을 연장할 수 있다.

ㄹ. 예산결산특별위원회는 소관 상임위원회의 동의없이 새 비목을 설치할 수 있다.

① ㄱ, ㄴ   ② ㄴ, ㄹ

③ ㄱ, ㄴ, ㄷ   ④ ㄱ, ㄷ, ㄹ

⑤ ㄴ, ㄷ, ㄹ

04 | 경영/경제/행정
정답 및 해설

01 경영

01	02	03	04	05	06	07	08	09	10	11	12	13	14	15	16	17	18	19	20
①	③	③	④	①	①	③	①	④	③	①	①	⑤	①	③	④	①	⑤	②	②

01

정답 ①

캐리 트레이드란 금리가 낮은 나라의 통화로 자금을 조달해 금리가 높은 국가의 금융상품 등에 투자함으로써 수익을 내는 거래를 말한다. 주식이나 채권, 부동산, 원자재, 대출자산 등이 주요 투자대상이다. 예를 들어 기준금리가 사실상 제로인 일본에서 엔화 자금을 연 1% 조건으로 빌려 1년 만기 연 2%대인 한국 채권에 투자하면 환전 비용을 제외할 경우 대략 연 2%의 이자 수익을 얻을 수 있다. 캐리 대상이 되는 주요 자금은 엔화(엔-캐리 트레이드), 달러화(달러-캐리 트레이드), 유로화(유로-캐리 트레이드) 등이다. 토빈세는 이런 캐리 트레이드를 제한하기 위해 단기 외환거래에 물리는 세금이다.

02

정답 ③

합자회사(合資會社)는 무한책임사원과 유한책임사원으로 이루어지는 회사로 무한책임사원이 경영하고 있는 사업에 유한책임사원이 자본을 제공하고, 사업으로부터 생기는 이익의 분배에 참여하는 회사이다.

03

정답 ③

오답분석

① 스푸핑 : 의도적인 행위를 위해 타인의 신분으로 위장하는 것으로 호스트의 IP주소나 이메일 주소를 바꾸어서 이를 통해 해킹을 하는 것이다.
② 스니핑 : 네트워크 주변을 지나다니는 패킷을 엿보면서 계정(ID)과 패스워드를 알아내기 위한 행위이다.
④ 신원도용 : 다른 누군가로 가장하려고 그 사람의 주민번호, 운전면허증번호, 신용카드번호 등 개인의 핵심정보를 빼내는 범죄이다.
⑤ 피싱 : 금융기관 등으로부터 개인정보를 불법적으로 알아내 이를 이용하는 사기수법이다.

04

정답 ④

중역정보시스템(EIS)은 그래픽과 통신을 통해 기업의 고위 경영자들의 비구조화된 의사결정을 지원하도록 설계된 전략적 수준의 정보시스템이다.

오답분석

① 전사적 자원관리(ERP) : 기업의 중심적 활동에 속하는 원자재, 생산, 판매, 인사, 회계 등의 업무를 통합·관리해주는 소프트웨어 패키지로써 전사적 경영자원의 체계적 관리를 통한 생산성 향상을 그 목표로 한다.
② 전자문서교환(EDI) : 기업 서류를 서로 합의된 통신 표준에 따라 컴퓨터 간에 교환하는 정보전달방식이다.
③ 판매시점관리시스템(POS) : 금전등록기와 컴퓨터 단말기의 기능을 결합한 시스템으로 매상금액을 정산해 줄 뿐만 아니라 동시에 소매경영에 필요한 각종정보와 자료를 수집·처리해 주는 시스템이다.
⑤ 거래처리시스템(TPS) : 거래업무나 보고서 등의 출력 등을 도와주는 정보시스템이다.

05

정답 ①

기대이론(Expectancy Theory)이란 구성원 개인의 동기부여의 강도를 성과에 대한 기대와 성과의 유의성에 의해 설명함으로써 동기유발을 위한 동기요인들의 상호작용에 관심을 둔 이론이다.

브룸에 의하면 동기부여(Motivation)는 기대(Expectancy)·수단성(Instrumentality)·유의성(Valence)의 3요소에 영향을 받는다. 이때, 유의성은 특정 보상에 대해 갖는 선호의 강도, 수단성은 성과달성에 따라 주어지리라고 믿는 보상의 정도이고, 기대는 어떤 활동이 특정 결과를 가져오리라고 믿는 가능성을 말한다. '동기부여의 강도=기대감×수단성×유의성'으로 나타낼 수 있다.

06

정답 ①

인과모형은 예측방법 중 가장 정교한 방식으로 관련된 인과관계를 수학적으로 표현하고 있다.

07

정답 ③

매트릭스 조직

조직의 구성원이 원래 속해 있던 종적계열과 함께 횡적계열이나 프로젝트 팀의 일원으로 속해 동시에 임무를 수행하는 조직형태로, 결국 한 구성원이 동시에 두 개의 팀에 속하게 된다. 매트릭스 조직의 특징은 계층원리와 명령일원화 원리의 불적용, 라인·스태프 구조의 불일치, 프로젝트 임무 완수 후 원래 속한 조직업무로의 복귀 등이 있다.

- 장점 : 매트릭스 조직은 지식공유가 일어나는 속도가 빠르므로 프로젝트를 통해 얻은 지식과 경험을 다른 프로젝트에 활용하기 쉽고, 프로젝트 또는 제품별 조직과 기능식 조직간에 상호 견제가 이루어지므로 관리의 일관성을 꾀할 수 있으며 인적자원 관리도 유연하게 할 수 있는 장점이 있다. 또한 시장의 요구에 즉각적으로 대응할 수 있으며 경영진에게도 빠르게 정보를 전달할 수 있다.
- 단점 : 조직의 특성상 구성원은 자신의 위치에 대해 불안감을 가질 수 있고, 이것이 조직에 대한 몰입도나 충성심 저하의 원인이 될 수 있다. 관리비용의 증가 문제 역시 발생할 수 있다.

08

정답 ①

포트폴리오의 분산은 각 구성자산과 포트폴리오 간의 공분산을 각 자산의 투자비율로 가중평균하여 계산한다.

> **자본예산기법**
>
> 자본예산이란 투자효과가 장기적으로 나타나는 투자의 총괄적인 계획으로서 투자대상에 대한 각종 현금흐름을 예측하고 투자안의 경제성분석을 통해 최적 투자결정을 내리는 것을 말한다.
>
> 자본예산의 기법에는 회수기간법, 회계적이익률법, 수익성지수법, 순현가법, 내부수익률법 등이 주로 활용된다.
>
> - 회수기간법 : 투자시점에서 발생한 비용을 회수하는데 걸리는 기간을 기준으로 투자안을 선택하는 자본예산기법이다.
>   - 상호독립적 투자안 : 회수기간<목표회수기간 → 채택
>   - 상호배타적 투자안 : 회수기간이 가장 짧은 투자안 채택
> - 회계적이익률법 : 투자를 원인으로 나타나는 장부상의 연평균 순이익을 연평균 투자액으로 나누어 회계적 이익률을 계산하고 이를 이용하여 투자안을 평가하는 방법이다.
>   - 상호독립적 투자안 : 투자안의 ARR>목표ARR → 채택
>   - 상호배타적 투자안 : ARR이 가장 큰 투자안 채택
> - 순현가법 : 투자로 인하여 발생할 미래의 모든 현금흐름을 적절한 할인율로 할인한 현가로 나타내어서 투자결정에 이용하는 방법이다.
>   - 상호독립적 투자안 : NPV>0 → 채택
>   - 상호배타적 투자안 : NPV가 가장 큰 투자안 채택
> - 내부수익률법 : 미래현금유입의 현가와 현금유출의 현가를 같게 만드는 할인율인 내부수익률을 기준으로 투자안을 평가하는 방법이다.
>   - 상호독립적 투자안 : IRR>자본비용 → 채택
>   - 상호배타적 투자안 : IRR이 가장 큰 투자안 채택

PART 4

09

정답 ④

기업가 정신이란 기업의 본질인 이윤 추구와 사회적 책임의 수행을 위해 기업가가 마땅히 갖추어야 할 자세나 정신을 말한다. 미국의 경제학자 슘페터는 기업 이윤의 원천을 기업가의 혁신, 즉 기업가 정신을 통한 기업 이윤 추구에 있다고 보았다. 따라서 기업가는 혁신, 창조적 파괴, 새로운 결합, 남다른 발상, 남다른 눈을 지니고 있어야 하며, 새로운 생산 기술과 창조적 파괴를 통하여 혁신을 일으킬 줄 아는 사람이어야 한다고 주장하였다. 아울러 혁신의 요소로 새로운 시장의 개척, 새로운 생산 방식의 도입, 새로운 제품의 개발, 새로운 원료 공급원의 개발 내지 확보, 새로운 산업 조직의 창출 등을 강조하였다.

10

정답 ③

안정적 현금 확보가 가능한 사업은 시장성장률은 낮지만 시장점유율이 높은 Cash Cow 영역이다.

11

정답 ①

오답분석

② 가족상표 : 한 기업에서 생산되는 유사제품군이나 전체 품목에 동일하게 부착하는 브랜드이다.
③ 상표확장 : 성공적인 상표명을 다른 제품범주의 신제품에 그대로 사용하는 전략이다.
④ 복수상표 : 본질적으로 동일한 제품에 대하여 두 개 이상의 상이한 상표를 설정하여 별도의 품목으로 차별화하는 전략이다.
⑤ 사적상표 : 유통업체가 제조사와 공동기획하고 개발해서 자사 점포에만 출시하는 상품이다.

12

정답 ①

오답분석

② 스캔론 플랜 : 생산의 판매가치에 대한 인건비 비율이 사전에 정한 표준 이하의 경우 종업원에게 보너스를 주는 제도이다.
③ 메리크식 복률성과급 : 표준생산량을 83% 이하, 83 ~ 100%, 그리고 100% 이상으로 나누어 상이한 임률을 적용하는 방식이다.
④ 테일러식 차별성과급 : 근로자의 하루 표준 작업량을 시간연구 및 동작연구에 의해 과학적으로 설정하고 이를 기준으로 하여 고·저 두 종류의 임률을 적용하는 제도이다.
⑤ 럭커 플랜 : 조직이 창출한 부가가치 생산액을 구성원 인건비를 기준으로 배분하는 제도이다.

13

정답 ⑤

글로벌경쟁이 심화될수록 해당 사업에 경쟁력이 낮아지며 다각화 전략보다 집중화 현상이 심해진다.
• 다각화(Diversification) : 한 기업이 다른 여러 산업에 참여하는 것
  – 관련다각화 : 제품이나 판매지역 측면에서 관련된 산업에 집중
  – 비관련다각화 : 서로 연관되지 않은 사업에 참여하여 영위하는 전략(한국식 재벌기업 형태)

14

정답 ①

델파이(Delphi) 기법은 예측하려는 현상에 대하여 관련 있는 전문가나 담당자들로 구성된 위원회를 구성하고 개별적 질의를 통해 의견을 수집하여 종합·분석·정리하고 의견이 일치될 때까지 개별적 질의 과정을 되풀이하는 예측기법이다.

15

정답 ③

사업단위들간의 시너지 효과를 높이는 데 초점을 두는 전략은 기업차원의 전략이다.

16

정답 ④

기존의 방식에서는 조직의 모든 구성원들이 동일한 차원으로 리더십에 반응한다고 했지만, LMX는 조직의 세부특성은 다르며 개별 리더−구성원 간의 관계에 따라 리더십 결과가 다르다고 하였다.

17

정답 ①

신제품 수용자 유형
• 혁신자(Innovators) : 신제품 도입 초기에 제품을 수용하는 소비자. 모험적, 새로운 경험 추구
• 조기 수용자(Early Adopters) : 혁신소비자 다음으로 수용하는 소비자. 의견선도자 역할
• 조기 다수자(Early Majority) : 대부분의 일반소비자. 신중한 편
• 후기 다수자(Late Majority) : 대부분의 일반소비자. 신제품 수용에 의심 많음
• 최후 수용자(Laggards) : 변화를 싫어하고 전통을 중시함. 변화를 거부하며 전통에 집착

18

정답 ⑤

[오답분석]
① 자본시장선은 시장포트폴리오와 무위험자산에 대한 자산배분을 통하여 구성된 자본배분선을 말한다. 부채를 사용할 때 지급하는 대가인 타인자본 비용과는 관계가 없다.
② 자본배분선은 무위험자산이 있는 경우 효율적 투자자가 어떻게 투자를 하는지를 표시한 수익률−위험 간 관계선이다.
③ 자본시장선은 무위험자산을 고려한다.
④ 증권시장선은 비효율적인 포트폴리오 혹은 개별증권들에 대한 위험과 수익률 간의 관계를 결정해 준다.

19

정답 ②

타인발행수표와 보통예금은 모두 현금 및 현금성 자산으로 분류되는 계정과목이므로, 해당 계정과목 간의 변동은 현금 및 현금성자산 내에서의 변동일 뿐 총액에 대한 증감을 초래하지는 않는다.

20

정답 ②

경영통제의 과정은 '표준의 설정 → 실제성과의 측정 → 편차의 수정' 순서이다.

01	02	03	04	05	06	07	08	09	10	11	12	13	14	15	16	17	18	19	20
②	②	④	④	①	④	①	④	⑤	④	①	①	⑤	②	②	⑤	②	①	②	④

01

정답 ②

파레토 효율성이란 하나의 자원배분 상태에서 다른 사람에게 손해가 가지 않고서는 어떤 한 사람에게 이득이 되는 변화를 만들어내는 것이 불가능한 배분 상태를 의미한다. 즉, 파레토 효율성은 현재보다 더 효율적인 배분이 불가능한 상태를 의미한다. 완전경쟁시장의 균형점에서는 사회적 효율이 극대화되지만, 파레토 효율적이라고 하여 사회 구성원 간에 경제적 후생을 균등하게 분배하는 것은 아니기 때문에 사회적 형평성이 극대화되지는 않는다.

02

정답 ②

유동성 함정은 금리가 한계금리 수준까지 낮아져 통화량을 늘려도 소비·투자 심리가 살아나지 않는 현상을 말한다.

오답분석

① 화폐 환상 : 화폐의 실질적 가치에 변화가 없는데도 명목단위가 오르면 임금이나 소득도 올랐다고 받아들이는 현상이다.
③ 구축 효과 : 정부의 재정적자 또는 확대 재정정책으로 이자율이 상승하여 민간의 소비와 투자활동이 위축되는 효과이다.
④ J커브 효과 : 환율의 변동과 무역수지와의 관계를 나타낸 것으로, 무역수지 개선을 위해 환율상승을 유도하면 초기에는 무역수지가 오히려 악화되다가 상당기간이 지난 후에야 개선되는 현상이다.
⑤ 피셔 방정식 : 명목이자율은 실질이자율과 인플레이션율의 합으로 나타나는 공식이다.

03

정답 ④

인플레이션은 구두창비용, 메뉴비용, 자원배분의 왜곡, 조세왜곡 등의 사회적 비용을 발생시켜 경제에 비효율성을 초래한다. 특히 예상하지 못한 인플레이션은 소득의 자의적인 재분배를 가져와 채무자와 실물자산소유자가 채권자와 화폐자산소유자에 비해 유리하게 만든다. 인플레이션으로 인한 사회적 비용 중 구두창 비용이란 인플레이션으로 인해 화폐가치가 하락한 상황에서 화폐보유의 기회비용이 상승하는 것을 나타내는 용어이다. 이는 사람들이 화폐보유를 줄이게 되면 금융기관을 자주 방문해야 하므로 거래비용이 증가하게 되는 것을 의미한다. 메뉴비용이란 물가가 상승할 때 물가 상승에 맞추어 기업들이 생산하는 재화나 서비스의 판매가격을 조정하는 데 지출되는 비용을 의미한다. 또한 예상하지 못한 인플레이션이 발생하면 기업들은 노동의 수요를 증가시키고, 노동의 수요가 증가하게 되면 일시적으로 생산량과 고용량이 증가하게 된다. 하지만 인플레이션으로 총요소생산성이 상승하는 것은 어려운 일이다.

04

정답 ④

독점기업은 시장지배력을 갖고 있으므로 원하는 수준으로 가격을 설정할 수 있으나 독점기업이 가격을 결정하면 몇 단위의 재화를 구입할 것인지는 소비자가 결정하는 것이므로 독점기업이 가격과 판매량을 모두 원하는 수준으로 결정할 수 있는 것은 아니다.

05

정답 ①

가격차별이란 동일한 상품에 대해 구입자 또는 구입량에 따라 다른 가격을 받는 행위로, 기업은 이윤을 증대시키는 목적으로 가격차별을 실행한다. 가격차별은 나이, 주중고객과 주말고객, 판매지역(국내와 국외), 대량구매 여부 등의 기준에 따라 이루어지며, 일반적으로 가격차별을 하면 기존에는 소비를 하지 못했던 수요자층까지 소비를 할 수 있으므로 산출량이 증가하고 사회후생이 증가한다.

06

ㄱ. 노동의 한계생산물가치(VMP_L)는 P(가격)$\times MP_L$(노동의 한계생산)로 도출할 수 있다. 한계수입생산물(MRP_L)은 MR(한계수입) $\times$ MP_L(노동의 한계생산)로 도출할 수 있다.

이때 $MR = P\left[1-\dfrac{1}{e_P}\right]$일 때 상품시장이 완전경쟁시장이라면 개별기업의 가격탄력성은 무한대가 되므로 $MR = P$ 가 된다. 따라서 노동의 한계생산물가치와 한계수입생산물은 일치한다.

ㄷ. 노동의 한계생산물(MP_L)이 증가하면 한계생산물가치곡선은 한계생산물이 증가한 만큼 상방 이동하게 되므로 우측으로 이동한다.

오답분석

ㄴ. 노동수요곡선은 노동의 한계생산물가치곡선($P\times MP_L$)과 일치하는데 이때 상품의 가격(P)이 상승하면 한계생산물가치곡선은 상승한 가격만큼 상방 이동한다. 따라서 좌측이 아니라 우측으로 이동하게 된다.

07

오답분석

② IS – LM곡선에 의해 실질이자율이 결정된다.

③ 유동성선호이론은 케인즈의 화폐수요이론이다.

④ 실물시장과 화폐시장이 분리된다(화폐의 중립성).

⑤ 실물시장에서 대부자금공급곡선과 대부자금수요곡선에 의해 그 균형점에서 실질이자율이 결정된다(대부자금설).

08

케인스는 소득이 증가할수록 평균소비성향은 감소한다고 가정하였다. 소비와 가처분소득 사이의 관계를 1차함수로 표현한 것을 케인스의 소비함수라고 부른다. 이 소비함수는 케인스가 가정한 다음의 세 가지 속성을 보여준다.

• 한계소비성향은 0과 1 사이이므로 소득이 증대하면 소비가 증가하고 또한 저축도 증가한다.

• 소득이 증가함에 따라 평균소비성향이 하락한다.

• 케인스는 이자율이 특별한 역할을 하지 않는다고 보았다.

09

총수입 TR은 다음과 같이 나타낼 수 있다.

$TR = P\times Q = (100-2Q)\times Q = 100Q-2Q^2$

이윤극대화의 조건은 한계수입과 한계비용이 같아야 하기 때문에 $MR = MC$ 가 된다.

한계 비용은 1단위당 60원이므로 $MC=60$이 된다.

$MR = \dfrac{\Delta TR}{\Delta Q} = 100-4Q$이므로

$100-4Q=60$

$4Q=40$

$\therefore\ Q=10$

이 값을 시장 수요 곡선식인 $P=100-2Q$에 대입하면 $P=80$이다.

따라서 이 독점기업의 이윤극대화 가격은 80원이고, 생산량은 10개이다.

10

독점적 경쟁기업의 경우 장기에는 장기균형산출량이 시설규모의 최적 산출량에 미달한다. 즉, 독점적 경쟁기업의 경우 독점의 경우와 마찬가지로 장기에는 초과설비를 보유하게 된다는 것이다.

11

차선이론이란 모든 파레토효율성 조건이 동시에 충족되지 못하는 상황에서 더 많은 효율성 조건이 충족된다고 해서 더 효율적인 자원배분이라는 보장이 없다는 이론이다. 차선이론에 따르면 점진적인 제도개혁을 통해서 일부의 효율성 조건을 추가로 충족시킨다고 해서 사회후생이 증가한다는 보장이 없다. 한편, 후생경제학에서 효율성은 파레토효율성을 통하여 평가하고, 공평성은 사회후생함수(사회무차별곡선)를 통해 평가한다. 후생경제학의 제1정리를 따르면 모든 경제주체가 합리적이고 시장실패 요인이 없으면 완전경쟁시장에서 자원배분은 파레토효율적이다.

12

오답분석

ㄷ·ㄹ. 최고가격은 시장의 균형가격보다 낮은 수준에서 설정되어야 하며, 최고가격제가 실시되면 사회적 후생 손실이 발생한다.

13

ㄱ. 실업급여의 확대는 실업자의 구직기간이 길어져 탐색적 실업이 증가한다.
ㄴ. 마찰적 실업과 구조적 실업만 있는 경우의 실업률을 자연실업률이라 한다. 일자리에 대한 정보가 많아지면 탐색적 실업이 줄어들어 자연실업률은 낮아질 수 있다.
ㄷ. 비경제활동인구는 만 15세가 넘은 인구 중 취업자와 실업자에 포함되지 않는 사람을 말한다.

14

IS곡선 혹은 LM곡선이 우측으로 이동하면 AD곡선도 우측으로 이동한다.

IS곡선	우측 이동요인	소비증가, 투자증가, 정부지출증가, 수출증가
	좌측 이동요인	조세증가, 수입증가, 저축증가
LM곡선	우측 이동요인	통화량증가
	좌측 이동요인	화폐수요증가, 물가상승, 실질통화량감소

ㄱ. 주택담보대출의 이자율 인하 → 투자증가 → IS곡선 우측 이동
ㄷ. 기업에 대한 투자세액공제 확대 → 투자증가 → IS곡선 우측 이동
ㅁ. 해외경기 호조로 순수출 증대 → 수출증가 → IS곡선 우측 이동

오답분석

ㄴ. 종합소득세율 인상 → 조세증가 → IS곡선 좌측 이동
ㄹ. 물가의 변화는 LM곡선의 이동요인이나 AD곡선의 이동요인은 아니다(AD곡선상에서의 이동요인임).

15

가. 생산물시장과 생산요소시장이 완전경쟁일 때는 $W=MP_L \times P=VMP_L$이 성립한다.
다. 10분위분배율은 0과 2 사이의 값을 나타내며, 그 값이 클수록 소득분배가 균등하다. 한편, 지니계수는 0과 1 사이의 값을 나타내며, 그 값이 작을수록 소득분배가 균등하다.

오답분석

나. 요소의 대체탄력성이 1보다 작은 경우에는 임금이 1% 상승하더라도 노동고용량은 1% 미만으로 감소하므로 노동소득분배비율이 증가한다.
라. 간접세의 역진적 성격에 따라 간접세 비중이 높아지면 소득분배가 불균등해지기 때문에 지니계수가 높아진다.

16

정답 ⑤

기업의 이윤이 극대화되기 위해서는 한계생산물 가치와 임금의 값이 같을 때 기업의 이윤이 극대화가 된다. 따라서 식으로 표현하면
$VMP_L = MP_L \times P = w$($VMP_L$: 한계생산물가치, MP_L : 노동의 한계생산, P : 재화의 가격, w : 임금)이 된다.
$MP_L \times P = w$
$(27 - 5L) \times 20 = 10$
따라서 $L = 5$이므로 재화의 가격이 20이고, 임금이 40일 때 기업 A가 생산하는 재화에 투입하는 노동의 양은 5이므로 기업 A의 노동수요량은 5가 된다.

17

정답 ②

굴절수요곡선

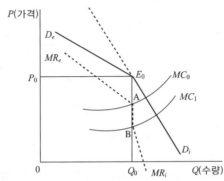

어떤 과점기업의 생산물 가격이 P_0라고 가정한다면 그보다 가격을 인상하여도 다른 기업은 가격을 유지할 것이며, 이 과점기업에 대한 수요곡선은 P_0점보다 위에서는 매우 탄력적이다. 그러나 이 기업이 가격을 내리면 다른 기업도 따라서 가격을 내릴 것이므로 P_0점보다 아래의 수요곡선은 비탄력적으로 될 것이다. 따라서 수요곡선은 P_0점에서 굴절하고, 굴절수요곡선(De Di)에서 도출되는 한계수입곡선(MRe MRi)은 불연속이 된다.

18

정답 ①

조세부담의 귀착

$$\frac{수요의\ 가격탄력성}{공급의\ 가격탄력성} = \frac{생산자\ 부담}{소비자\ 부담}$$

수요의 가격탄력성이 0이므로 생산자 부담은 0이 되고, 모두 소비자 부담이 된다.

19

정답 ②

[오답분석]

ㄴ. 평균비용곡선이 상승할 때 한계비용곡선은 평균비용곡선 위에 있다.

> **한계비용(MC)과 평균비용(AC)의 관계**
> • MC > AC : AC 증가
> • MC = AC : AC 극소
> • MC < AC : AC 감소

ㄹ. 총가변비용곡선을 총고정비용만큼 상방으로 이동시키면 총비용곡선이 도출되므로 총가변비용곡선의 기울기와 총비용곡선의 기울기는 같다.

20

정답 ④

• 2022년 GDP디플레이터 $=\dfrac{\text{명목 GDP}_{2022}}{\text{실질 GDP}_{2022}}\times100=\dfrac{100}{\text{실질 GDP}_{2022}}\times100=100 \rightarrow$ 2022년 실질 GDP $=100$

• 2023년 GDP디플레이터 $=\dfrac{\text{명목 GDP}_{2023}}{\text{실질 GDP}_{2023}}\times100=\dfrac{150}{\text{실질 GDP}_{2023}}\times100=120 \rightarrow$ 2023년 실질 GDP $=125$

따라서 2023년의 전년 대비 실질 GDP 증가율은 $\dfrac{125-100}{100}\times100=25\%$이다.

03　행정

01	02	03	04	05	06	07	08	09	10	11	12	13	14	15	16	17	18	19	20
①	②	③	⑤	④	⑤	④	③	④	⑤	①	③	②	④	③	②	①	⑤	②	①

01

정답 ①

지역주민들의 소득 증가는 사회자본의 형성 모습과 직접적인 연관이 없다.

오답분석

②·⑤ 네트워크, ③ 신뢰, ④ 규범에 대한 설명으로 사회자본과 직접 연관되어 있는 개념이다.

02

정답 ②

총체적 품질관리(Total Quality Management)는 서비스의 품질은 구성원의 개인적 노력이 아니라 체제 내에서 활동하는 모든 구성원에 의하여 결정된다고 본다. 구성원 개인의 성과평가를 위한 도구는 MBO 등이 있다.

총체적 품질관리(TQM)
- 고객이 품질의 최종결정자
- 전체 구성원에 의한 품질 결정
- 투입과 절차의 지속적 개선
- 품질의 일관성(서비스의 변이성 방지)
- 과학적 절차에 의한 결정

03

정답 ③

제시된 내용은 무의사결정이론이다. 무의사결정(Non-decision Making)은 의사결정자(엘리트)의 가치나 이익에 대한 잠재적이거나 현재적인 도전을 억압하거나 방해하는 결과를 초래하는 행위를 말한다. 무의사결정은 기존 엘리트세력의 이익을 옹호하거나 보호하는 데 목적이 있다.

오답분석

① 다원주의에 대한 설명이다. 다원주의에서는 사회를 구성하는 집단들 사이에 권력은 널리 동등하게 분산되어 있으며 정책은 많은 이익집단의 경쟁과 타협의 산물이라고 설명한다.
② 공공선택론에 대한 설명이다.
④ 신국정관리론(뉴거버넌스)에 대한 설명이다.
⑤ 신공공서비스론에 대한 설명이다.

04

공무원은 형의 선고, 징계처분 또는 이 법에서 정하는 사유에 따르지 아니하고는 본인의 의사에 반하여 휴직·강임 또는 면직을 당하지 아니한다. 다만, 1급 공무원과 가등급에 해당하는 고위공무원단 공무원은 제외된다(국가공무원법 제68조).

오답분석

① 국민감사청구제도는부패방지 및 국민권익위원회의 설치와 운영에 관한 법률 제72조에 규정된 사항이다.
② 국가공무원법 제65조에 정치운동의 금지에 관한 규정이 있다.
③ 공직자윤리법 제1조에서 확인할 수 있다.
④ 부패방지 및 국민권익위원회 설치와 운영에 관한 법률 제56조에서 확인할 수 있다.

05

주민소환투표권자 총수의 3분의 1 이상의 투표와 유효투표 총수 과반수의 찬성으로 확정된다.

오답분석

① 시·도지사의 주민소환투표의 청구 서명인 수는 해당 지방자치단체 주민소환청구권자 총수의 100분의 10 이상이다.
② 주민이 직선한 공직자가 주민소환투표 대상이다.
③ 주민소환투표권자는 주민소환투표인명부작성기준일 현재 해당 지방자치단체의 장과 지방의회의원에 대한 선거권을 가지고 있는 자로 한다.
⑤ 주민소환이 확정된 때에는 주민소환투표대상자는 그 결과가 공표된 시점부터 그 직을 상실한다.

> **주민소환투표의 청구요건**
> • 특별시장·광역시장·도지사 : 해당 지방자치단체의 주민소환투표청구권자 총수의 100분의 10 이상
> • 시장·군수·자치구의 구청장 : 해당 지방자치단체의 주민소환투표청구권자 총수의 100분의 15 이상
> • 지역구 시·도의회의원 및 지역구 자치구·시·군의회의원 : 해당 지방의회의원의 선거구 안의 주민소환투표청구권자 총수의 100분의 20 이상

06

등급에 대한 설명에 해당한다. 등급은 직무의 종류는 다르지만 직무의 곤란도 및 책임도나 자격요건이 유사하여 동일한 보수를 줄 수 있는 모든 직위의 집단을 의미한다.

직위분류제의 구성요소

구분	내용	예시
직위	한 사람의 근무를 필요로 하는 직무와 책임의 양	기상통보관, 예보관
직급	직무의 종류와 곤란성·책임도가 유사한 직위의 군(동일 직급에 속하는 직위에 대해서는 임용자격·시험·보수 등에 있어서 동일한 취급)	행정 7급
등급	직무의 종류는 다르지만 직무의 곤란도·책임도가 유사하여 동일한 보수를 줄 수 있는 직위의 군	9급 서기보
직군	직무의 성질이 유사한 직렬의 군	행정직군, 기술직군
직렬	직무의 종류가 유사하고 그 책임과 곤란성의 정도가 서로 다른 직급의 군	행정직군 내 행정직렬, 세무직렬
직류	같은 직렬 내에서 담당분야가 같은 직무의 군	행정직렬 내 일반행정 직류, 법무행정직류

07

관료제는 업무의 수행은 안정적이고 세밀하게 이루어져야 하며 규칙과 표준화된 운영절차에 따라 이루어지도록 되어 있다. 따라서 이념형으로서의 관료는 직무를 수행하는 데 증오나 애정과 같은 감정을 갖지 않는 비정의성(Impersonality)이며 형식 합리성의 정신에 따라 수행해야 한다.

08

정답 ③

호손효과가 아니라 크리밍효과에 관한 설명이다. 크리밍효과는 정책효과가 나타날 가능성이 높은 집단을 의도적으로 실험집단으로 선정함으로써 정책의 영향력이 실제보다 과대평가된다. 호손효과는 실험집단 구성원이 실험의 대상이라는 사실로 인해 평소와 달리 특별한 심리적 또는 감각적 행동을 보이는 현상으로 외적타당도를 저해하는 대표적 요인이다. 실험조작의 반응효과라고도 하며 1927년 호손실험으로 발견되었다.

09

정답 ④

제도화된 부패란 부패가 관행화 되어버린 상태로서 부패가 실질적 규범이 되면서, 조직 내의 공식적 규범은 준수하지 않는 상태가 만연한 경우이다. 이러한 조직에서는 지켜지지 않는 비현실적 반부패 행동규범의 대외적 발표를 하게 되며, 부패에 저항하는 자에 대한 보복이 뒤따르게 된다.

10

정답 ⑤

합리모형에서 말하는 합리성은 경제적 합리성을 말한다. 정치적 합리성은 점증모형에서 중시하는 합리성이다.

합리모형과 점증모형

구분	합리모형	점증모형
합리성 최적화 정도	• 경제적 합리성(자원배분의 효율성) • 전체적 · 포괄적 분석	• 정치적 합리성(타협 · 조정과 합의) • 부분적 최적화
목표와 수단	• 목표 – 수단 분석을 함 • 목표는 고정됨(목표와 수단은 별개) • 수단은 목표에 합치	• 목표 – 수단 분석을 하지 않음 • 목표는 고정되지 않음 • 목표는 수단에 합치
정책결정	• 근본적 · 기본적 결정 • 비분할적 · 포괄적결정 • 하향적 결정 • 단발적 결정(문제의 재정의가 없음)	• 지엽적 · 세부적 결정 • 분할적 · 한정적 결정 • 상향적 결정 • 연속적 결정(문제의 재정의 빈번)
정책특성	비가분적 정책에 적합	가분적 정책에 적합
접근방식과 정책 변화	• 연역적 접근 • 쇄신적 · 근본적 변화 • 매몰비용은 미고려	• 귀납적 접근 • 점진적 · 한계적 변화 • 매몰비용 고려
적용국가	상대적으로 개도국에 적용 용이	다원화된 선진국에 주로 적용
배경이론 및 참여	• 엘리트론 • 참여 불인정(소수에 의한 결정)	• 다원주의 • 참여 인정(다양한 이해관계자 참여)

11

정답 ①

조세법률주의는 국세와 지방세 구분 없이 적용된다. 지방세의 종목과 세율은 국세와 마찬가지로 법률로 정한다.

12

정답 ③

신제도주의는 행위 주체의 의도적이고 전략적인 행동이 제도에 영향을 미칠 수 있다는 점을 인정하고, 제도의 안정성보다는 제도설계와 변화 차원에 관심을 보이고 있다.

오답분석

① 행태론적 접근방법은 이론의 과학성 추구를 위해 가치의 문제를 배제하려는 가치중립성을 특징으로 한다.
④ 논변적 접근방법은 행정현상과 같은 가치측면의 규범성을 연구할 때는 결정에 대한 주장의 정당성을 갖추는 것이 중요하다고 보고 행정에서 진정한 가치는 자신들의 주장에 대한 논리성을 점검하고 상호 타협과 합의를 도출하는 민주적 절차에 있다고 본다.

13

정답 ②

ㄱ. 베버의 관료제론은 규칙과 규제가 조직에 계속성을 제공하여 조직을 예측 가능성 있는 조직, 안정적인 조직으로 유지시킨다고 보았다.
ㄴ. 행정관리론은 모든 조직에 적용시킬 수 있는 효율적 조직관리의 원리들을 연구하였다.
ㄷ. 호손실험으로 인간관계에서의 비공식적 요인이 업무의 생산성에 큰 영향을 끼친다는 것이 확인되었다.

오답분석

ㄹ. 조직군 생태이론은 조직과 환경의 관계에서 조직군이 환경에 의해 수동적으로 결정된다는 환경결정론적 입장을 취한다.

거시조직 이론의 유형

구분	결정론	임의론
조직군	• 조직군 생태론 • 조직경제학(주인 – 대리인이론, 거래비용 경제학) • 제도화이론	공동체 생태론
개별조직	구조적 상황론	• 전략적 선택론 • 자원의존이론

14

정답 ④

고객이 아닌 시민에 대한 봉사는 신공공서비스론의 원칙이다. 신공공관리론은 경쟁을 바탕으로 한 고객 서비스의 질 향상을 지향한다.

오답분석

①·②·③·⑤ 신공공관리론의 특징이다.

15

정답 ③

정책대안의 탐색은 정책문제를 정의하는 단계가 아니라 정책목표설정 다음에 이루어진다.

정책문제의 정의
• 관련 요소 파악
• 가치 간 관계의 파악
• 인과관계의 파악
• 역사적 맥락 파악

PART 4

16

정답 ②

정책문제 자체를 잘못 인지한 상태에서 계속 해결책을 모색하여 정책문제가 해결되지 못하고 남아있는 상태는 3종 오류라고 한다.
1종 오류는 옳은 가설을 틀리다고 판단하고 기각하는 오류이고, 2종 오류는 틀린 가설을 옳다고 판단하여 채택하는 오류를 말한다.

17

정답 ①

정책의 수혜집단이 강하게 조직되어 있는 집단이라면 정책집행은 용이해진다.

오답분석

② 집행의 명확성과 일관성이 보장되어야 한다.
③ 규제정책의 집행과정에서 실제로 불이익을 받는 자가 생겨나게 되는데 이때 정책을 시행하는 과정에서 격렬한 갈등이 발생할
   수 있다.
④ '정책집행 유형은 집행자와 결정자와의 관계에 따라 달라진다.'는 나카무라(Nakamura)와 스몰우드(Smallwood)의 주장이다.
⑤ 정책의 집행에는 대중의 지지, 매스컴의 반응, 정책결정기관의 입장, 정치·경제·사회·문화적 흐름 등 많은 환경적 요인들이
   영향을 끼친다.

18

정답 ⑤

오답분석

① 매트릭스 조직은 기능구조와 사업구조를 절충한 형태로 두 조직의 화학적 결합을 시도한 구조이다. 팀제와 유사한 조직에는
   수평조직이 있다.
② 정보통신의 발달은 통솔범위의 확대를 가져온다.
③ 기계적 조직구조는 직무범위가 좁다.
④ 유기적인 조직은 환경의 변화에 유려하게 적응할 수 있도록 설계된 조직이다. 안정적인 환경에서 더 높은 성과를 내는 조직은
   기계적 조직이다.

19

정답 ②

다면평가제는 경직된 분위기의 계층제적 사회에서는 부하의 평정, 동료의 평정을 받는 것이 조직원들의 강한 불쾌감을 불러올
수 있고, 이로 인해 조직 내 갈등상황이 불거질 수 있다.

20

정답 ①

오답분석

ㄷ. 예산결산특별위원회는 상설특별위원회이기 때문에 따로 활동기한을 정하지 않는다.
ㄹ. 예산결산특별위원회는 소관 상임위원회가 삭감한 세출예산의 금액을 증액하거나 새 비목을 설치하려는 경우에는 소관 상임위
   원회의 동의를 얻어야 한다.

행운이란 100%의 노력 뒤에 남는 것이다.

- 랭스턴 콜먼 -

INDEX

ㄴ

ㄷ

INDEX

ㅅ

INDEX

ㅇ

ㅈ

INDEX

ㅊ

INDEX

A ~ Z

우리가 해야 할 일은 끊임없이 호기심을 갖고
새로운 생각을 시험해 보고 새로운 인상을 받는 것이다.

- 월터 페이터 -

시대에듀 한권으로 끝내는 공기업 전공 기출 키워드
(경영/경제/행정)+무료NCS특강

개정3판1쇄 발행	2024년 10월 30일 (인쇄 2024년 08월 19일)
초 판 발 행	2021년 07월 20일 (인쇄 2021년 06월 28일)
발 행 인	박영일
책 임 편 집	이해욱
편 저	SDC(Sidae Data Center)
편 집 진 행	김재희 · 강승혜
표지디자인	조혜령
편집디자인	양혜련 · 장성복
발 행 처	(주)시대고시기획
출 판 등 록	제10-1521호
주 소	서울시 마포구 큰우물로 75 [도화동 538 성지 B/D] 9F
전 화	1600-3600
팩 스	02-701-8823
홈 페 이 지	www.sdedu.co.kr
I S B N	979-11-383-7329-6 (13320)
정 가	18,000원

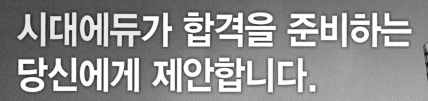

현재 나의 실력을 객관적으로 파악해 보자!

모바일 OMR
답안채점 / 성적분석 서비스

도서에 수록된 모의고사에 대한 객관적인 결과(정답률, 순위)를 종합적으로 분석하여 제공합니다.

OMR 입력   성적분석   채점결과

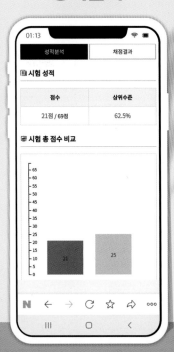

※ OMR 답안채점 / 성적분석 서비스는 등록 후 30일간 사용 가능합니다.

 → → → → ① ② ③ ④ ⑤ → → ☺

도서 내 모의고사   로그인   '시작하기'   '응시하기'   나의 답안을   '성적분석&채점결과'   현재 내 실력
우측 상단에 위치한   하기   클릭   클릭   모바일 OMR   클릭   확인하기
QR코드 찍기   카드에 입력